大学生职业生涯教育
理论与实践

彭宗祥　何炉进　夏小华　　◎ 编著
孟志雷　冯　磊

图书在版编目(CIP)数据

大学生职业生涯教育理论与实践／彭宗祥等编著.
上海：上海财经大学出版社，2024.12. －－ISBN 978-7
-5642-4548-1

Ⅰ.G647.38

中国国家版本馆 CIP 数据核字第 20243G1V42 号

策划编辑　刘光本
责任编辑　廖沛昕
封面设计　贺加贝

大学生职业生涯教育理论与实践

编　著　者：彭宗祥　何炉进　夏小华　孟志雷　冯　磊
出版发行：上海财经大学出版社有限公司
地　　　址：上海市中山北一路 369 号(邮编 200083)
网　　　址：http://www.sufep.com
经　　　销：全国新华书店
印刷装订：上海市崇明县裕安印刷厂
开　　　本：710mm×1000mm　1/16
印　　　张：16.25(插页：2)
字　　　数：241 千字
版　　　次：2024 年 12 月第 1 版
印　　　次：2024 年 12 月第 1 次印刷
定　　　价：89.00 元

前言
PREFACE

在这个充满变革的时代,大学生面临前所未有的机遇与挑战。随着高等教育的普及,越来越多的年轻人踏入大学的殿堂,随之而来的是对未来职业生涯的种种困惑与迷茫。

本书是一些多年在第一线从事大学生职业发展教育和就业工作实践的教师,在征求广大学生的需求和建议的基础上编著而成。全书在总结教师和学生实践经验的基础上,创造性地提出大学生职业发展管理模型,比较全面地分析了大学生职业发展的误区、就业中的法律问题以及职业素养训练的实战方法,针对大学生在校四年的学习阶段尤其是毕业时求职阶段的规划以案例分析的方式提出了成功的借鉴实例和方法。

全书共分为五章,各章写作说明如下:

第一章为穿越迷雾,帮助大学生认清职业生涯中的误区。在这一章中,我们探讨了大学生在职业生涯发展中容易遇到的各种误区:从自我迷茫到知识"过剩",从德性缺失到"机遇"错失,以及初入职场的态度偏差。通过深入剖析这些误区的本质,引导大学生正确认识自我,树立正确的价值观,从而为职业生涯的起步奠定坚实的基础。

第二章为规划DIY,帮助大学生构建个性化的职业生涯管理模型。本章重点介绍了如何进行职业生涯规划,介绍了职业生涯规划的基本概念、主要理论及必备的规划工具。此外,还特别设计了一个适用于大学生的职业生涯管理模型,针对大学四年不同阶段的特点提出了具体的行动指南。通过本章的学习,大学生可以更好地理解自己的兴趣与优势所在,明确职业发展目标,并制定出切实可行的发展路径。

第三章为凤凰涅槃,帮助大学生全面提升职业素养。本章聚焦于职业素养的提升。良好的职业素养不仅是就业成功的关键,更是个人长远发展的基石。本章围绕职业理念、品格塑造、核心能力培养等方面展开讨论,帮助大学生建立起适应现代社会需求的职业能力体系。

第四章为风雨航程,帮助大学生规避求职就业中的法律风险。本章着重讲解大学生在求职就业过程中可能遇到的法律问题。从权益保护到陷阱识别再到就业协议与劳动合同的签订,我们为大学生提供翔实的法律知识和实用建议,帮助大学生在求职道路上避开潜在的风险。

第五章为高手论道,给予大学生斩获心动 Offer 的求职秘笈。在这一章中,我们分享了一系列求职秘笈,帮助大学生在激烈的求职竞争中脱颖而出。无论是追求热门的公务员岗位,还是选择到企业工作,抑或是自主创业或投身基层,我们都提供了宝贵的建议和经验分享。

本书为处于职业探索与发展阶段的大学生提供一套全面而实用的指导框架,帮助大学生克服职业生涯发展中的误区,科学规划自己的未来,提升职业素养,规避求职过程中的法律风险,最终实现职业生涯的成功起航。

愿本书成为您职业生涯旅程中的一盏明灯,照亮前行的道路。

编著者
2024 年 11 月

目录 CONTENTS

第一章　穿越迷雾——大学生职业生涯发展中的误区 ……… 1
第一节　自我迷茫——职业试探期误区 ……………………… 3
一、浪漫的大一与职业探索 ……………………………… 3
二、陷入过度就业焦虑情绪 ……………………………… 5
三、理想职业不是职业理想 ……………………………… 6
四、你真的了解自己吗 …………………………………… 7
第二节　知识"过剩"——职业选择期误区 …………………… 8
一、知识真的等于力量吗 ………………………………… 9
二、只"博学"不"钻业" ………………………………… 10
第三节　德性缺失——职业定向期误区 ……………………… 12
一、成为一个有德性的人 ………………………………… 12
二、关注诚信，坚持诚信 ………………………………… 14
第四节　"机遇"错失——职业落实期误区 …………………… 15
一、不利于职业落实的心理 ……………………………… 15
二、缺乏求职有效方法策略 ……………………………… 18
三、拥有不合理的职业期望 ……………………………… 20
四、择业不能拘泥于本专业 ……………………………… 21
五、求职时需要注意的细节 ……………………………… 22
六、正确看待"海外留学" ……………………………… 23
第五节　态度偏差——初入职场期误区 ……………………… 24
一、陷入孤立却自我感觉良好 …………………………… 24

二、不喜欢现在的工作就跳槽 ·· 25
三、不知工作是生活的一部分 ·· 28

第二章 规划DIY——大学生职业发展管理模型应用 ················ 29
第一节 敢问路在何方——什么是职业生涯规划 ················ 31
一、职业生涯规划概述 ·· 31
二、职业生涯规划主要理论 ·· 36
第二节 良才需利器——职业生涯规划必备工具 ················ 51
一、认识自我的工具 ·· 51
二、自我管理的工具 ·· 64
三、职业生涯规划的工具 ·· 72
第三节 未雨先绸缪——职业生涯管理模型及应用 ·············· 81
一、大学生四年职业规划管理流程图 ·· 82
二、大学生四年不同阶段需要做的事 ·· 86

第三章 凤凰涅槃——大学生职业素养提升实战训练 ················ 93
第一节 职业理念与品格——就业成功的行动指南 ·············· 95
一、找工作还是求职业 ·· 95
二、校门与企业的距离 ·· 102
三、可雇佣性能力分析 ·· 105
四、职商助你事业腾飞 ·· 109
第二节 职业能力及养成——就业竞争的核心能力 ············ 113
一、职业能力组成 ·· 114
二、增强核心技能 ·· 115
三、职业能力培训 ·· 140

第四章 风雨航程——大学生求职就业中的法律问题 ·············· 143
第一节 洞若观火——看你有多少就业权益 ······················ 145
一、高校毕业生享有的权益 ·· 145

二、毕业生应对权益侵害 ……………………………………… 152
第二节　避险手记——识别常见的就业陷阱 …………………… 154
　　一、火眼金睛识"陷阱" ………………………………………… 155
　　二、什么"忽悠"了你 …………………………………………… 166
第三节　防微杜渐——小心就业中自我伤害事件 ……………… 169
　　一、瞒天过海,诚信缺失 ……………………………………… 169
　　二、主动违约,承担责任 ……………………………………… 170
　　三、遭遇泄密,勇于维权 ……………………………………… 172
　　四、漠视档案,后悔莫及 ……………………………………… 174
第四节　谨慎落笔——就业协议与劳动合同 …………………… 175
　　一、就业协议相关内容 ………………………………………… 175
　　二、劳动合同相关内容 ………………………………………… 182

第五章　高手论道——斩获心动 Offer 背后求职秘笈 ……… 193
第一节　最好的 Offer——舍与得的博弈 ……………………… 195
　　一、有没有最好的 Offer ……………………………………… 195
　　二、什么是最好的 Offer ……………………………………… 196
第二节　热门的 Offer——争相做公务员 ……………………… 198
　　一、理性决策该不该考公 ……………………………………… 198
　　二、积累底蕴,有备而来 ……………………………………… 202
　　三、公务员考试考生经验 ……………………………………… 205
第三节　最多的 Offer——到企业去工作 ……………………… 209
　　一、选择到外资企业工作 ……………………………………… 210
　　二、选择到国有企业工作 ……………………………………… 217
　　三、选择到民营企业工作 ……………………………………… 221
第四节　受青睐 Offer——事业单位就业 ……………………… 225
　　一、步入事业单位队伍 ………………………………………… 225
　　二、事业单位中的甘苦 ………………………………………… 227
第五节　挑战型 Offer——开启创业征途 ……………………… 230

一、自主创业概述 ……………………………………………… 230
二、自主创业素质 ……………………………………………… 234
三、自主创业步骤 ……………………………………………… 236
四、创业前的点拨 ……………………………………………… 238
第六节　价值型 Offer——选择基层就业 ……………………… 241
一、急需人才的基层 …………………………………………… 241
二、基层的就业待遇 …………………………………………… 246
三、在基层奋斗终生 …………………………………………… 249

后记 ………………………………………………………………… 253

第一章

穿越迷雾
——大学生职业生涯发展中的误区

你知道什么是职业生涯发展吗？你会规划自己的职业生涯吗？在回答这个问题时，你是否会感到迟疑，有种似有所知却说不太清的感觉？每个学生将来都要选择职业，这不仅是因为"职业"是一个人以独立姿态走向社会，以特定劳动方式赚取生存所需物资的基本手段，还是一个人追求个人发展、实现自我价值和梦想的重要途径。本章主要探讨大学生从职业试探期、职业选择期、职业定向期、职业落实期到初入职场期的职业生涯发展阶段中可能陷入的误区。了解并避开这些误区，能够帮助学生穿越职业生涯发展的迷雾，为自己规划出光明的职业蓝图。

第一节 自我迷茫——职业试探期误区

初入大学的学生在正式开始学习和生活后，或多或少会感到迷茫。这种迷茫是阻挠大学生进行初步职业生涯规划的第一大敌，其根源在于个人对自我的不了解，故称其为"自我迷茫"。它们有三种主要表现形态：一种是清醒地意识到自己处在不知所终的感觉里，一种是有目标却无法判断外界的形势，还有一种则是沉溺在意气风发的偏执中不知所措。这些自我迷茫到底是怎样变幻成各种观念潜入我们大脑的呢？你是否被它们俘虏过？

一、浪漫的大一与职业探索

案例1-1 浪漫的大一生活

小林是一名刚刚入学的环境设计专业大一新生，对大学生活充满了期待。在大学生活中，小林积极参与社团活动，结交了许多朋友，周末经常与同学们一起出去游玩，享受着美好的大学时光。虽然小林的专业课程涵盖了景观设计、城市规划等内容，但他并未认真考虑过这些知识在未来职业中的应用,也没有主动去了解行业趋势或参与实习。大一结束时,小林在一次与高年级学姐的交谈中意识到,很多同学已经开始为未来的职业生涯做准备,而自己似乎还在享受无忧无虑的大学生活。受到启发后,小林开始反思自己的大学规划,并制订了一个更加积极的学习计划,包括参与相关的工作坊、实习以及课外项目。小林的故事提醒我们,虽然享受大学生活非常重要,但也应该尽早开始探索职业道路,为未来做好准备。通过平衡学术和个人发展,大学生可以更好地利用大学资源,为将来的职业生涯奠定坚实的基础。

刚刚经历过需要付出极大耐力和毅力才顺利通过高考进入大学的学生,在入学之初会有如释重负的感觉。在大一新生看来,大学之大不仅体现在地域空间之大、人文环境之大,还体现在给予个体的自由度之大、选择权之大。"四'大'之下唯求一爽"之心让大多数大一新生沉浸在浪漫主义生活的叙事诗里。在这首叙事诗里,存在着一种普遍的观念,那就是——在这样浪漫的氛围里,学习和生活与职业无关,即便有关,关联性也不大。职业,应该是到大三、大四时才要考虑的事情。从大一就开始讨论职业问题,是不是为时过早?

对具有这种观念的大学生来说,大学初期的生活充满浪漫气息,但现实关怀不足,在学习和生活上都没有针对性。这些学生有很多自由时间来做各种尝试和探索,树立一个又一个美丽宏大的目标,但在努力去达成目标时却又觉得目标遥不可及,于是便告诉自己只追求过程的美。大一时的大学生容易不切实际,有时甚至觉得自己已明白人生,并尽情释放来自高中的沉重压力,从而荒废美好的大一时光。而到毕业直面社会时,却发现自己还没有为进入社会做足准备,于是陷入了新的迷茫,"职业"也成了他们身边熟悉的陌生词。有首打油诗对这种情况做了形象地总结:"大一时不知道自己不知道,大二时知道自己不知道,大三时不知道自己知道,大四时才知道自己知道。"出现这种情况的关键在于大学生对职业生涯规划的忽略。

"春日插柳夏成荫",未来植根于现在。表面上大学生的就业是在大四时解决的,但大四其实只是大学的一个收获期。就业问题不单是大四阶段的问题,而应该是从大一就要开始考虑的问题。就业的成功不单是大四的成功,就业的失败也不单是大四的失败,成功与失败都是由个人大四前的所作所为决定的。大学阶段处在一个人职业生涯的准备和探索阶段,大学生需要从大一就开始探索职业,探索自己的理想,找寻属于自己的道路。

二、陷入过度就业焦虑情绪

案例1-2 张华的就业焦虑

张华是一名大一的学生,专业是环境科学。他对这个专业了解不多,入学之初就在思考毕业后自己要做什么,担心自己的专业就业前景不明朗,担心毕业后找不到满意的工作,担心会辜负家人的期望。张华的焦虑并非没有原因。他了解到,近年来环境科学专业的毕业生就业率并不高,许多同学在毕业后都面临着就业难的问题。而且,用人单位对于环境科学专业的要求似乎总是很高。

一次偶然的机会,张华参加了学校举办的职业发展讲座。讲座上,一位资深的职业规划师提到了当前大学生普遍存在的就业焦虑问题,并分享了一些应对策略。张华深受启发,他意识到,自己需要改变消极的心态,积极行动起来,为自己的未来做好准备。随着时间的推移,张华的焦虑情绪逐渐减轻,取而代之的是对未来发展的期待和信心。他知道,只要自己不断努力,积极面对挑战,就一定能够找到属于自己的那片天空。

一部分学生在入学之初,本应是耐心而认真地进行学习、生活适应与职业探索的时候,却因为过度就业焦虑而陷入误区。怎么会产生过度就业焦虑的情绪呢?这种就业焦虑情绪主要来源于以下几个方面:

一是大学生担心自己毕业时找不到工作;

二是对未来的职业方向感到迷茫;

三是对自己未来的发展前途缺乏信心;

四是对用人市场缺乏信心,对当前专业就业前景持悲观态度。

有些大学生被问到专业与职业志向时,会一脸茫然,内心充满焦虑,担心将来找不到工作,书白读,钱白花。这种焦虑情绪的背后,反映了大学生主观能动性的不足,个人缺乏主动采取切实有效行动的积极性。这不仅会影响个人的情绪状态,还可能阻碍求职过程中的积极表现,甚至导致一些大学生选择"不就业"或"慢就业"。

实际上,大学教育的目的是为个人未来的职业生涯奠定坚实的基础。面对某些专业就业前景不佳的情况,短暂的焦虑是可以理解的,过度焦虑却会成为一种心理负担,会消磨掉个人的进取心。为了克服这种过度的就业焦虑,我们应当采取积极的态度和行动。一方面,大学生要动态掌握用人单位的招聘需求变化,了解求职市场的招聘标准,并据此调整个人的努力方向。另一方面,大学生要更新就业观念,不断提升自身的综合素质和专业技能,拓宽职业发展的路径,要打破传统就业观念的束缚,在新兴业态和行业中寻找新的机遇。此外,大学生还需摒弃一些非理性的就业观念,比如过分追求大城市的就业机会而忽视乡村发展的潜力。随着乡村振兴战略的实施,乡镇正迎来新一轮的发展机遇,资本和人才正逐步向这些地区流动。大学生应当把握这一趋势,积极投身基层,开创个人事业与乡镇经济社会融合发展的新天地。

三、理想职业不是职业理想

案例1-3 理想职业不等于职业理想

小王是一名机器人工程专业的大学生,一直以来都梦想成为一名机器人设计师。从小对机器人充满热情的小王,高中毕业后毫不犹豫地选择了机器人工程作为自己的专业方向。进入大学后,小王发现机器人工程不仅需要扎实的理论基础,还需要具备很强的实际操作能力。随着课程难度的增加,小王开始感到力不从心。虽然小王仍然热爱机器人,但他意识到自己可能更适合从事与人交流的工作,而不是长时间面对复杂的机器和代码。经过深思熟虑,小王决定将自己的职业理想调整为成为一名机器人技术咨询师,这样既可以发挥他对机器人的热情,又能更好地利用自己的人际交往能力。小王的故事告诉我们,"理想职业"指的是一个人基于兴趣和激情想要从事的职业,而"职业理想"则是在充分了解自身条件和社会需求的基础上,对自己未来职业的理性规划。两者之间的差异提示我们在职业规划时不仅要考虑个人的兴趣爱好,还要综合考虑自己的能力和实际情况。

有的大学生在憧憬大学生活的同时,不仅会对自我的职业生涯进行思考,还会对自己的未来职业选择展开想象并着手计划;也许还会告诉自己,必须有一个目标,比如毕业后要创业、要经商、要从事新闻事业、要从事科研事业、考公务员……目标有大有小,请你仔细思考:这些目标真的是你的目标吗?是你的理想职业吗?是你的职业理想吗?

在这里我们需要区分理想职业与职业理想的概念。理想职业,更带有主观成分和幻想成分。理想职业是你自己喜欢的职业,是初步进行职业探索时期的"理想"。职业理想是一个较为广泛的概念,涵盖了个体的愿望和梦想。职业理想是指个人对未来工作部门、工作种类及事业成就大小的具体向往和追求,它不是抽象的、形形色色的幻想,而是直接指向某个职位、更侧重对特定职业的理念和设想,是对某个职业领域或具体工作角色的理想化描述,包括对其职责、挑战和工作环境的期望。在任何情况下,我们都应该有一个长远而又切实的职业理想,要仔细考虑自己要达到的职业理想,设定清晰地实现职业理想的目标。"千里之行,始于足下。"在实现职业理想的过程中,我们还需要多方面提升自己的职业素养。只有当我们的职业素养提升到一定程度后,在新的职业规划平台上,我们才能让自己的职业理想与理想职业达到一致。

四、你真的了解自己吗

案例1-4 你真的了解自己吗?

小赵是一名大三的学生,一直认为自己是个典型的内向型人格,喜欢安静的环境,不太擅长社交。然而,在一次偶然的机会下,他报名参加了一个户外拓展训练营。在训练营中,小赵发现自己在团队合作任务中表现得非常出色,甚至主动承担起了领导角色,带领团队完成了几个困难的任务。通过这次经历,小赵意识到自己虽然是一个内向的人,但是具有很强的组织能力和领导力,这让他感到惊讶和兴奋。活动结束后,小赵开始反思自己的性格特点和兴趣爱好,逐渐认识到自己之前对自我的认识可能并不全面。

要成功做到在职业试探期理智地为自己的职业生涯进行初步设想并制定目标,首先要做的不是对"职业"的知识积累与掌握,而是对自我进行仔细剖析。正如古希腊哲学家苏格拉底所说:"认识你自己!"大学生要尝试全面、真实地了解自己。也许有的大学生对此嗤之以鼻,认为"自己难道不是最了解自己的人吗?这世界上还会有谁连自己都不了解呢?"然而,当你说出这两句话的时候,你是否想过:你有没有认真地把"自我"当成一个人去了解?尤其是将"自我"放在职业发展中来审视?如果从来没有,那么,你又怎能保证,你是最了解自己的人呢?也许,你并不比别人更多地了解自己。

在陌生的环境中,人们更容易关注外界。大学生也是一样。大学生会关注学业、关注大学生活、关注毕业后的职业,而很少关注自己。我们总是习惯于从外界寻找,对外界事物充满求知欲,然而往往是越求知越迷茫。到底是什么原因导致我们迷茫呢?也许,仅仅是因为,我们没有真正认识自己。通过本书后面内容的学习,我们会掌握认识自我的工具,通过科学的评估,审视自己、挖掘自己,为自己的职业试探期指明前进的道路。

当我们深入地认识并了解自己时,常常伴随职业试探期的自我迷茫感会逐渐减轻。当然,自我认知是一个贯穿整个人生旅程的过程,因为我们谁都无法完全掌握那些尚未被发掘的生命潜能。

第二节 知识"过剩"——职业选择期误区

当大学生开始有意识地进行自我认识与了解时,大学生便有可能拨开迷雾,从对自我职业生涯的感性认识上升到理性的把握,从而确定自己的职业理想。此时,职业试探期自然而然地过渡到了职业选择期。这一过程通常发生在大学二年级的专业兴趣探索阶段,这一阶段也可以说是大学学习生涯中的黄金时期。在这个阶段,大学生已经摆脱了刚入学时的迷茫,完成了对大学学习和生活的适应,同时又相对较少受到就业问题的压力。在这一阶段,大学生需要注意避免陷入以下两个误区。

一、知识真的等于力量吗

案例1-5 知识等于力量?

沈西是经济学专业的优秀学生,他的理论成绩总是名列前茅。他对各种经济模型和理论了如指掌,是同学们眼中的学霸。在一次模拟股市投资比赛中,沈西凭借自己丰富的金融知识,制定了一套看似完美的投资策略。然而,由于缺乏实际操作经验,他在市场波动面前显得手足无措。随着比赛的进行,沈西的投资组合遭受了重大损失。与此同时,另一位同学虽然理论知识不如沈西,但凭借对市场动态的敏锐观察和适时调整策略,最终赢得了比赛。这个结果让沈西意识到,知识本身并不等同于力量。真正的力量来自将知识与实践相结合,灵活应对各种复杂情况。

英国著名科学家兼文学家弗朗西斯·培根曾说过:"知识就是力量。"这句耳熟能详的名言一直激励着无数有志青年。然而,我们是否真正思考过:知识是否真的等于力量?在未来的职场竞争中,能够让你脱颖而出、彰显个人竞争力的,究竟是知识本身,还是其他某种关键素质?

什么是知识?通俗地讲,知识就是"你知道的东西"。它是以概念及其相互间关系的形式被存储和积累起来的经验。知识是可以通过学习获得的。知识的获取需要时间积累,这种积累往往能以数量的增加来体现其效果。什么是知识的外化特征呢?我们通常所说的学历、证书等,就是个人学习知识、掌握知识的证明。当大学成为普及教育的场所时,大学录取通知书就像是进入学习殿堂的一张并不昂贵的门票——没有它,你无法入门;有了它,你也未必能真正登堂入室。而当你拥有一定的专业知识并希望得到社会的认可时,你需要拿出这些凭证(学历、证书等)。因此,在意识到自己的无知时,强烈的求知欲望会驱使我们将所有注意力集中于从无知到有知的转变上,获取知识就成了职业生涯发展初期最重要的事情,有时甚至会成为这一阶段的全部追求。然而,如果对知识的理解仅仅停留在这样的层面,就有可能陷入误区。

获得知识,仅表明你在某一方面积累了经验。如果不能"学以致用",那么可以说你所习得的知识是无效的。这里的"无效"并非指知识本身毫无价值,而是对于掌握它的人来说,知识未能转化为改变世界、提升自我的力量,因而显得沉寂无用。真正的力量来源于对知识的应用,即让知识成为改变自我、改变环境的力量。

人们常将博览群书者视为知识分子,将大学生、研究生等高学历人士看作是有知识的人。特别是从名牌大学毕业的学生,更是被视为优秀人才。然而,在现实中,知识并不直接等于力量。一些大学生、研究生难以找到合适的工作,正是这一观点的例证。这些人虽然拥有丰富的知识,但缺乏将其应用于实践的能力,因此他们的知识并未转化为实际的力量。唯有具备智慧的人,才能将知识转化为力量。智慧不仅仅是对知识的理解和洞察,更涉及其有效运用。它超越了简单的知识积累,是对知识的升华与活用。在教育和学习的过程中,我们既要重视知识的积累与记忆,也要注重培养理解和运用知识的能力,即培养和发展智慧。

二、只"博学"不"钻业"

案例 1-6 只"博学"不"钻业"是不行的

乐乐是一名新媒体技术专业的大学生,他对数字媒体、社交媒体营销、虚拟现实等多个领域都感兴趣,但没有在任何一个领域深入研究。乐乐热衷于学习各种新媒体工具和技术,包括视频编辑软件、社交媒体平台的运营策略以及最新的 VR/AR 应用。虽然掌握了多种技能,但他并没有在一个具体的领域进行深入学习,导致在实习面试时难以展示出自己的专业优势。

当乐乐开始寻找实习机会时,他发现自己很难在众多候选人中脱颖而出,因为他的简历缺乏突出的专业特长。经过一段时间的反思,乐乐决定专注于虚拟现实(VR)技术的应用和发展,开始深入学习相关的编程语言和技术框架,并参与了一些VR项目的开发。

乐乐的故事说明无论在什么领域,虽然广泛的知识面很重要,但深入研究某一专业领域也同样关键。只有做到既"博学"又"钻业",才能在快速发展的行业中取得成功。

由于"知识就是力量"这一观念长期主导我们的思想,以至于在大学的求学阶段,我们仍然摆脱不了这种惯性,仿佛知识永远学不够,总是担心学得比别人少,将来就找不到好工作。有这样想法的大学生是十分关注自己的职业生涯的,但是这种思维方式可能让这些大学生"知识过剩"。从职业生涯发展的角度来看,就是只"博学"不"钻业"。

大学二年级是学生经历职业试探期后开始进行职业选择的关键阶段。在这个阶段,我们应该基于哪些基础来做出职业选择呢?首先,这种选择应当建立在试探期中获得的自我认知之上;其次,则是深入学习与未来职业发展相关的专业知识。这里的"业",指的是我们最终要投身的专门领域。对于这个领域,我们需要具备钻研的精神,并将这种精神付诸实践,即所谓的"钻业"。

有些大学生可能忽视对"业"的关注,其表现往往是"埋头苦学、只问耕耘、不问收获"。这些学生勤奋学习,阅读大量专业书籍,却不清楚自己的努力将导向何处。他们忽略了对"做什么"的思考,认为只要充分准备总不会有错,殊不知这样往往导致事倍功半的结果。毕竟,大学时光是有限的,人的学习黄金期同样宝贵而短暂,因此我们必须重视"有效"这一概念。一些学生到大四时,回顾自己的大学生活,往往感叹自己虽然学习了很多,却不明白究竟学到了什么。这正是缺乏"有效"学习意识的体现。

在进行职业选择的过程中,我们必须具有"博学"和"钻业"的意识。首先,应该广泛涉猎,阅读大量书籍,从中发现自己真正感兴趣的领域。一旦明确了职业方向,接下来就应该深入钻研相关专业知识,构建起属于自己的知识体系框架,遵循"先通后专"的原则。只有这样,学习才会有目标,所学知识才会有用武之地。在有了明确目标的前提下,我们才能尽可能地缩短职业选择期的时间,将更多的精力转到职业定向期,在明确目标的引领下,有针对性地提升自身的各项素质。

第三节 德性缺失——职业定向期误区

职业选择的必然结果便是职业定向。能否成功转向职业定向期,进行职业定向期的规划和实施,成了检验大学期间职业生涯规划成功与否的关键。当我们不断追求新知、提升运用知识的能力,实现一个又一个小目标并获得相应的证书与学历证明时;当我们在各类大学活动和社会实践中锻炼各项技能和才干时,我们逐渐意识到时间对于个人职业生涯的重要性,并学会了如何合理安排时间,避免因犹豫不决而虚度光阴。然而,这一切是否已足够?或许此时你会有所疑惑,是否还有什么重要的环节被忽略了?

一、成为一个有德性的人

案例 1-7 做一个有德性的人

小李是一名食品科学与工程专业的大学生,不仅学习成绩优异,而且在日常生活中展现出高尚的品德。小李经常利用课余时间为同学解答难题,帮助同学们理解复杂的食品加工原理。他还主动参与社区食品安全宣传活动,用所学知识提高公众对食品安全的认识。在一次小组项目中,由于一名组员突然生病,项目进度受到影响。小李主动承担额外的工作,确保项目按时完成。无论是对待老师还是同学,小李总是表现出礼貌和尊重,即使在意见不合的情况下也能保持冷静和理性。小李的故事告诉我们,做一个有德性的人意味着在日常行为中展现友善、责任感和尊重等品质。这些美德不仅有助于个人的成长和发展,还能为社会带来正面的影响。

什么是"德性"?"德性"并不等同于"道德",它不仅包括人之所以为人要有的道德观念,还包括我们作为一个人应该有的正面的禀赋。德性是一种使人将其自然本性发挥到最佳,达到最佳生存状态(幸福)的内在因素。

我们都知道德性非常重要。但是,一些大学生对德性的培养并不重视,往往将其置于次要地位,认为只有学业才是最具竞争力的资本。他们常常质疑:"离开学业,德性能帮我找到工作吗?"在这些大学生看来,德性只是学业的一个附加价值。他们奋发图强为的是什么?当然是学业。他们竭力追求的又是什么?是证书、奖学金、头衔和荣誉。在奋斗的过程中,如果没有遇到重大挫折,他们很可能忽视了对自身德性的培养。若在求索过程中遇到了很多挫折,你是否应该反思:问题可能不仅仅出在学业上,而是出在更深层次的德性层面呢?

在职业定向期,我们主要做的事情是对自己选择的职业进行深入的学习,并尽可能锻炼自己适应社会的各种技能。在这一过程中,我们应该了解到,职业生涯的发展是人的发展,是人的禀赋的发展。而人的禀赋和学业、技能、智慧一样,是需要通过训练和磨炼才能提升的。德性是我们在现代社会排除万难,立于不败之地的重要素质。在职业生涯发展中,德性训练是非常重要的一部分。进行德性训练的方法有自我反思、学习榜样、接受培训、实践道德行为、持续学习、寻求反馈等。德性训练是一个长期的过程,需要我们不断地学习、实践和反思。只有在长期的训练下,我们才能建立起良好的道德品质和职业操守。

有时候,正是因为在挫折面前缺少了一点点定力、一点点耐力,我们才无法获得满意的结果,前功尽弃却不知所然,于是怪自己运气不好。有时候,我们曾不以为然并未努力养成的德性,恰恰就是职场上用人单位最看重的东西,是我们获得事业成功的必备条件。大学生在校学习期间,应该重视能够为我们的未来带来无形财富的德性,让知识、能力及智慧能够内化到自己的人格中,将自己培养成为一个有德性的人,一个全面发展的人。

二、关注诚信,坚持诚信

案例 1-8 坚持学术诚信

王莉是一名大学四年级的学生,她面临毕业论文的压力。有一次她想到一个可以快速完成论文的方法——抄袭。王莉知道抄袭是不诚信的行为,但她也清楚如果论文不能按时完成,她的学业可能受到影响。在道德和压力之间,她陷入了挣扎。经过深思熟虑,王莉决定坚持自己的诚信原则,放弃了抄袭的念头,选择投入更多的时间和精力,通过自己的努力来完成论文。虽然王莉的论文提交时间比预期晚了几天,但她的坚持得到了教授的认可。教授不仅赞赏她的诚实,还提供了额外的指导,帮助她完善论文。

有些人认为诚信可有可无,甚至会认为,谁诚信谁就会丧失机会,谁诚信谁就会吃亏,于是在自己的职业生涯规划中,从来没有把诚信作为一个重要的品质加以培养。可是,作为一个立足于社会的个体而言,诚信实际上是你和他人交往的通行证。没有诚信,你就不能取信于人,就会失掉你得以立足的一切,包括你未来的职业生涯。

坚持诚信,是个人在职业生涯和商业活动中取得成功的基础。诚信意味着始终保持真实、公正、透明和负责任的态度,遵守承诺、遵守道德和法律规范。诚信需要我们在日常生活中通过有意识地自我约束来获得。在坚持诚信的过程中,我们会遇到各种诱惑和挑战。这些诱惑可能来自金钱、权力、利益等,挑战我们的心理,使我们偏离诚信的原则。这就需要我们始终保持对诚信的坚定信念,保持冷静思考,考虑长远后果和影响,不被短期利益所迷惑,要学会拒绝诱惑,增强自我控制力。

大学生在进行职业规划时还需要认真思考的是:如何将诚信放入我们

的职业生涯规划中来进行训练,让它成为我们职业发展道路上的助跑器。

第四节 "机遇"错失——职业落实期误区

大学时光匆匆而过,而职业生涯规划的成功与否,最终会在毕业后就业情况上得到验证。大四是每个大学生的职业落实期,也是职业生涯规划的评估期。通常来说,进入大四第一学期的中后期,大学生就陆续开始找工作了。在这个时期,大学生需要沉着面对,以抓住自己长期准备所求的工作机遇。此时,我们需要避免以下几个误区。

一、不利于职业落实的心理

虽说在大学中,我们对自我的职业生涯有了认识,并且主动做了规划,但是毕业时刻真正到来的时候,当我们真要离开校园,作为一名职业人去面对社会的时候,我们仍然会感到紧张和不适应。这种紧张和不适应的程度因人而异,有的人直接反映在其行为上,有的人则暗藏心底。在这个时期,有些大学生会产生三种不利于职业落实的心理。

(一) 造假心理

案例 1-9 不要造假

小张是一名制药工程专业的研究生,正在进行一项关于新型药物的研究。小张的研究遇到了瓶颈,实验数据不理想,无法支持预期的结论。面对来自导师的压力和毕业期限的临近,小张非常焦虑。在巨大的心理压力下,小张考虑篡改一部分实验数据,使得结果看起来更加符合预期。论文发表后,同行评审发现了数据异常,调查证实了小张的数据造假行为。小张不仅失去了学位,还面临严重的学术处罚。小张的故事提醒我们,无论遇到多大的困难和压力,都不能采取不诚实的手段。在科学研究中,诚信是最基本的原则之一。

有造假心理的大学生认为,面对就业市场的激烈竞争,多一个证书,有一个名牌大学的学历,多一张荣誉证明,就可以更大地提升自己的竞争力。殊不知,假证书、假学历、假荣誉证明并不能帮你敲开就业的大门,假的终究真不了,假的只会毁了你的前程。一方面,随着社会化诚信系统的建立,造假的成本越来越高,为了就业而冒险造假实在得不偿失。另一方面,整个大学生活我们都在努力为了更好的个人职业生涯发展而做准备。这种准备在假证书、假学历和假荣誉证明面前都将化为乌有。造假心理的根源在于缺乏自信心。尽管自己很努力了,但面对陌生的职场还是感到无所适从。有造假心理的大学生需要用看得见的东西来支撑自己,却忽略了用造假的方法得来的东西最终不会属于你,反而会成为你前行道路上的巨大障碍。

大学生在求职期间,从经济学上来说,"诚实"所花费的成本是最低的,而从德性上来说,真心诚意是人的德性的体现。

(二) 害怕心理

案例 1-10 害怕求职的小李

小李是一名即将毕业的金融学专业大学生,正在为即将到来的求职季做准备。随着毕业日期的临近,小李感到越来越紧张,担心自己找不到合适的工作。小李担心自己的专业技能不够强,尤其是与那些已经有实习经验的同学相比,感觉自己在求职市场上竞争力较弱。

每当投递简历后没有收到回复或者面试后未被录用,小李都会感到沮丧和失落,有一段时间甚至害怕投递简历。经过一段时间的反思,小李开始积极参加职业培训课程,提升自己的专业技能,并且练习面试技巧,增强了自信心。小李的故事提醒我们,在求职过程中,面对未知和不确定时,出现害怕心理是很自然的现象。重要的是要学会如何调整心态,克服恐惧,通过不断学习和实践来提升自己的竞争力。

害怕心理是求职过程中的大忌,也是缺乏自信的表现。具体而言,就是不愿面对要找工作的现实,总觉得自己没有准备好,有意无意地躲避,内心处于焦灼状态却又无法控制自己的情绪,于是产生害怕、恐惧的心理。心理学家认为,每个人都是矛盾的统一体,潜意识里经常会有两种不同的反应在斗争:积极的心态和消极的心态,而害怕心理就是消极的心态在自己的潜意识里占了上风。从客观上来说,面对陌生的事物,我们都会感觉到害怕。但是从现实来看,求职期间,过度害怕会成为你求职的障碍,因此大学生必须重视害怕心理。如果因为害怕和逃避而让机会一次次擦肩而过,这对个人的职业发展和成长会造成极大的影响。每一次机会的流失,不仅意味着错失了展示自身能力和实现目标的良机,同时也失去了宝贵的学习与成长空间。毕竟,机会并不会永远在那里等你。

(三) 低就心理

案例 1-11　低就心理:自我设限

张蕾是一名即将毕业的大学生,她对自己的职业前景充满期待。然而,在经历几次实习和求职的失败后,她开始怀疑自己的能力。面对连续的拒绝,张蕾的内心逐渐被消极情绪所占据。她开始认为自己不配得到更好的工作机会,于是降低了自己的期望,接受了一份低于自己能力和期望的工作。在新工作中,张蕾发现自己的能力远远超出了职位的要求,但她的自信心已经受到了打击,不敢寻求更好的发展机会。同时,她也意识到了工作环境中的不平等待遇,但由于缺乏自信,选择了默默忍受。经过一段时间的反思和自我调整,张蕾意识到了自己的低就心理,开始采取措施来提升自己的自信心。她通过参加职业培训、拓展人际网络和积极寻求新的工作机会,逐步找回了自我价值感。

低就心理的产生与求职的挫折密切相关。在经历了数次实习或者求职失败后,不少人的消极心态胜过了重新振作的积极心态。体验到了竞争激烈,感觉自己技不如人,于是甘拜下风,不敢对自己"明码标价",而是找个"买家"草草"卖"出。对于一些单位开出的不平等协议也签订,给日后工作留下了隐患。低就心理源于自信心的缺失。当缺乏自信心时,我们会感到自己不够优秀或胜任,因此不愿意冒险或尝试更高的目标,会选择更容易的任务或工作,以便更容易获得成功和认可。这种低就心理会限制个人的发展和成长,让我们无法充分发挥自己的潜力,错过了更好的机会和挑战。要克服低就心理,我们需要积极培养自信心,通过自我肯定、自我提升、积极寻求机会等方式提升自信心。而自信心的保持,不仅来自有用知识的获得、职业素质的提高、德性的培养,而且来自职业落实期的心理调适和坚固的心理防线。

二、缺乏求职有效方法策略

即使我们客观、深刻地认识了自我,了解了自己的优势和劣势,找到了自己的职业理想和工作取向,也不能认为好工作已唾手可得,职业生涯就要真正开始。实际上,职业落实还离我们有一段距离。职业的落实要讲求策略与方法,大学生需要形成一套自己的、系统化的求职策略。求职方法策略的缺乏,主要表现在以下四个方面。

(一) 求职过程中不懂得广开门路

求职是在广阔的就业市场上进行的,你所出售的是你的"人力资源"。然而,作为一个初入职业市场的新人,你既没有职业经历,也没有多少职场经验,你有的是你本身的才能、你手上的简历和你的信心。怎样用这些东西让用人单位相信自己?光靠自己是不够的。在求职过程中,认为不要依靠亲戚,不要依靠朋友,要自己闯出一条路来的想法是幼稚的,因为依靠亲戚和朋友并不是可耻的。这些社会资源的运用是你能力的体现,而且亲戚和朋友的作用也仅仅是推荐。他们是你求职过程中的扶梯而不是"后门"。事实上，在一个陌生领域中，信息的可靠是最重要的，而拥有熟人的推荐，是降低求职风险的良策。

(二) 求职过程中不知道集中重点

求职的大学生在广阔的就业市场中选择一个职业，往往会考虑多家用人单位并与尽可能多的用人单位联系。这种方法叫作"海投"，即如同发传单一样向用人单位发放简历。这种方法有效果吗？不能说没有，但是相对于投入的精力和成本来说，不知道重点"海投"的效率太低。

(三) 目标与方法僵化，不注重总结失败教训

尽管到了职业落实期，大学生的职业目标相对明确，职业理想也早就确定。但是，到了招聘会等大型招聘市场上，还是有可能发现现实的职业岗位情况、工作单位的要求与个人的想法、期望差距很大。面对各式各样的岗位招聘及其多样化的考核内容与招聘方式，许多大学生感到无所适从。在不同的招聘单位、考官以及招聘风格面前，若仅仅被动应对而不能灵活调整策略争取主动，我们可能陷入不断追赶的状态，付出的努力未必能够获得相应的回报。因此，我们必须一次次总结经验教训，做好记录，学会充分展示自我优势，争取在就业市场上占据有利位置。

(四) 对求职时间缺乏管理

大四阶段和职业落实期是重合的。对于大四学生来说，做毕业论文或毕业设计的时间与用人单位招聘大学毕业生的时间重合。在这个阶段，不少大学生暴露出对时间节奏把握不准确及时间管理能力不足的问题。为什么别人总能高效地安排时间，而自己却频频错失面试的机会？不仅未能顺利完成毕业设计，还在招聘季即将结束时才意识到需要全力以赴地去求职。

然而,这时毕业生求职的高峰期早已过去。时间管理是职业生涯规划、职业素质训练的重要部分,如果我们感觉到时间不够用,就需要主动检查自己的求职计划,根据客观因素和主观状态及时调整。

三、拥有不合理的职业期望

案例1-12 调整期望,顺利过渡到职场

小刘是一名国际经济与贸易专业的应届毕业生,对未来的职业生涯有着很高的期望。小刘认为自己毕业于名牌大学,专业成绩优秀,期望第一份工作的月薪能够达到当地平均工资的两倍以上。小刘希望直接进入一家跨国公司担任高级贸易顾问的职位,而忽略了缺乏实践经验的事实。面试时,小刘发现大多数用人单位更看重工作经验而非学历,这让他感到失望。经过一段时间的反思,小刘意识到自己需要先积累一定的工作经验,于是开始寻找实习机会,并接受了一些起始级别的职位。小刘的故事提醒我们,在规划职业生涯时,制定合理的职业期望是非常重要的。过度自信或不切实际的期望可能导致求职过程中的挫败感。通过调整期望值,先积累经验,再逐步实现职业目标,是一种更为明智的做法。

所谓"职业期望",是个体对某种职业的渴望和向往,职业期望所指向的对象可以是物质性的,也可以是精神性的。每个人都具有职业期望,但是具体的期望内容和期望程度不一样。

刚毕业的大学生和社会上已有工作经历的职业人的求职特点是不同的。毕业生择业具有集群性、规律性和时间上的集中性等特点,很容易在求职上产生对比和攀比心理。比如,有的毕业生希望找到一个在同学之间相对来说更好更体面的工作,从而在薪资上和工作环境上给自己制定了较高的标准线。特别是对于薪资这一求职中的敏感问题,有的大学生一听薪资低,立马不做考虑就放弃了这一工作机会。这种不顾实际情况而盲目设定的职业期望值忽略了市场经济的规则,即工作单位是按照你的能力来给你

报酬。大学生的身份只代表你获得了大学这一程度的知识,至于你所掌握的知识能否给工作单位创造价值,就要看你的智慧与才干了。另外,只把薪资的高低作为唯一的求职条件,个人也是很难找到适合的工作的。过分地以薪资高低进行工作的取舍,只会让你的视野局限在狭小的范围内,这会蒙蔽你的双眼,使你无法正确判断一份工作的好坏。

个人的职业期望值必须在了解社会需求、自身素质及社会因素制约等多项择业因素下进行设定。一味好高骛远,是无法满足自己内心真正的期望的。有些大学生希望找到一份既能提供丰厚薪酬,又能确保工作环境舒适,同时具备广阔发展前景的工作。然而,现实总是和想象有很大距离。有这种想法的学生实际上并不知道自己真正想要的是什么。因此,如果不能及时澄清自己的真实期望,摒弃不合理的职业期望值,一定会耽误你的求职进程。

四、择业不能拘泥于本专业

案例 1-13 择业不能拘泥于本专业

小周是一名医学信息工程专业的毕业生,他对医疗信息技术有着浓厚的兴趣,但在求职过程中遇到了一些挑战。小周最初试图寻找与医学信息工程直接相关的工作,但发现这类岗位竞争激烈,且要求有丰富的实践经验。在多次面试失败后,小周开始考虑其他领域的机会,比如数据分析、软件开发等。最终,小周加入了一家健康科技初创公司,担任数据分析师。虽然这份工作与他的专业不完全匹配,但他发现自己的医学信息工程技术背景非常有用,能够帮助公司更好地理解和处理医疗数据。随着时间的推移,小周不仅在数据分析方面积累了宝贵的经验,还利用业余时间自学了更多医疗信息技术的知识,最终成了公司的技术骨干之一。

大学的学习是分专业的。大学生在选择职业时往往会拘泥于自己所学的专业。从专业相关性的角度来说,选择与专业相关的职业当然对自己今后的职业发展有很大帮助。但问题是,大学生在高考填报志愿时所选择的专业不一定是按照自己的兴趣等内在适应性来选择的。也就是说,大学生在大学四年期间所读的专业很可能不是最适合自己的。如果专业的选择本身就是错误的,那就没有必要再坚持选择与专业相关的职业,因为这样很可能错上加错。只有当我们的职业理想及由职业理想转化的职业目标与我们所学的专业高度相关时,专业才是影响我们择业的关键因素。否则,我们就不必为所学专业所限,没有理由在错误的道路上越走越远。

五、求职时需要注意的细节

在职业落实期,有些大学生会抱怨,为什么都快到手的工作却还是与其失之交臂?为什么面试时回答自如,用人单位却不选择自己?事实上,用人单位选人和你选择用人单位是一个双向过程。如果你对用人单位的办公环境、对招聘人员的态度好坏有要求,十分注重你所看重的用人单位的所有细节,那么用人单位也没有理由不对你的细节十分关注。因为从用人单位的角度考虑,他们也希望找到一个在各方面都表现优秀的毕业生。

求职面试是大学生最关注的一个环节,在面试时每个人都希望表现出自己最好的一面,因此会着力准备面试官可能提的各种问题,但很容易忽略着装、礼仪等体现一个人整体素质的细节。试想,一个在眉宇之间传递着傲气、行为举止缺乏谦让或者着装不整、仪容邋遢的人,怎么能够在未来代表公司的形象呢?也有的大学生认为是金子总会发光,不在乎外表,可是一个连自己外表都不在乎的人,公司又怎么会重视你呢?

在制作求职简历时,我们也需要注意细节。从内容上来说,不少大学生容易混淆几个概念,即将学历和能力混淆,将知识和技能混淆。所以,在制作求职简历时,容易把重点放在专业经历和专业知识课程的介绍上,认为这是让别人了解你的最好方式。但是对用人单位而言,他们更注重你对自己能力的介绍,以及你能为公司提供什么样的价值。专业不等于技能,更不代表你的综合能力。因此,把重点放在专业介绍上的简历,在用人单位看来是没有吸引力的,其结果只能是被弃置一旁。

在求职过程中,还有许多细节需要去注意,比如求职信和自我介绍、求职过程中对公司和职位的了解,与面试官的沟通与表达等。有时,一些看似微小的细节问题可能对求职结果产生很大的影响。因此,我们应该做一个细心的人,不让自己的求职努力毫无效果、功亏一篑。

六、正确看待"海外留学"

有些大学生为了增加自己的就业竞争力会采用"曲线'救'业"的方法,即到国外去留学,认为留学回来能够比别人更容易找到更好的工作。然而实际情况却并非如此。

猎聘大数据研究院发布《2022海外应届留学生就业竞争力洞察报告》,对海外留学生的就业竞争力与国内高校应届毕业生的就业情况进行了比较。猎聘针对企业HR的调研显示,80.85%的企业HR认为在同等条件下,留学经历会成为候选人的加分项。国内外应届生的竞争力指数排序:海外QS100＞海外非QS100≈国内985/211＞国内非985/211。但对于毕业后便去海外短暂留学然后归来就业的同学,则面临着并不看好的就业前景。短暂的留学经历并不会让毕业生掌握真正的本领,语言能力未必有很大提高。所谓的"短暂留学",更准确地说只是"游学"而已,所以从人力资本价值的角度而言,如此留学归国的含金量并不高。这里面有两个因素:

第一个是留学的功利性太强,盲目性太大。去学什么,哪些经历对我今后的职业生涯发展有实质性的帮助?对于这些问题,都没有仔细考虑。"留学"只注重了"留"而忽略了"学"的内涵。

第二个是在国外的时候只注重"学历"而不注重"经历"。实际上,"海归"的价值并不在于"学历"而在于"经历",即国际市场的运作经验、对国外前沿科研课题的熟悉、国际性的视野、跨文化的沟通能力等,其价值体现在跟国内人才相比留学生所拥有的优势。如果优势显示不出来,那么在国内职场竞争中留学生的价值也不会高。

第五节 态度偏差——初入职场期误区

毕业后找到自己的第一份职业,走上工作岗位,无疑是人生的一件大事。对大学生来说,步入职场,意味着熟悉的大学生活就此终结,同时意味着职场生涯从此开始。初入职场的大学毕业生对未来充满希望,满怀信心且迫不及待地想要大展宏图,但此时的你也许会陷入初入以下几个职场期的误区。

一、陷入孤立却自我感觉良好

案例1-14 初入职场,陷入孤立却自我感觉良好

小李是一名刚从会计学专业毕业的大学生,最近加入了一家知名会计师事务所担任审计助理。小李在学校期间成绩优异,自认为在会计方面已经很出色,因此在工作中常常独自解决问题而不愿意寻求同事的帮助。由于过于自信,小李很少与其他团队成员交流,导致他不了解项目的整体进展和其他人的工作情况。随着时间的推移,小李发现同事们在讨论问题时不怎么邀请他参与,他开始感到被孤立。在一次项目总结会上,小李听到了来自同事和上司的反馈,意识到自己的行为模式不利于团队合作和个人成长。之后,他开始主动与同事沟通,积极参与团队活动,并努力融入集体。

初入职场的大学毕业生都希望自己能在职业生涯中有所作为,希望能在同行中出类拔萃,希望成为优秀的员工。这种想法本身没有错,有些人在努力实现这个目标的时候却忽略了方式、方法,一心只想超过同事,希望通过这种超越来证明自己的价值,却忽略了与同事之间的相互合作,以致在团队中陷入孤军奋战。业绩是有了,但这样的结果可能给同事带来职场竞争的压力感,会使自己在不知不觉中失去了同事的协作与支持,陷入一种孤立

无援却自我感觉良好的困境。

职场与校园有很大的差别,利益的碰撞和人际关系纷繁交错,都需要我们恰当地去处理。如何把握和同事合作与竞争的分寸,是初入职场者要细心揣摩、体会与学习的。任何一个职业人士的成功,都不可能仅仅依靠个体的努力,这也是为什么许多公司在招聘员工的时候十分注重应聘人员的合作能力的原因。对于用人单位来说,一定程度上更需要善于合作、懂得谦让、勤奋刻苦的员工,而不是个体业绩出色却不懂得合作、人际关系紧张的员工,因为人际关系的紧张会影响到整个团队的工作效率。

那些认为只要能达到个人目标,证明自己的能力和才干,抱着"并不在乎别人怎么看自己""走自己的路让别人说去"这种态度的人是无法真正获得职业生涯的长远发展的。人是社会性的动物,一个人不可能脱离社会而独立生存。我们在职场上获得的成功一部分来自个人业绩,另一部分来自周围人对于你的业绩的肯定、赞赏和帮助。在职业发展的道路上,我们不仅是为了创造物质价值,更是为了获得自我价值的提升。对于一个职场人,从别人的评价中体现自身的价值是实现自我价值的重要途径。"不在乎别人的看法"更多地表现为自我在人际交往中的一种抵御态度。如果你在说这句话的时候有些愤愤然,发现自己总是在重复这一句话,感觉到孤独和不畅快,那么,尝试改变态度,与同事友好合作,也许会为你带来更大的发展。

二、不喜欢现在的工作就跳槽

案例 1-15 跳槽:逃离现状还是追求梦想?

赵刚是一名刚毕业的大学生,他在一家知名企业担任初级工程师。虽然工作稳定,但他发现自己对这份工作并不热爱。赵刚感到自己的创造力和热情在日复一日的重复性工作中逐渐消磨。他开始怀疑,这份工作是否真的适合自己。在一次偶然的机会中,赵刚接触到了一个完全不同的行业领域,并发现自己对此充满兴趣。他开始认真考虑跳槽的可能性。经过深思熟虑,赵刚决定放弃现有的稳定工作,投身于新的行业。虽然这个决定让他面临许多不确定性,但他相信,追求自己真正热爱的事业,将带来更有意义的职业生活。

有不少初入职场的大学毕业生在一个岗位上做了不久,就开始考虑跳槽,寻求更好的发展。当问起原因时,往往会听到这样的回答——"我不喜欢现在这个工作"。喜欢和不喜欢本来是个人的事,无所谓对错。但是,因为不喜欢就随意换工作,很容易形成动辄因为自己的喜怒而更换工作的惯性。有的大学生在毕业后短短两三年内换了五六个工作,仍然没有找到自己"喜欢"的岗位,问题到底出在哪里呢?一般来说,一个人30岁的时候,事业上应该有所成就并且处于稳固阶段,而因为不喜欢现在的工作就跳槽的大学生也许会因为自己的主观偏好而浪费了宝贵的时间和精力。所以当我们因为不喜欢而想要辞职的时候,一定要有耐心,坚持下去,真正做下去了,却仍然觉得不适合自己,那么再换工作也不迟。

(一) 如何正确面对自己不喜欢的工作

首先,我们需要深度剖析现有的工作,追溯问题的本质,明确自己到底想要什么样的工作?寻找自己真正不喜欢的原因,思考为什么讨厌这份工作,是工作的原因还是自己的原因。当然可以由着自己的性子直接选择离开,远离痛苦,获得短暂的快乐,但无法逃避问题的根源。也许我们换了一个环境,也会遭遇同样的问题。工作中不喜欢的原因可能有离家太远、工资太少、加班太多、行业发展前景不好、成长空间小等。明确自己不喜欢的原因,才能摆脱这个持续的结果。应该如何克服工作中的不喜欢?我们可以重新为自己定义工作的意义,如通过工作提升能力、通过工作获得收入、通过工作积累经验等。多想一想工作给你带来的好处,或许你会发现,你的工作并没有看上去的那么讨厌。

其次,可以在工作中寻找让你热爱的元素,挖掘工作中的乐趣,在工作中投入专业和热情,建立荣誉感,享受完成工作后带来的成就感。如果无论如何都不喜欢这份工作,就可以在深思熟虑后舍去这份工作。但是仅仅因为不喜欢就跳槽,这种是十分草率的行为,也是对自己整个职业生涯的不负责任的行为。

(二) 如何才能找到一份满意的工作

首先,需要清楚地认识自己。想清楚自己想做什么以及能做什么,明白自己的优缺点、兴趣、技能、性格、经历、专业等。这些都是你在规划自己未来职业生涯时,必须认真考虑的。

其次,认清行业和岗位。分析市场上缺少什么,稀缺才能成就你。每个行业和岗位各有各的不同,需要你具备不同的职业素养和技能。一旦选定了行业和岗位,确定了方向,就要持续不断地通过学习和实践,去夯实这些关键技能,来提升自己在行业内的核心竞争力。

再次,确定方向、长远规划、分解倒推。职场的路很长,我们需要做好长远的规划,未来的 5 年、10 年、20 年以后你想成为一个什么样的人?找准一个方向深挖,确定目标,然后拆解关键要素,明白需要学习什么,需要积累什么,不断打磨你的专业技能及核心竞争力,成为你所在行业的专家,这样才有选择的权利。了解自己的技能点、兴趣点,了解不同行业的状态和趋势,从宏观上思考个人的发展方向。进入一些行业内的圈子,多结交优秀的朋友,了解最新的工作渠道和机会。制定一个三到五年的规划,围绕你的目标和梦想规划工作,学习成长,选择一个自己喜欢的行业,或是在自己能力圈内选择一个不讨厌的工作,尽早开始积累。

最后,持续提升自我,注重成长,寻找更多的机会。不断地从工作中训练自己的能力,改变自己能改变的,只有等你有了资源,有了能力,你才会拥有更多的选择。浏览招聘网站,寻找你感兴趣的行业和岗位,根据要求有意识地去学习和训练,有目的地去培养这些能力。此外,如果一份工作本身你就不喜欢,而且尝试着改变之后还是不喜欢,当有新的机会出现时,所需的能力或者资源都已经具备,你也要有魄力放弃这份工作,勇敢地做出选择。

三、不知工作是生活的一部分

案例 1-16 工作是生活的一部分

小陈是一名公共事业管理专业的大学生,毕业后进入了一家非营利组织工作。小陈在工作中非常认真负责,同时也注重个人生活的质量,他会合理安排工作时间和休息时间,确保两者之间达到良好的平衡。除了日常工作外,小陈还利用业余时间参与各种公益活动,如环保清洁、社区服务等,他认为这些活动不仅能帮助他人,还是个人成长的重要部分。小陈明白终身学习的重要性,会在周末参加在线课程或研讨会,不断提升自己的专业技能和知识水平。小陈注重与同事及社区成员建立良好的关系,这不仅有助于工作的顺利进行,也为他的个人生活增添了乐趣。

一些刚毕业的大学生往往感到工作没有读书轻松,怀念大学时的美好时光,心中生出"生活总是在别处"的感叹,认为工作只是谋生的手段,要忍受工作的种种不好,安慰自己"工作和生活是两码事"。可是,工作和生活真的是两码事吗?事实上,工作就是生活的一部分。我们要生存就需要工作,生活得好也需要工作,求得自我价值的实现同样离不了工作。工作影响生活,你所选择的工作会直接影响你的生活方式。工作和生活是相互关联、相互影响的。因此,在选择工作时,我们应该思考自己期望的生活方式以及不同工作会给我们的生活方式和思维方式带来怎样的影响。同时,我们也应该认识到,工作上的快乐和生活中的快乐是相互交织的,无法简单地将它们划分开来。企图依靠人的理智去划分出工作和生活,并且划分出快乐部分和不快乐部分,实际上是没有意义的。所以,当你选择职业时,你要多考虑的一点是这个职业能否带给你想要的生活。

第二章

规划 DIY
——大学生职业发展管理模型应用

从系统的观点来看,大学阶段自行构成一个相对独立的职业生涯发展过程。从大学的学习过程来看,大学生需要经历大一学习适应阶段、大二专业兴趣探索阶段、大三专业学习拼搏阶段、大四学习收获阶段以及初入职场调试阶段。我们可以借助现代管理理论,建立一个大学生职业发展管理模型,科学地管理我们的职业生涯。

第一节 敢问路在何方——什么是职业生涯规划

想要在职场找到自己喜欢的那一条路,大学生不仅需要探索的勇气,还需要适合自己的技巧和方法。而有效地对自己的职业生涯进行规划就是寻找适合自己方法的第一步。

一、职业生涯规划概述

(一) 职业生涯规划的定义

职业生涯规划又称职业生涯设计,是个体基于对个人因素和环境因素的综合分析,制定个人职业发展目标与行动计划的过程。其目的不仅在于协助个体找到合适的工作,更重要的是帮助他们深入了解自我,依据主客观条件设计出合理且可行的职业发展方向。职业生涯规划主要包括四个方面的内容:自我认识、自我规划、自我管理和自我实现。其中,自我认识是职业生涯规划的基础,它涉及对个人的优势、不足、兴趣和价值观的深入理解。自我规划是确定职业方向和目标,以及制订实现这些目标的详细计划的关键步骤。自我管理是确保职业生涯规划得以实施的重要环节,包括明确需要进行的自我学习、提升准备和行动计划。自我实现是职业生涯规划的终极目标,它需要对规划进行反馈评估、修正和完善,以确保实现个人职业目标。

(二) 影响个人职业生涯规划的因素

1. 自身因素

影响职业生涯规划的自身因素包括性格、兴趣、能力、年龄和性别等。

(1) 性格

性格在我们的职业乃至一生中都会起到很大的作用。一般我们把性格分为外向型和内向型两类:外向型是关注自己如何影响外部环境,将心理能量和注意力聚集于世界和与他人的交往上;内向型是关注外部环境的变化对自己的影响,将心理和注意力聚焦于内部世界,注重自己的内心体验。我们在进行职业规划时要充分考虑自己的性格是否适合未来的职业。

(2) 兴趣

兴趣对职业生涯的规划影响巨大。不同的人兴趣不同,同一个人也有多种不同的兴趣。个体所表现出的注意力、好奇心、欲望等都可以是兴趣的表现形式,而且兴趣具有一定的动态性,个体的兴趣并不是一成不变的。兴趣以认知为前提,若我们对某件事物或者某项活动没有认知,也就不会对它有情感,因而不会对它有兴趣。反之,认知越深刻,情感越炽烈,兴趣也将越浓厚。我们在制订职业生涯规划时应当充分挖掘个人的兴趣所在,将自己的兴趣与职业生涯规划联系在一起,必将对未来的成功起到事半功倍的效果。

(3) 能力

职业发展和具有卓越能力之间有直接关系。能力可分为一般能力和特殊能力两大类。一般能力是人们顺利完成各项任务必须具备的一些基本能力,包括注意力、观察力、记忆力、思维能力和想象力等。特殊能力是指从事各项专业活动的能力,也可称为特长,包括计算能力、音乐能力、动作协调能力、语言表达能力、空间判断能力等。例如,建筑师往往具有较强的空间感,运动员和舞蹈家的肢体协调能力较强,公关人员的人际交往能力较强等。

由此可见,能力是一个人完成任务的前提条件,是影响工作效果的基本因素。因此,大学生应当从分析自身的能力出发,判断自己所擅长的领域,了解自己的能力倾向及不同职业的能力要求,从而有针对性地进行职业生涯规划。

(4)年龄和性别

年龄和性别对职业生涯规划的影响也不容忽视。对工作的态度和看法、对机会尝试的勇气、对胜任任务的能力和经验,不同年龄的表现都有所不同。任何人都有自由选择职业的权利,但是在就业市场中性别平等往往难以实现。因此,在初期制定职业生涯规划时,年龄和性别也是应该考虑的因素。

2. 环境因素

(1)社会环境

① 经济发展水平。在经济发展水平高的地区,企业相对集中,优秀企业比较多,个人职业选择的机会就比较多,因而就有利于个人职业发展;反之,在经济相对落后地区,个人职业发展也会受到限制。

② 社会文化环境。社会文化环境包括教育条件和水平、社会文化设施等。在良好的社会文化环境中,个人能受到良好的教育和熏陶,从而为职业发展打下更好的基础。

③ 政治制度和氛围。政治和经济是相互影响的,政治不仅影响一国的经济体制,而且影响企业的组织体制,从而直接影响个人的职业发展。政治制度和氛围还会潜移默化地影响个人的追求,从而对职业生涯产生影响。

④ 价值观念。一个人生活在社会环境中,必然会受到社会价值观念的影响,大多数人的价值取向甚至都是为社会主体价值取向所左右的。一个人的思想发展、成熟的过程,其实就是认可、接受社会主体价值观念的过程。社会价值观念正是通过影响个人价值观而影响个人的职业选择。

(2)组织环境

① 企业文化。企业文化决定了企业如何看待和对待员工,因此员工的职业生涯受到企业文化的巨大影响。在鼓励员工参与决策和管理的企业中,员工有更多的机会发展自己的能力和技能,因为这种文化重视员工的贡

献和参与。相反,在独裁式管理的企业中,员工的职业生涯可能受到限制,因为这种文化更注重领导者的决策和管理而忽视员工的参与和贡献。

② 管理制度。员工的职业发展,归根结底要靠管理制度来保障,包括合理的培训制度、晋升制度、考核制度、奖惩制度等。企业价值观、企业经营哲学也只有渗透到制度中,才能得到切实地贯彻执行。没有制度或者制度不合理、不到位,员工的职业发展就难以实现,甚至可能流于空谈。

(3) 家庭环境

家庭作为最基本的社会单元,对每个人的心理发展都产生重要的影响。家庭是我们的第一所学校,父母是我们的第一任老师。大多数人从小就在家庭的环境中感受其父母的职业活动,也都对各自的家庭成员特别是父母的职业比较熟悉。在选择职业时,不可避免地带有家庭教育的印迹,"子承父业"就是典型的例子。另外,父母的教养方式、家庭经济状况、生源地等也是影响大学生生涯规划的因素。

> **链 接**
>
> **用 SWOT 分析法进行环境因素分析**
>
> SWOT 分析法是一种常用的战略规划工具,用于评估一个组织或个人的优势(Strengths)、劣势(Weaknesses)、机会(Opportunities)和威胁(Threats)。对于大学生来说,使用 SWOT 分析法可以帮助大学生更好地理解自己在不同环境因素中的位置,并制定相应的策略。以下是如何针对社会环境、组织环境和家庭环境进行 SWOT 分析的一些步骤和提示:
>
> 1. 社会环境 SWOT 分析
>
> (1) 优势(Strengths)
>
> ① 社会资源丰富,如图书馆、在线课程等。
>
> ② 社会网络和联系,如校友网络、行业联系等。
>
> (2) 劣势(Weaknesses)
>
> ① 社会竞争压力大,就业市场竞争激烈。
>
> ② 社会变革快,需要不断学习新知识和技能。

(3) 机会(Opportunities)

① 行业增长和新兴领域,如科技、环保等。

② 社会活动和志愿服务,增加经验和人脉。

(4) 威胁(Threats)

① 经济波动和就业市场的不确定性。

② 社会问题,如不平等和歧视,可能影响职业发展。

2. 组织环境SWOT分析

(1) 优势(Strengths)

① 学校提供的教育资源和设施。

② 学术氛围和研究机会。

(2) 劣势(Weaknesses)

① 课程可能与市场需求不完全匹配。

② 资源分配可能不均,影响学习体验。

(3) 机会(Opportunities)

① 校企合作和实习机会。

② 学术交流和国际项目。

(4) 威胁(Threats)

① 教育政策变化可能影响学习计划。

② 学术竞争和压力。

3. 家庭环境SWOT分析

(1) 优势(Strengths)

① 家庭支持和情感依托。

② 家庭资源,如经济支持、人脉等。

(2) 劣势(Weaknesses)

① 家庭期望可能与个人职业目标不符。

② 家庭环境可能限制个人发展。

(3) 机会(Opportunities)

① 家庭背景可能提供独特的视角和经验。

② 家庭联系可能带来职业机会。

(4) 威胁(Threats)

① 家庭经济状况可能影响教育和职业选择。

② 家庭问题可能分散学习和职业发展的注意力。

大学生应如何进行 SWOT 分析呢？分析步骤如下：

(1) 收集信息。了解并收集与社会、组织和家庭环境相关的信息。

(2) 识别因素。识别每个环境中的优势、劣势、机会和威胁。

(3) 评估影响。评估这些因素对个人职业发展的影响。

(4) 制定策略。根据分析结果，制定相应的策略来利用优势、改善劣势、抓住机会和应对威胁。

资料来源：庄明科、谢伟：《大学生职业生涯规划》，中国人民大学出版社 2016 年版。

二、职业生涯规划主要理论

(一) 特质-因素论

案例 2-1 我为什么通不过面试呢？

程浩是 2023 届毕业生，从 2022 年 11 月起就积极投入了热火朝天的求职大潮中，希望抓住应届毕业生求职的黄金时期，找到一份自己满意的工作。然而四个月过去了，他不仅没有找到工作，反而在同学中落下了"面霸"(面试大王)的称号。因为他的学习成绩、实践经验等各方面还不错，所以投出去的简历有回音的不少，面试机会一个接一个，着实让同学们羡慕。可"面霸"不是什么美誉，因为每次他面试之后就没有下文了，面试成功的概率很低。

学习成绩不错，又有一定实践经验的程浩，为什么屡屡不能通过面试呢？

程浩对此很苦恼，于是找到学校就业指导老师，请求就业指导老师的帮

助。就业指导老师在与程浩一起复盘、总结原因时,发现程浩存在以下问题:

(1) 程浩选择的职业类别范围很广,涉及销售、技术、服务等多个职业类别,但是他对这些职业对求职者的要求却并不清楚,所以在面试时,他很难让面试官感觉到他的优势和诚心;

(2) 程浩对自身的优势了解不足,不清楚自己到底适合做什么工作,于是他什么都想尝试,觉得自己什么都能做,但在用人单位看来"什么都做不好"。

《孙子·谋攻》云:"知彼知己者,百战不殆。"这句话的意思是通过了解对手的情况,才能够更好地制定战略和战术,从而在战争中取得胜利。这不仅适用于兵戎相见的战场、不见硝烟的商场,同样适用于我们进行职业与个人发展双赢的职业生涯发展规划。特质-因素论就是这样一种"职场兵法"。

特质-因素论由波士顿大学教授弗兰克·帕森斯(Frank Parsons)提出,他以个人的个性心理特质作为描述个别差异的重要指标,强调个人的特质与职业选择的匹配关系。其中,特质是指人的生理特质、心理特质等个人的人格特质,因素是指客观工作标准对人的要求。特质-因素论认为在选择职业的过程中,个人必须了解三大关键因素(见图 2-1):(1) 对工作性质和环境的了解(了解职业环境、职业特征、职业要求);(2) 对自我爱好和能力的认识(了解个人特质、个人人格、个人兴趣);(3) 两者之间的协调和匹配(专业选择、职业决策)。因此,特质-因素论也被称为"人职匹配理论"。

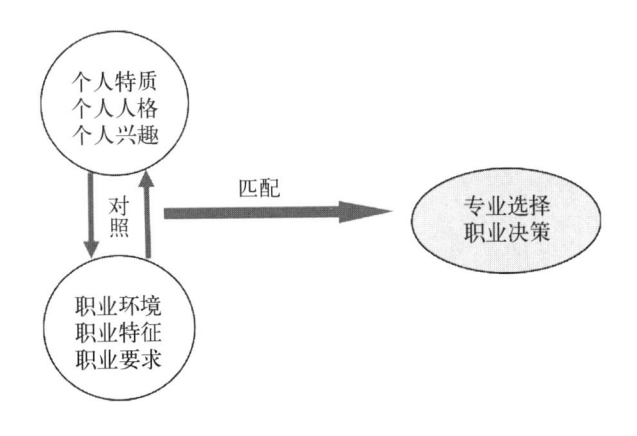

图 2-1 特质-因素论人职匹配图

(二) 舒伯的生涯发展理论

案例2-2 茫然不知路在何方

小辉是毕业于上海某大学的2019届硕士研究生。目前在上海一家国有企业的研究院做港口技术服务工作，中等收入水平，很少熬夜和加班，日子也算舒服。四年很快过去了，现在的小辉觉得自己一无所成，心慌而茫然。大龄还单身，身边一起喝酒聊天的哥们越来越少，因为他们陆续结婚了，小辉"自由的快乐"越来越被孤独寂寞和父母的催促、唠叨打破。工作上，由于只满足于完成分配的任务，很少主动充电学习，小辉的业务泛而不精。2023年年底，和小辉一起进公司的一个同事，由于工作努力、成绩突出，被委以新成立的研究室主任之职，而小辉不在考虑之列。之后，公司加大人才引进力度，招聘了数名博士研究生。一系列的变化让没有计划和准备的小辉顿觉茫然，不知接下来的路该如何去走。

案例2-3 我很清楚自己的路

与小辉同时进同一家公司的研究生小峰2019年毕业于南京某大学土木系，一开始也从事港口建设的技术服务工作。来到人生地不熟的上海，小峰明白，只有靠自己的努力才能在人才济济的上海站稳脚跟。于是，他做了三年半的计划：2019年6月—2019年年末，尽快熟悉港口技术服务所有业务，在实践中确立自己的技术服务方向和优势；2020年，在技术服务工作中突出科研，向科研方向努力；2021年，努力申请完成科研项目，在港口科研中确立优势；2022年，进修博士学位。现在的小峰是该企业新成立的研究室主任。小峰四年来共发表了九篇科研论文，获得了三次该企业研究院、"青年岗位技术能手"等荣誉，并通过某大学土木院的博士研究生考试。用小峰自己的话说，虽然不知道何时会碰到人生机遇，但一定要计划自己前面的路,哪怕是一年。

小辉和小峰的人生之路为什么会差别这么大?

孔子曰:"吾十有五而志于学,三十而立,四十而不惑,五十而知天命,六十而耳顺,七十而从心所欲,不逾矩。"(《论语·为政篇》)。可见,在人的一生中是有几个关键阶段的。对现代人来讲,一生不可能只从事一种职业,一个人的成功往往不是在稳定的职业中实现,而是在职业流动中实现的,这使得以往的职业生涯理论受到挑战。

1. 舒伯的生涯五阶段

舒伯(Super)的生涯发展阶段理论将个体职业发展划分为成长、探索、建立、维持、衰退五个阶段,每个阶段有不同的发展任务(见表2-1)。

表2-1　　　　　　　　舒伯生涯五阶段及其次阶段与发展任务

阶段	年龄		主　要　任　务
成长阶段	出生至14岁		通过家庭生活、学校学习任务的认同,不断发展和形成自我概念。此阶段身体与心理的成长是重点任务。个体通过不断获取的经验认识周围环境,尤其是工作环境,并以此作为试探选择依据
	次阶段	幻想期 (4～10岁)	需求占决定性因素,幻想中的角色扮演很重要
		兴趣期 (11～12岁)	"喜欢"是个体从事相关活动的驱动因素
		能力期 (13～14岁)	以能力为考虑因素,会考虑工作对能力的要求
探索阶段	15～24岁		个体通过学校的活动、兼职工作等探索活动,对自我能力、角色、职业的尝试,形成自我概念和职业概念,职业偏好具体化
	次阶段	试探期 (15～17岁)	会考虑自己的需要、兴趣、能力、价值观和机会,并通过幻想、讨论、课程、工作等尝试做试探性的选择。此时的选择范围会缩小,但对自己的能力、未来的学习与就业机会还不是很确定
		过渡期 (18～21岁)	进入就业市场或参加专业训练,较为考虑实际状况,并力图实现自我概念,选择逐渐有目标性

续 表

阶段	年 龄		主 要 任 务
探索阶段	次阶段	尝试期（22～24岁）	已经确定了似乎是较适当的领域,找到入门的工作后,开始尝试将它作为维持生活的工作,并试验其作为长期职业生活,若不行则再寻找、尝试
建立阶段	25～44岁		通过尝试以确定职业选择与决定是否正确,如果正确,则努力经营,做久留的打算和行动
	次阶段	尝试期（25～30岁）	寻求安定工作,如果不能满意,则不断尝试
		稳定期（31～44岁）	稳定的职业形态形成,个体的创意处于最佳时期,成绩此时突出
维持阶段	45～60岁		希望继续维持工作及在工作中的位置,开始为退休做计划
衰退阶段	61岁至死亡		体力与心理能力逐渐衰退,个体不得不面对现实,从积极参与转为隐退。生活和工作的改变,促使个体转变角色,寻求不同方式的替代和满足
	次阶段	减速期（61～70岁）	工作速度减慢,工作责任或职业性质发生变化,以适应逐渐衰退的体力和心理。许多人会选择兼职继续工作
		退休期（71岁至死亡）	有些人能很愉快地适应完全停止工作的境况,有些人则适应困难,郁郁寡欢

资料来源：周文霞主编：《职业生涯管理》,复旦大学出版社2007年版,第40页。

舒伯的生涯发展理论综合了差异心理学、发展心理学、自我心理学,以及有关职业行为发展方向的长期研究结果,构建了完整的职业生涯发展理论。

2. 舒伯的生涯彩虹图

1976—1979年,舒伯在英国进行了为期四年的跨文化研究,之后提出了一个更为广阔的新观念——生活广度、生活空间的生涯发展观,并将这一生活广度、生活空间的生涯发展图形命名为"生涯彩虹图",如图2-2所示。

在生涯彩虹图中,横向层面代表了个体从出生到逝去的生命历程,其中的成长期、探索期、建立期、维持期、衰退期这五个时期分别对应个体生涯发展的五个阶段。纵向层面是一组由职位和角色丛组成的生活空间,代表了

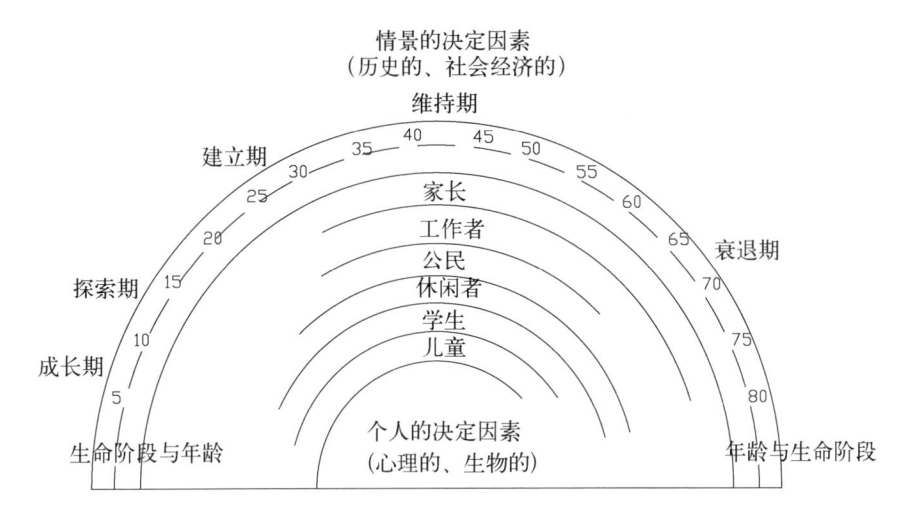

图 2-2 舒伯的生涯彩虹图

资料来源：周文霞：《职业生涯管理》，复旦大学出版社 2007 年版，第 42 页。

个体在生活中的不同阶段相继扮演的角色。人的一生无法避免地要在家庭、学校、社区和工作场所扮演不同的角色，甚至同一时期要扮演好几种角色，比如一个人到了维持期，在家里既是子女的父母又是自己父母的子女，在单位是有一定职务的工作者同时也可能是在学习的学生。不同角色的交互影响形成了个人独特的生涯彩虹。生涯彩虹图中横向的发展阶段、发展任务和纵向的生涯角色，交织成了具体的生涯发展结构，对促进个体的自我了解、自我实现有很大的指导意义。

(三) 霍兰德的职业兴趣理论

案例 2-4 我该如何选择？

小蒋来自江苏，2023 年考入了上海某大学出版印刷工程专业。虽然小蒋进入了梦寐以求的大学，但其所学专业是服从调剂的，而非自己原本报考的热能与动力工程(汽车发动机)专业。得知该校读完大一成绩优异的学生有重选专业的机会后，小蒋没有犹豫的就来报到了。入学后小蒋非常努力,各科成绩名列前茅,同时在学习中逐渐对文理知识兼备的出版印刷工程专业有了初步的了解。在对一心向往的热能与动力工程(汽车发动机)专业的专业内容、就业前景等情况做了了解后,小蒋开始犹豫了,他不知道自己是该好好计划学好现在的专业,还是继续为获得调剂资格做准备。

小蒋到底适合学习哪个专业？他该如何选择呢？

1959年,职业生涯指导专家霍兰德(Holland)提出了人格与职业类型相匹配的人格类型理论,也称职业兴趣理论。根据人们的心理素质和择业倾向,霍兰德将人们划分为六种基本类型：现实型(Realistic Type,简称R)、研究型(Investigative Type,简称I)、艺术型(Artistic Type,简称A)、社会型(Social Type,简称S)、企业型(Enterprising Type,简称E)和传统型(Conventional Type,简称C)六种人格类型。六种人格类型按固定的顺序(RIASEC)排列成六角模型,如图2-3所示。

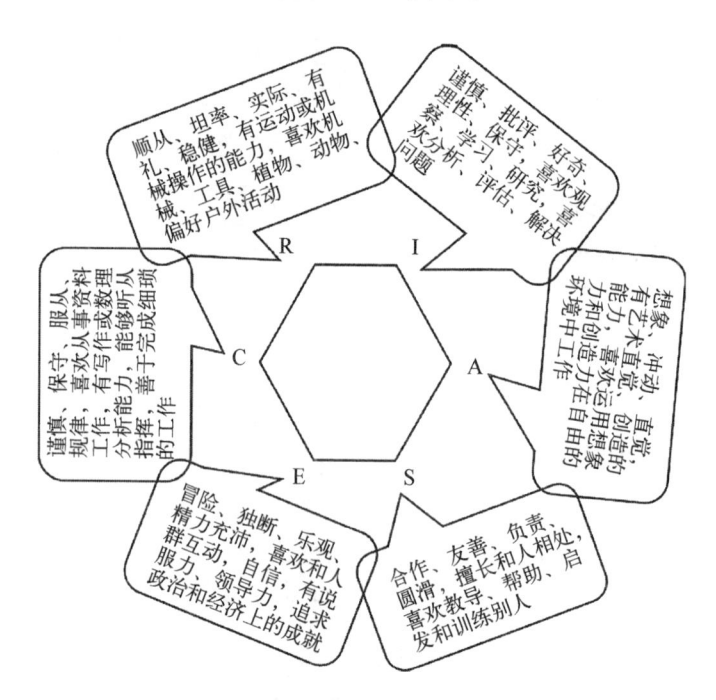

图2-3 霍兰德的人格类型六角模型

相应的，职业环境也划分为六种类型：现实型（R）、研究型（I）、艺术型（A）、社会型（S）、企业型（E）和传统型（C）。每种人格类型的人会对相应职业环境类型中的工作或学习感兴趣。六种职业环境类型按固定顺序（RIASEC）排列成六角模型，如图2-4所示。

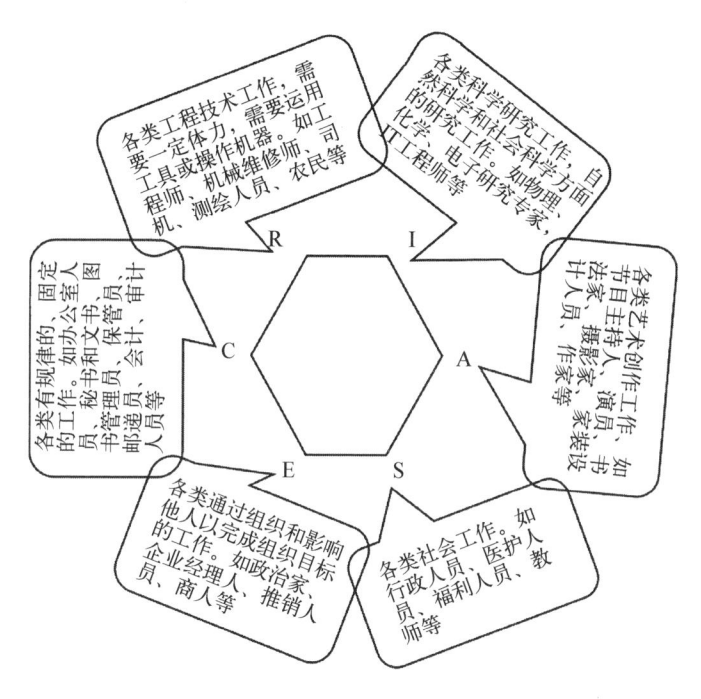

图2-4 霍兰德的职业类型六角模型

霍兰德认为，人与职业存在适配性程度。不同的职业环境适合不同人格类型的人。如企业型（E）的职业环境适合企业型（E）人格类型的人在其中工作和发展，这种职业环境下企业型（E）人格类型的人可能发挥出最佳水平，易于做出成就，而其他人格类型的人在企业型（E）的职业环境中则可能感到不适应，即使取得一定成绩也难以获得成就感。不同人格类型的人适应不同的职业环境，如企业型（E）的人选择企业型（E）的职业环境，其适配性就高；企业型（E）的人选择了传统型（C）、社会型（S）的职业环境，适当调整也可以较好发展，适配性次高；企业型（E）的人选择了现实型（R）、艺术型（A）的职业环境，适配性中等；企业型（E）的人选择了研究型（I）的职业环境，则工作起来就会很痛苦，适配性程度最低。

(四) MBTI 性格理论

19世纪中叶,美国一位名叫伊莎贝尔·迈尔斯(Isabel Myers)的非专业人士同她的母亲凯瑟琳·布里格斯(Kathryn Briggs)一道,重新研究了荣格的《心理学类型》,设计出一种用于鉴别不同类型人格的问卷调查表,并将其命名为"迈尔斯-布里格斯个性分析指标(MBTI)"。MBTI是一种自我报告的调查。它能帮助你看到自身的力量和特有的才干,这些认识可以使你更深刻地了解自己的动机、力量和发展前景,也可以使你更深刻地了解和欣赏与你类型不同的人。

MBTI量表共有四个维度:

(1) 外倾(E)-内倾(I);

(2) 感觉(S)-直觉(N);

(3) 思维(T)-情感(F);

(4) 判断(J)-知觉(P)。

下面我们就用表格的形式,比较四个维度里的八种性格类型的差异(见表2-2至表2-5)。

• 外倾(E)-内倾(I)

表 2-2　　　　　　　　外倾型与内倾型的特征比较

外　倾　型	内　倾　型
与他人相处精力充沛	独自度过时光,精力充沛
喜欢成为注意的中心	避免成为注意的焦点
行动,之后思考	思考之后行动
喜欢边想边说	在心中思考问题
易于"读"和了解,随意地分享个人情况	更封闭,更愿意在经挑选的小群体中分享个人情况
说多于听	听多于说

续 表

外 倾 型	内 倾 型
高度热情地社交	不把兴奋说出来
反应快,喜欢快节奏	仔细考虑后,才有所反应
重于广度而不是深度	喜欢深度而不是广度

资料来源:任源梅、吴杨主编:《大学生职业生涯规划》,机械工业出版社 2023 年版。

- 感觉(S)-直觉(N)

表 2-3　　　　　　　　　感觉型与直觉型的特征比较

感 觉 型	直 觉 型
相信确定和有型的东西	相信灵感和推断
喜欢新想法——除非它们有实际意义	为了自己的利益,喜欢新思想和新概念
重视现实性和常情	重视想象力和独创力
喜欢使用和琢磨已知的技能	喜欢学习新技能,但掌握之后很容易就厌倦了
留心具体的和特殊的,进行细节描述	留心普遍的和有象征性的,使用隐喻和类比
循序渐进地讲述有关情况	跳跃性地展现事实
着眼于现实	以一种绕圈子的方式着眼于未来

资料来源:任源梅、吴杨主编:《大学生职业生涯规划》,机械工业出版社 2023 年版。

- 思维(T)-情感(F)

表 2-4　　　　　　　　　思维型与情感型的特征区别

思 维 型	情 感 型
退后一步思考,对问题进行非个人因素的分析	超前思考,考虑行为对他人的影响
重视符合逻辑、公正、公平的价值,一视同仁	重视同情与和睦,重视准则的例外性
被认为冷酷、麻木、漠不关心	被认为感情过多,缺少逻辑性,软弱

续 表

思 维 型	情 感 型
认为圆通比坦率更重要	认为圆通与坦率同样重要
只有情感符合逻辑时,才认为它可取	无论是否有意义,认为任何感情都可取
被渴望成就而激励	为了获得欣赏而被激励
很自然地看到缺点,倾向于批评	能够共情,理解他人,善于建立融洽关系和人际关系

资料来源:任源梅、吴杨主编:《大学生职业生涯规划》,机械工业出版社2023年版。

- 判断(J)-知觉(P)

表2-5　　　　　　　　　　判断型与知觉型的特征区别

判 断 型	知 觉 型
做了决定后最为高兴	当各种选择都存在时感到高兴
有"工作原则":工作第一,玩其次(如果有时间的话)	"玩的原则":现在享受,然后再完成工作(如果有时间的话)
建立目标,准时地完成	随着新信息的获取,不断改变目标
愿意知道它们将面对的情况	喜欢适应新情况
着重结果(重点在于完成任务)	着重过程(重点在于如何完成工作)
满足感来源于完成计划	满足感来源于计划的开始
把时间看作有限的资源,认真地对待最后期限	认为时间是可更新的资源,而最后期限也是有收缩的

资料来源:任源梅、吴杨主编:《大学生职业生涯规划》,机械工业出版社2023年版。

根据四个维度和八个端点的组合,可以得出表2-6中的16种性格类型。

表2-6　　　　　　　　　　　　16种性格类型

内倾感觉思维判断(ISTJ)	内倾感觉情感判断(ISFJ)	内倾直觉情感判断(INFJ)	内倾直觉思维判断(INTJ)
内倾感觉思维知觉(ISTP)	内倾感觉情感知觉(ISFP)	内倾直觉情感知觉(INFP)	内倾直觉思维知觉(INTP)

续 表

外倾感觉思维判断（ESTJ）	外倾感觉情感判断（ESFJ）	外倾直觉情感判断（ENFJ）	外倾直觉思维判断（ENTJ）
外倾感觉思维知觉（ESTP）	外倾感觉情感知觉（ESFP）	外倾直觉情感知觉（ENFP）	外倾直觉思维知觉（ENTP）

资料来源：李家华、张晓慧、雷玉梅主编：《职业发展与就业指导》，科学出版社 2020 年版。

（五）施恩的职业锚理论

职业锚的概念，是麻省理工学院斯隆管理学院的专门研究小组在对斯隆管理学院的 44 名毕业生进行了十多年跟踪调查和研究的基础上，由施恩（Schein）提出的。职业锚是指当一个人做出职业选择时，最难以舍弃的选择因素，也就是一个人选择职业时所围绕的中心，可以说是个体的"职业价值观"。用施恩自己的话说，就是"那些当我们在更多的生活经验的基础上发展了更深入的自我洞察时，我们生命中成长得更加稳定的部分"。施恩认为，职业锚由三部分组成：

（1）个体在实际从事职业并取得成功的过程中，自己认识到自己的能力和才干；

（2）个体在实际的职业环境中，在自我测验、自我诊断以及他人反馈的基础上，自己认识到的自我动机和需要；

（3）个体对比了职业组织中的价值观与自身价值观后，自己认识到自己的价值观和态度。

施恩认为个体在最初就业时不可能非常明确到底什么类型的工作才是自己想要的，通常要经过一段时间的职业探索才能确定自己的职业价值观。这种职业价值观通过个体的职业经历逐步稳定、内化到个体观念中，当一个人不得不做出选择的时候，职业锚是个人无论如何都不会放弃的职业中的至关重要的东西或价值观。施恩将职业锚确定为八种类型。

1. 技术/职能型

此类型的人追求在技术/职能领域的成长和技能的不断提高，以及应用这种技术/职能的机会；希望按照个人的技能水平（如教育程度、工作经验）来获得报酬；希望走技术线路式的晋升，不一定重视头衔，但重视报酬的公平性；重视能进一步学习和在专业上自我发展的机会，希望得到"专家"的称呼和相应的奖励。

2. 管理型

此类型的人追求并致力于工作晋升，倾心独立负责一个部分，渴望承担更大的责任；希望充满挑战性、变化丰富的工作，可以跨部门整合其他人的努力成果，有领导他人的机会；重视靠结果和绩效来获得晋升；看重加薪、奖金等物质奖励。

3. 自主独立型

此类型的人不愿被条条框框限制，希望随心所欲安排自己的工作方式、工作习惯和生活方式，追求能施展个人能力的工作环境，最大限度地摆脱组织的限制和制约；喜好以自己的方式、节奏和标准做事；往往从事一些自主性较高的工作，如咨询师、教师或大型组织中的研发工作。

4. 安全/稳定型

此类型的人追求工作中的安全与稳定感；在能够预测到稳定未来的工作环境中而感到放松；在某一职业阶段，经济上的安全成为其关注的焦点；希望组织能提供长期职位、很少裁员、有好的退休计划和福利项目；希望组织认可忠诚和稳定的绩效。

5. 创造型

此类型的人希望用自己的能力去创建属于自己的公司或创建完全属于自己的产品或服务，愿意去冒风险，并克服面临的障碍；有通过发展新产品或服务来创造自己事业的强烈愿望，把赚钱作为成功的度量标准。这种愿望往往在职业生涯的早期就付诸行动。此类型的人比较看重自我意见和想法，以自我为中心，在传统组织中不会待太久，比较适合创业。

6. 服务型

此类型的人一直追求他们认可的核心价值，希望以某种方式改善自己周围的环境，非常具有服务精神，典型工作如社会工作者、护士等。他们也一直追寻实现这种价值的机会。

7. 挑战型

此类型的人喜欢解决看上去无法解决的问题，战胜强大的对手，不断挑战自我,去解决一个比一个困难的任务等。对他们而言,参加工作的原因是该工作允许他们去战胜各种不可能。他们不在意工作的专业与否,他们需要新奇、变化和困难,如果事情非常容易解决,他们将很快厌烦。

8. 生活型

此类型的人希望将生活的各个方面整合为一个整体,喜欢平衡个人、家庭和职业的需要。因此,生活型的人需要一个能够提供足够弹性的工作环境来实现这一目标,需要灵活的工作时间安排,如弹性工作制。他们将成功定义得比职业成功更广泛。相对于具体的工作环境、工作内容,生活型的人更关注自己如何生活、在哪里居住、如何处理家庭事务等。

案例2-5　确定自己的职业锚

小李毕业于某师范大学汉语言文学专业,毕业后顺利进入某县重点中学做语文老师。当了三年老师后,想到未来的生活就像这三年的生活一样波澜不惊,小李突然感觉没有意思,于是毅然辞职,来到上海。

小李在上海的第一份工作是朋友介绍的,在某幼儿教育机构做带班老师。初来人生地不熟的城市,小李十分消沉,导致了她半年后的辞职。后来,她进了一家软件公司做客服。她感慨,在上海的工作机会还是很多的,但要找到一个符合自己兴趣与需求的工作就不容易了。她觉得自己的专业不太好,除了做老师、文秘,其他岗位很少有要这个专业的毕业生。后来,小李做过销售、保险、广告,甚至做过一段时间的导游。工作越换越频繁,时间也越来越短。四年过去了,小李感到自己很失败,仍处于居无定所的状态。

小李现在所在的这家公司颇具规模,业务涵盖网络、证券、汽车销售、房地产等,她的职务是培训部助理。这份工作也是朋友推荐的。但现在她和领导的关系十分紧张,她受不了领导颐指气使的样子,而且小李的领导经常将她做的内容稍微整理一下就向上汇报,剽窃她的成果。现在小李只能忍受,因为她下不了决心辞职。毕竟这是一家薪资待遇和各项福利都不错的公司,小李舍不得离开。现在,小李十分怀念以前做教师的日子——安稳而平静。

案例分析：

从小李的经历分析，小李存在几个方面的问题？

（1）职业气质与工作性质不符

在进行职业生涯规划时，全面了解自己的个人情况是非常重要的。这包括对自己的职业气质、倾向性、兴趣以及职业锚等进行综合评价。通过专业的 MBTI 测评，我们发现小李是 ISTJ 型（内倾、感知、思考、判断）人格。这种类型的人非常注重个人成就感，有明确的工作目的和价值感，希望不断取得成就，并得到领导和同事的赞扬。然而，这类人对于挑战和挫折十分敏感。尽管小李不怕吃苦，但并不善于快速与人建立和谐的关系，也不能在不断的挫折下百折不挠。

（2）找不到自身优势

小李对自己的专业感到不满意，这是因为她没有找到自己的优势。她将自己的困境归咎于专业本身，而没有意识到自己可能具备其他能力和技能。事实上，教师职业经历可为她提供重要的职业探索机会，让她有能力将自己的知识和经验传授给他人。此外，内容策划可能是她的强项，但她还没有意识到这一点，也没有将这些技能整合起来。因此，小李需要重新审视自己的能力和兴趣，并尝试将这些因素融入她的学习和职业规划中，以便更好地发挥自己的潜力。

针对这种情况，小李应该如何应对？专家提出以下方案。

（1）确定职业锚——发现你的真正价值

小李的职业锚类型是服务型，这意味着她追求的核心价值是帮助他人，通过自己的努力使他人得到提升，通过新的产品消除疾病等。她一直追寻这种机会，即使变换公司，也不会接受不允许她实现这种价值的变动或工作提升。综观小李的职业生涯，她一直在挑战自己的个性，这种改变是很微妙的。她的内心感受一直是拧着劲儿在做，付出越多，陷得越深，也就越痛苦。

一个人的真正价值在于认清自己，在水到渠成的状态下谋求一种平衡。然而，认清自己并不容易，从外界、从专业的途径去做可能更快更见效。小李需要通过专业测评和专家研究来了解自己的职业锚类型，从而更好地规划自己的职业发展。只有这样,她才能找到符合自己价值观的工作机会,实现自己的职业梦想。

(2) 降低选择成本——确定职业方向

每个人都必须多次选择才能最终找到适合自己的职业。但是,这并不能成为我们不负责任、随性而为的借口。

小李的心态是这样的:希望摆脱平静的生活,通过自己的挑战和努力去改变现状。所以她从重点中学离职,后来做带班老师、客服、销售、保险、广告、培训部助理等。小李没有明确的职业规划,因此她经常变换工作。事实上,她的选择成本是非常大的。小李的经历也说明了如果我们选择的方向不正确,再多的试错过程都是徒劳的。所以,确定职业方向是职业生涯规划的重中之重。

(3) 确定的职业方向

小李想确定自己的职业方向,于是她去咨询了人力资源专家。专家为她确定的职业方向是:人力资源培训方向。因为小李的教师经历和汉语言文学专业是主要支持点,然后横向扩展,向招聘和薪酬管理方面发展,之后再纵向晋升,从人力资源助理到人力资源主管再到人力资源经理。小李现在的问题是职业方向已经确定,但没有专业能力和人脉资源。因此,她不应该为了薪酬和福利留在现在的公司,而应该为了未来的职业发展,增加专业知识和技能。

第二节 良才需利器——职业生涯规划必备工具

一、认识自我的工具

好的职业生涯规划不仅需要个人的努力,更需要合适的工具和方法的辅助。选择适合自己的工具,能够让你的职业生涯规划更加明晰、高效和成功。因此,在进行职业生涯规划时,不妨尝试一些必备的工具,让自己的规划之路更加顺畅。

认识自我是职业生涯规划过程中关键性的第一步,其原因在于:只有当你明确了自己是什么样的人以及你的志趣和才能所在,你才有可能在纷繁复杂的信息冲击面前保持控制感和方向感。我们可以通过一些小游戏和小测试初步了解自己、认识自我。

游戏一:我是谁?

在这个游戏里,要求就关于你的项目,比如身高、体重、外貌、性格、学历、职业、出身、配偶、理想等分别真实填写,说明你是一个什么样的人。请尝试着写出能反映个人特征的20个"我是谁"的判断句,最好是能反映自己身上所长期具有的、在某种程度上可以与他人相区分的特征。

例如:我是一个活泼开朗的人。

我是一个喜欢迎接挑战的人。

游戏二:第一印象

这个游戏完成起来很简单,只需要一张白纸。对环境的要求有个前提,请你忠实于自己。

尝试着静静地坐下来,慢慢地深呼吸,然后开始冥想。比如想象"从今天开始,半年后你的生活是什么样子?一年过后是什么样子?五年以后呢?"并把你所想到的都如实地记录下来。请对自己诚实,不要为了取悦他人而做出回答。尽量地凭直觉回答。

(1) 我是_____。

(2) 我需要_____。

(3) 我想要_____。

(4) 我目前职业生涯阶段是_____。

(5) 我想在下列方面改变自己_____。

(6) 如果未来五年内一切顺利的话,我将从事下列工作_____。

(7) 如果未来五年内事情不顺利的话,我将从事下列工作_____。

(8) 回顾过去的工作和志愿活动,哪些是我最喜欢的,哪些是我最不喜欢的?是否存在某种规律性?_____。

游戏三：人生轨迹

回顾你的人生轨迹。在你的坐标线上,把你这一生想做的事,或者已经做过的刻骨铭心的事都标出来。如果有可能,尽量把时间注明。视它们带给你的快乐和期待的程度而定,高的填写在你的生命线上方;承认自己的局限,承认人生是波澜起伏的过程,接纳自己的悲哀和沮丧,并将其标识在生命线的下方(见图 2-5)。

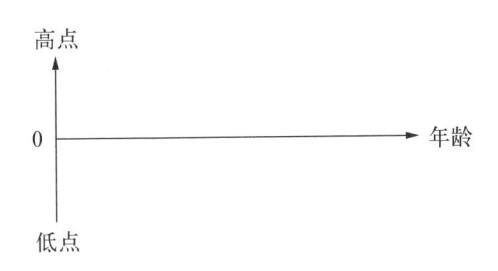

图 2-5 生命线

游戏四：发现你的兴趣

这个心理小游戏很简单,请你将答案一一写在下面的横线上,从中发现自己的兴趣。

(1) 我喜欢做什么样的事情?

_____

(2) 我喜欢读什么样的书?

_____

(3) 我喜欢什么样的人?

_____

(4) 干什么事情我最有兴趣,我是怎样使用我的闲暇时间的?

_____

(5) 在学校里我喜欢什么样的课程?

_____

(6) 我做过哪些工作(包括志愿工作),我喜欢做哪些工作?

_____

（7）我满意现有生活的哪些方面？
_____

游戏五：我最有希望从事的五个职业

约几位朋友一起讨论以后的职业方向，然后拿出一张纸，写下自己最有希望从事的五个职业，并与朋友相互交流。之后，你要舍去其中一个职业，并且向朋友解释舍去这个职业的原因。接下来，你要舍去第二个职业，并且向朋友解释舍去第二个职业的原因。以此类推，直到剩下最后一个你最有希望从事的职业。

我最有希望从事的五种职业：

(1) _____。
(2) _____。
(3) _____。
(4) _____。
(5) _____。

现在，你已经清楚自己最有希望从事的职业。再想想，你能为自己最有希望从事的职业做哪些准备。

游戏六：积极地自我肯定训练

写下六个在生活中或者职业生涯规划中成功的自我肯定的短语，把它们填在下面的横线上。下面是一些例句：

- 我是一个自信和有能力的人。
- 我有许多项可以应用的技能。
- 我敢于冒险。
- 我是一个善于发展关系的人。

(1) _____。
(2) _____。
(3) _____。
(4) _____。
(5) _____。
(6) _____。

测试一：基本能力测试

要想保持心理健康,重要的原则就是坦然接纳我们不能改变的事物。如果你不能做到坦然接纳,就会让真实的自己躲藏起来,用假象蒙蔽自己和周围的人,这样可能干扰我们的认知,从而容易导致做出错误的判断。在这个测试中,你需要做到诚实回答。这需要你有足够的勇气承认自己在某些能力上的不足。你需要根据对自己的了解,在"能力"与"程度"相对应的空格内划上"√"(见表 2-7),通过这个测试了解自己的基本能力。

表 2-7　　　　　　　　　　基本能力测试表

能力程度	非常高	高	一般	低	很低
语言能力					
数学能力					
推理能力					
知觉能力					
动作协调能力					
文书写作能力					
社会能力					
领导能力					
机械能力					
音乐能力					
艺术能力					
体育能力					
娱乐能力					

资料来源:黄必义主编:《大学生职业发展与就业指导教程》,高等教育出版社 2018 年版。

结果如何?请参考天赋能力特征与适合职业对照表(见表 2-8)初步了解自己可能适合的职业吧。不同的职业对天赋能力的要求是不同的,比如教师要有较好的记忆力,会计需要有较强的计算能力,舞蹈演员需要有非常好的眼与手的协调能力等。

表 2-8　　　　　　　天赋能力特征与适合职业对照表

天赋能力	具体特征	适合职业
察觉细节的能力	对物体和图形的有关细节具有正确的知觉能力	绘图员、工程师、艺术家、医生、护士等
运动协调能力	身体能够迅速而准确地做出动作反应	舞蹈演员、健身教练、司机等
动手能力	手、手腕、手指能够迅速而准确地操作小的物体	技术工人、检修人员、模型制造人员、手工艺者等
书写能力	对词、印刷物、账目、表格等的席位部分具有正确的知觉能力	校对、录入人员
社会交往能力	善于进行人与人之间的互相交往,互相联系,互相帮助,能够协同工作并建立良好的人际关系	公共关系人员、对外联络人员、政府新闻官、物业管理人员等
组织管理能力	擅长组织和安排各种活动,以及协调参加活动中人际关系的能力	企业经理、基金管理人

资料来源:黄必义主编:《大学生职业发展与就业指导教程》,高等教育出版社 2018 年版。

测试二:情商测试

你觉得情商很神秘吗?回答下列问题,以了解你的态度是如何通过行为反映出来的。你可以同时让几位了解你的人来回答这些问题,把他们的回答和你的回答做一下比较,然后选择一两项你认为有必要加以改善的情商领域(见表 2-9)。

表 2-9　　　　　　　　　情商测试表

问题程度	我满意	我需要改善
A. 我总是尽最大的力量做事吗?		
B. 我是否是乐观的?		

续　表

问 题 程 度	我 满 意	我需要改善
C. 我是否友善和具有合作精神？		
D. 我是否行动迅速和独立？		
E. 我是否承担我应尽的责任(或做得更多)？		
F. 我看起来是否自信从容？		
G. 我是否真诚？		
H. 人们是否尊重我的见解？		
I. 我是否是可信任的？		
J. 我是否举止得体、老练，能为他人着想？		
K. 我衣着是否得体？		
L. 我是否能先人后己？达到什么程度？		
M. 我能接受赞扬吗？		
N. 我能给予赞扬吗？		
O. 我是否向别人提出建议？		
P. 我敢于说不吗？		
Q. 我是否等待别人为我做决定？		
R. 我是否努力去了解别人的感受？		

资料来源：刘兰明主编：《职业基本素养》，高等教育出版社 2018 年版。

测试三：多元智力测验表

答题说明：量表内每一叙述之后均有五个选项，依照层次高低排列。请按照你实际行为表现与题目相符的程度，尽可能凭第一印象勾选适当的选项：完全不符选择 1，小部分符合选择 2，部分符合选择 3，大致符合选择 4，完全符合选择 5。

例题：

	完全不符	小部分符合	部分符合	大致符合	完全符合
	1	2	3	4	5
1. 聪明,反应灵活	☐	☐	☐	☐	☑
2. 喜欢阅读,看很多课外书	☐	☑	☐	☐	☐

准备好了吗,测试现在开始(见表 2-10)。

表 2-10　　　　　　　　　多元智力测验表

你的表现	1	2	3	4	5
1. 词汇丰富,表达能力超出一般	☐	☐	☐	☐	☐
2. 喜欢思考、讨论科技或数学方面的问题	☐	☐	☐	☐	☐
3. 喜欢用图表来解释说明	☐	☐	☐	☐	☐
4. 肢体动作协调,姿态优雅	☐	☐	☐	☐	☐
5. 很喜欢关心、欣赏、谈论音乐方面的信息	☐	☐	☐	☐	☐
6. 到户外活动,能够细心观察自然景物,喜好发问、思考	☐	☐	☐	☐	☐
7. 经常参加群体聚会活动	☐	☐	☐	☐	☐
8. 非常了解自己的优点和缺点	☐	☐	☐	☐	☐
9. 能准确记得自己读过的文章或听过的内容	☐	☐	☐	☐	☐
10. 计算能力优异,数字感良好	☐	☐	☐	☐	☐
11. 空间目测能力良好	☐	☐	☐	☐	☐
12. 说话时善于使用肢体和手势来表达意见及情感	☐	☐	☐	☐	☐
13. 很会唱歌、吹口哨、哼曲子或打拍子等	☐	☐	☐	☐	☐
14. 对大自然界有浓厚兴趣,很愿意关心、思考、从事有关自然界的事务	☐	☐	☐	☐	☐

续 表

你 的 表 现	1	2	3	4	5
15. 朋友很多	☐	☐	☐	☐	☐
16. 会自觉地朝自己的目标努力,不需要外部的奖惩或约束来督促	☐	☐	☐	☐	☐
17. 表达生动有趣,善于描述、讲故事等	☐	☐	☐	☐	☐
18. 对运用数字、符号、概念等很敏感,抽象思考能力强	☐	☐	☐	☐	☐
19. 绘图能力优异,作品充满画趣	☐	☐	☐	☐	☐
20. 能运用多种多样的动作来表现一个事物	☐	☐	☐	☐	☐
21. 能随手运用生活中的器材来表现音乐	☐	☐	☐	☐	☐
22. 关注与大自然有关的书籍或电视节目	☐	☐	☐	☐	☐
23. 善于体察别人的情感	☐	☐	☐	☐	☐
24. 能够反思和改进自己的做事方式	☐	☐	☐	☐	☐
25. 阅读面很广,阅读理解能力很强	☐	☐	☐	☐	☐
26. 能用符号、比喻、概念等表达或简化复杂的意思	☐	☐	☐	☐	☐
27. 善用图像记忆、思考或表达知识或意思	☐	☐	☐	☐	☐
28. 运动感觉很好,偏爱在活动中学习	☐	☐	☐	☐	☐
29. 能用音乐来美化生活	☐	☐	☐	☐	☐
30. 关心、参与垃圾分类与废物处理事务	☐	☐	☐	☐	☐
31. 很了解别人对你的看法	☐	☐	☐	☐	☐
32. 独立性强,不依赖他人	☐	☐	☐	☐	☐
33. 对词句理解精确,能灵活运用熟语、成语或名句	☐	☐	☐	☐	☐
34. 善于归纳,善于得出结论	☐	☐	☐	☐	☐
35. 喜欢绘图、造型或者场景布置	☐	☐	☐	☐	☐
36. 善于运用肢体动作生动地模仿人、动物	☐	☐	☐	☐	☐

续 表

你 的 表 现	1	2	3	4	5
37. 听觉很灵敏,能清晰记得自己听过的语音、响声、曲子等	□	□	□	□	□
38. 很会饲养小动物或种植花草树木	□	□	□	□	□
39. 能积极参与团体讨论	□	□	□	□	□
40. 善于自我激励,不需要别人督促自己	□	□	□	□	□
41. 说理能力良好,擅长辩论或演说	□	□	□	□	□
42. 擅长推理,逻辑性很强	□	□	□	□	□
43. 擅长美术鉴赏,对于色彩、图形、光彩的感觉十分敏锐	□	□	□	□	□
44. 能很快学会操作工具、机器等器具	□	□	□	□	□
45. 乐感、节奏感很好,能很快学会一首歌曲或乐曲	□	□	□	□	□
46. 尊重自然界的生命,很喜欢欣赏自然景物	□	□	□	□	□
47. 能主动关心别人,善于为他人排忧解难	□	□	□	□	□
48. 能理性地对待别人对自己的批评	□	□	□	□	□
49. 说话、写作能够把握重点,有条有理	□	□	□	□	□
50. 善于发现、分析问题,能找出问题的症结	□	□	□	□	□
51. 能很快理解图表、地图、示意图等	□	□	□	□	□
52. 能很快学会骑车、游泳、球类之类的新技能	□	□	□	□	□
53. 唱歌或演奏乐器的能力很强	□	□	□	□	□
54. 很了解名山、大川、古镇等,通晓各地风土人情	□	□	□	□	□
55. 同伴总是很尊重、喜爱你	□	□	□	□	□
56. 在亲属、同学、朋友等人群中,你很清楚自己的地位与角色	□	□	□	□	□
57. 喜好写作,善于用文字表情达意	□	□	□	□	□
58. 思维方式灵活,能用多种方法解题	□	□	□	□	□
59. 方位感很强,在陌生的地方很快能找到方向	□	□	□	□	□

续　表

你　的　表　现	1	2	3	4	5
60. 能很快学会跳舞,表演出色	□	□	□	□	□
61. 能够改编乐曲或歌曲	□	□	□	□	□
62. 喜欢以大自然为题的电影、音乐、摄影、美术或文学作品	□	□	□	□	□
63. 很善于与别人合作	□	□	□	□	□
64. 遇到不同的或陌生的场合,能很快知道自己该怎么做	□	□	□	□	□
65. 对方言、外语等语言学得快而好	□	□	□	□	□
66. 解决数理难题的能力很强	□	□	□	□	□
67. 很会玩拼图、迷宫、积木等观察游戏	□	□	□	□	□
68. 体育能力很强,是个优秀的运动员	□	□	□	□	□
69. 音乐鉴赏能力佳,对乐曲、歌曲有独到见解	□	□	□	□	□
70. 关心和参与保护野生动物、水资源和其他自然环境	□	□	□	□	□
71. 当与别人意见不同时,能有效地沟通、协调	□	□	□	□	□
72. 面对团体压力,也能坚持自己正确的意见	□	□	□	□	□
73. 常常自豪地谈论或展示你的作文或文艺作品	□	□	□	□	□
74. 喜欢深入地探究各种问题	□	□	□	□	□
75. 常常对自己到过的地理场景记忆犹新	□	□	□	□	□
76. 善于制作、拆装玩具、航模等器具	□	□	□	□	□
77. 有演出机会时,常常为大家演奏或演唱	□	□	□	□	□
78. 喜好登山、远足、攀岩、露营、漂流、赏鸟等休闲活动	□	□	□	□	□
79. 常被选为团体的头头	□	□	□	□	□
80. 很清楚自己的个性和追求	□	□	□	□	□

资料来源:张艳主编:《大学生职业指导实训教程》(第二版),高等教育出版社2014年版。

对于每题的选项,你选择了几,这一题就计几分。比如表2-10中的第1题你选择了5,就计5分,并把5写在表2-11中"1"所在的方格。其余以此类推。最后把每一列的计分加起来,就是这一列对应的智能总得分。

表 2‑11　　　　　　　　　　多元智能量表

智力类型	语言	音乐	数理	空间	动觉	自省	交流	自然观察
题号	1	5	2	3	4	8	7	6
	9	13	10	11	12	16	15	14
	17	21	18	19	20	24	23	22
	25	29	26	27	28	32	31	30
	33	37	34	35	36	40	39	38
	41	45	42	43	44	48	47	46
	49	53	50	51	52	56	55	54
	57	61	58	59	60	64	63	62
	65	69	66	67	68	72	71	70
	73	77	74	75	76	80	79	78
合计得分								

资料来源：张艳主编：《大学生职业指导实训教程》(第二版)，高等教育出版社 2014 年版。

测试结果自我分析：

多元智能理论是由哈佛大学的发展心理学家霍华德·加德纳(Howard Gardner)教授于 1983 年提出的，这一理论在教育领域产生了深远的影响，成为 20 世纪 90 年代以来许多西方国家教育改革的指导思想之一。加德纳认为，智能是指解决问题或创造有效成果的能力，这种能力可以通过社会或文化的价值标准进行评估。他将智能划分为九个不同的类别，包括语言智能、音乐智能、数理逻辑智能、空间智能、肢体动觉智能、内省智能、人际交流智能和自然观察智能。

(1) 语言智能

语言智能指的是个体听、说、读和写的能力，表现为个人能够有效地使用语言描述事件、表达思想并与他人沟通的能力。

(2) 音乐智能

音乐智能指的是个体感受、辨别、记忆、改变和表达音乐的能力，表现为个人对音乐元素(如节奏、音调、音色和旋律)的敏感度以及通过创作、演奏和歌唱等方式表达音乐的能力。

(3) 数理逻辑智能

数理逻辑智能指的是个体运算和推理的能力,表现为对事物间各种关系(如类比、对比、因果和逻辑等)的敏感度以及通过数学运算和逻辑推理来进行思考的能力。

(4) 空间智能

空间智能指的是个体感受、辨别、记忆和改变物体的空间关系并借此表达思想和情感的能力,表现为对线条、形状、结构、色彩和空间关系的敏感度以及通过平面图形和立体造型将它们表现出来的能力。

(5) 肢体动觉智能

肢体动觉智能指的是个体运用四肢和躯干的能力,表现为能够较好地控制自己的身体、对事件能够做出恰当的身体反应以及善于利用身体语言来表达自己的思想和情感的能力。

(6) 内省智能

内省智能指的是个体认识、洞察和反省自身的能力,表现为能够正确地意识到和评价自身的情绪、动机、欲望、个性、意志,并在此基础上形成自尊、自律和自制的能力。

(7) 人际交流智能

人际交流智能指的是个体与人相处和交往的能力,表现为能够察觉、体验他人的情绪、情感和意图并据此做出适当的反应的能力。

(8) 自然观察智能

自然观察智能指的是个体辨别环境(不仅是自然环境,还包括人造环境)的特征并加以分类和利用的能力。

> **链 接**
>
> ### 职业测评:不只是一场测评
>
> 在职业发展的道路上,我们常常寻求指引,而职业测评似乎成了一盏明灯。它并非神秘的预言,而是一种科学的探索工具。本文将带你一探

职业测评的奥秘,并提供几条实用的建议,帮助你更明智地使用这一工具。

1. 职业测评的真相

职业测评,基于心理测量学,旨在通过一系列科学的方法,评估个人的职业倾向和能力。它不同于那些仅供娱乐的心理小测验,职业测评要求更高的准确性和可靠性。然而,即便是科学的产物,也存在局限性。特别是那些从海外引进的测评工具,可能并不完全适应我们的文化背景和实际情况。

2. 测评时的注意事项

(1) 把握测评时机

避免短期内重复测评,以免记忆效应影响结果。同时,不要在同一天完成多个测评,以免大脑疲劳导致误差。

(2) 保持良好的情绪状态

情绪波动可能影响你的选择,尽量在心情平和时进行测评,以获得更真实的自我反映。

(3) 自我分析

不是每个人都适合做职业测评。如果你资源有限、安于现状或已对自我有深刻认识,职业测评可能对你帮助不大。

(4) 专业咨询的明智选择

在自我探索的基础上,寻求专业咨询可以提供额外的视角。但要选择信誉良好的咨询师,或利用学校资源,确保咨询的质量。

二、自我管理的工具

(一) 时间管理

案例 2-6 大学生需要做好时间管理

小江是一名大二的学生,非常热爱学习和参与各种社团活动。然而,由于没有合理安排时间,他经常发现自己在考试周前夜还在赶作业,或是错过了重要的社团会议。最近,小江遇到了一个难题——期末考试即将到来,同时他还承担着组织一次重要社团活动的任务。他意识到,如果不妥善处理,可能两边都做不好。为了应对这个挑战,小江决定采取措施来改善自己的时间管理能力。

(1) 制订计划表。使用电子日历规划每天的学习任务和社团活动。

(2) 优先级排序。将任务按照紧急程度和重要性排序,确保首先完成最重要的事情。

(3) 设置目标。为每项任务设定具体的目标和截止日期,帮助自己保持专注。

(4) 避免拖延。设定固定的学习时间和休息时间,减少社交媒体使用。

(5) 寻求支持。和社团成员沟通,共同分担组织活动的工作量。通过这些努力,小江不仅成功地组织了社团活动,还取得了不错的期末成绩。最重要的是,他学会了如何平衡学业与兴趣爱好,变得更加自信和高效。

时间作为一种资源有什么特点?时间是一种特殊的稀缺资源。时间是有限的,每个人只有24小时,每周只有168小时,每年只有8 736小时。它是不可逆的,一旦浪费或错过,就无法挽回。它是平等的,不会因为地位、财富或权力而有所改变。它具有广泛的用途,我们可以利用时间进行工作、学习、休息、娱乐等活动,同时可以利用时间进行自我提升和成长。时间虽然不可逆,但我们可以根据需要进行规划和管理。李昌钰博士的"3 285小时"法则是一种非常有效的时间管理方法,即"每天不浪费五个半小时,少睡2小时,并且一天只花一个半小时在吃喝上,一年下来可以节省3 285个小时。3 285个小时可以做很多事情"。

1. 时间管理自测

以下是一份时间管理自测表,包含40道题目。这些题目基于管理专家倡导的"有效的时间管理准则",建议每个人至少每隔6个月进行一次自我检测,以确保时间得到最高效的利用。

(1) 我是否设定了一套明确的长期、中期和短期目标?

(2) 对于下周想要从事的工作,我是否有清晰的概念?

（3）在每个工作日开始前，我是否已经制订了当天的工作计划？

（4）我是否根据任务的重要性而不是紧急程度确定优先级？

（5）我是否专注于目标而非过程，并且以成果而非活动量作为自我评估的标准？

（6）我是否在高效的时间段内完成重要任务？

（7）我今天是否为实现长期、中期或短期目标采取了行动？

（8）我是否每天都留出一些时间来做规划，并思考与工作相关的问题？

（9）我是否充分利用上下班途中的时间？

（10）我是否适当减少午餐的分量以避免午后困倦？

（11）我是否为自己的日常安排留出了弹性空间，以应对突发情况？

（12）我是否尽可能将任务委派给他人？

（13）我是否将具有挑战性和常规性的工作都委派出去？

（14）我是否遵循"权责相符"的原则进行委派？

（15）我是否努力阻止下属将他们认为困难或不乐意的任务"反向委派"给我？

（16）我是否有效地利用下属的帮助来更好地掌控时间，并确保自己不会成为团队的瓶颈？

（17）我是否采取措施防止不必要的资料和出版物占据办公桌并消耗我的时间？

（18）当有条件选择时，我是否倾向于通过电话或面对面的方式处理事务，只在必要时采用书面形式？

（19）除了特殊情况外，我是否尽量不在下班后考虑工作？

（20）如果需要加班，并且可以自由选择加班时间，我是否会倾向于提前开始工作而不是推迟下班？

（21）我是否迫使自己快速做出一些较小的决定？

（22）我是否在获得关键信息的第一时间内立即着手决策？

（23）对于反复出现的危机，我是否保持警惕并采取预防措施？

（24）我是否经常为自己和他人设定工作完成的时间限制？

（25）最近我是否停止了一些没有意义的例行工作或活动？

(26) 我是否随身携带一些可以在空闲时间处理的小任务(例如,在排队等待时、在候诊室里、在火车上或飞机上)?

(27) 当面临多个待解决的问题时,我是否应用"二八法则"(即只关注20%的关键问题,避免被80%的次要问题牵绊)?

(28) 我是否能够真正控制自己的时间?我的行动是否不受环境或他人的优先级所左右?

(29) 我是否努力对每一份文件只做一次处理?

(30) 我是否积极寻找方法避免常见的干扰(如访客、会议和电话等)持续影响我每日的工作?

(31) 我是否尝试活在当下,思考当前需要做的事情,而非沉溺于过去的成败或担忧未来的不确定性?

(32) 我是否将时间视为有价值的资源?

(33) 我是否抽出时间来培训下属?

(34) 我是否尽可能集中处理电话,并在打电话之前准备好所需的资料?

(35) 我是否有一套处理各类文件的系统?

(36) 我是否有时实行"闭门政策"以避免工作被打扰?

(37) 在一天结束时,我是否反思哪些工作未能按计划完成,分析原因,并思考如何改进?

(38) 在筹备会议前,我是否探索替代会议的可能性?

(39) 开会时我是否采取策略以提高会议效率?

(40) 我是否定期审查自己的时间管理方式,确保不陷入旧有的时间陷阱?

2. 4D原则

4D原则是一种时间管理方法。应用如下:

(1) Do it now(立即执行):对于那些不能搁置、不能拖延,也无法授权给他人的任务,应当按照优先级顺序亲自完成。

(2) Delegate it(授权给他人):学会合理授权,将可以委托给他人的任务交给合适的人来处理,以便自己能够集中精力处理更重要的工作。

(3) Do it later(稍后处理):将一些与当前目标不直接相关的活动、次要任务或因缺乏足够信息而暂时无法处理的工作放在一边,待有更多时间和资源时再行处理。

（4）Don't do it（放弃不做）：彻底放弃那些与目标无关、没有明显效益或不值得投入精力的任务。

3. 时间管理的13个心得体会

（1）有计划地使用时间：制定清晰的时间规划,合理安排每日活动。

（2）目标明确：设定具体且可实现的目标,确保每一步都有明确的方向。

（3）根据优先级排序：将任务按照重要性和紧急程度排序,优先处理最关键的任务。

（4）列出日程清单：每天早上列出当天需要完成的所有事项。

（5）保持灵活性：安排一半的时间用于固定计划,留出另一半作为灵活时间,以应对突发事件。

（6）遵循生物钟：识别个人效率最高的时间段,并在此时段内安排最重要的任务。

（7）重视成果而非过程：关注任务的结果而非仅仅追求过程的完美,先考虑效果再考虑效率。

（8）区分紧急与重要：认识到紧急事务通常是短期的,而重要事务则关乎长远发展。为各项任务设定截止日期。

（9）排除无意义的任务：剔除清单中那些毫无意义的项目。

（10）避免完美主义：专注于完成任务而非追求完美,以效果为导向。

（11）巧妙拖延：面对不想立刻着手的任务,将其分解成小步骤,仅需专注一小部分或限定时间内完成一部分即可。

（12）学会拒绝：确定优先级后,对不重要的请求勇敢说"不"。

（13）自我奖励：为自己设立奖励机制,即使是小小的成就也值得庆祝。

(二) 情绪管理

人类的情绪常常是无意识的。也就是说,情绪是由潜意识所决定的。通过观察他人的面部表情,就能够判断出他们的情绪状态。例如,当一个人紧皱眉头时,我们可以推断他生气了;而当一个人乐呵呵的时候,我们可以断定他现在心情不错。人类的情绪就这样在不经意间明明白白地展现出来。然而,当面对愤怒、生气、悲伤等负面情绪时,我们往往并不真正了解这些情绪所传达的信息。我们可能采取逃避的方式来应对这些情绪,例如,通过发脾气或者抑制自己的情绪来表达不满。然而,这些情绪并不是我们真正想逃避的,而是我们需要学会如何与它们相处。

下面介绍几种当焦虑、紧张等情绪来临时,我们可以采用的情绪管理方法,以帮助大学生在求职择业过程中能够更轻松过关。

1. 压力管理

案例 2-7　做好压力管理

小崔平时学习成绩优异,积极参与各种社团活动。但随着课程难度的增加和个人项目的增多,她开始感到前所未有的压力。最近,小崔发现自己很难集中精力学习,晚上睡眠质量下降,白天常常感到疲惫不堪。她意识到如果不能有效管理压力,可能对身心健康产生不良影响。为了应对这一状况,小崔决定采取一系列措施来管理自己的压力:

(1) 制订计划。利用日程表安排每日的学习和休息时间,确保有足够的睡眠时间。

(2) 运动放松。每天抽出时间进行适度的体育锻炼,如慢跑、瑜伽等,有助于释放紧张情绪。

(3) 社交支持。和朋友分享自己的感受,通过聊天、聚会等方式缓解心理压力。

(4) 正念冥想。学习简单的冥想技巧,在感到焦虑时进行练习,帮助自己放松和平静下来。

(5) 时间管理。合理分配时间给不同的任务,避免过度劳累,并留出缓冲时间应对突发情况。

通过实施上述策略,小崔逐渐恢复了正常的作息习惯,不仅提高了学习效率,还改善了自己的心理健康状态。她发现,即使面临较大的学业压力,只要能够合理管理自己的时间和情绪,仍然可以保持良好的生活质量。

资料来源:何霞、方慧:《职业生涯规划实战体验手册》,机械工业出版社2021年版。

在职业生涯规划过程中,大学生有时会遇到自己制造的障碍,其中最大的障碍就是压力。压力来源之一是变化,即使是面对计划好的正面变化,如寻找新工作,也会带来压力。正面的压力可以激发我们的动力,但负面的压力会降低我们的效率,甚至导致心理问题。因此,我们需要采取有效的压力管理策略。

策略一:善待自己。为自己做一些好事,关注个人的需要和快乐。这可以帮助我们放松心情,减轻压力。

策略二:保持或开始一个现实可行的锻炼计划。参加一些可以带来快乐和运动的活动。锻炼可以帮助我们缓解压力,提高心情。

策略三:与朋友和家庭成员进行社交活动。我们的关系网可以为我们的职业提供许多机会,同时也可以帮助我们减轻压力。

策略四:不断提示自己的长处。在求职过程中陷入迷茫时,通过列举自己的长处进行自我肯定,可以鼓舞士气,振奋精神。

策略五:提倡幽默,健康地欢笑。保持乐观向上、面对人生起伏的最好方法之一就是保持幽默感,笑对生活。

策略六:眼睛盯住目标。时刻提醒自己为什么要找工作,想象当你找到一份自己真正喜欢的工作时的感觉。这样可以帮助我们保持动力,坚持下去。

2. 放松训练法

放松训练的方法通常有三种:一种是自身放松训练法,由奥地利精神病学家苏尔兹创造;第二种是间接放松训练法,由芝加哥心理学家雅各布森创造;第三种是中国传统的深呼吸法,即气沉丹田的松静功法。

放松训练包括呼吸放松、肌肉放松、音乐放松和意念放松等。放松训练的时间可以在临睡前、考试前等。放松训练有助于我们缓解紧张情绪,减低心理压力;提高肌肉的感觉能力,使头脑清晰敏感,消除疲劳,加快恢复过程,一身轻松;增强自我调控情绪的能力,集中注意力。

放松训练的八个阶段的步骤:

第一阶段：准备动作。坐在靠背椅上，两手放在大腿上，身体稍微前倾，放松肩膀和背部，让身体放松。

第二阶段：开始动作。以舒适为准，可以随意摆动身体或转动头部，让身体逐渐放松。

第三阶段：调节呼吸。自己对自己说："我现在非常安静，非常放松。"然后进行深呼吸，吸气时吸到不能再吸，呼气时呼到不能再呼，重复几次。

第四阶段：做一次深呼吸。气沉丹田，感觉到气息下沉，然后进入松感阶段。

第五阶段：热感阶段。全身都感到很放松了，手心暖暖的，就像被热水浸泡过一样。

第六阶段：静感阶段。感觉前额凉丝丝的，就像一个冰袋放在这个地方一样。如果没有进入热感阶段，就不可能达到这个静感阶段。

第七阶段：做松劲状态。感觉一种微微的愉快感，外面的一切声音对你都没有影响，处于一种从来没有过的状态下，只能听到自己心跳的声音和呼吸的声音，感觉到自己微热的、甜甜的愉快感，就已经达到了松劲状态。

第八阶段：进行活化练习。把全身心动员起来，表明已经休息好了，浑身充满了力量，渴望进入所面临的复习或是考试。最后就是结束。

3. 活化练习的暗示语

活化练习的暗示语，你可以根据自己的实际情况，编一个脚本，5分钟左右。每天都做，绝对有非常好的效果。这里列举两个活化练习暗示语的例子：

（1）我的整个生命和力量，流遍了我的全身，我感觉到放松和快乐；

（2）我的整个身体都休息好了，现在感到从未有过的轻松，精力充沛，头脑清醒，乐意做复习。

4. 系统脱敏法

系统脱敏法是运用交互抑制原理，通过缓慢暴露导致焦虑的情景，诱导焦虑者心理放松来对抗焦虑，以达到消除焦虑的一种方法。系统脱敏法的步骤是：

（1）让患者列出引起焦虑反应的具体刺激情景；

（2）做放松训练，逐步设置引发焦虑的场景，再逐步让自己放松，直到自己能够正面面对。

三、职业生涯规划的工具

我们在制订个人职业生涯规划时，需要选择最适合自己的规划工具，以做出最佳的职业选择和行动计划。

(一) 平衡单

1. 什么是平衡单

平衡单(Balance Sheet)由詹尼斯和曼(Janis and Mann，1977)设计，他们将重大事件的思考方向集中到四个主题上：

(1) 自我物质方面的得失；

(2) 他人物质方面的得失；

(3) 自我赞许与否；

(4) 社会赞许与否。

实际应用时，由于"自我赞许与否"和"社会赞许与否"仍显得笼统，所以职业生涯辅导专家金树人将这两项改为"自我精神方面的得失"与"他人精神方面的得失"，就是在"自我-他人"以及"物质-精神"所构成的四个范围内进行考虑(见图2-6)。

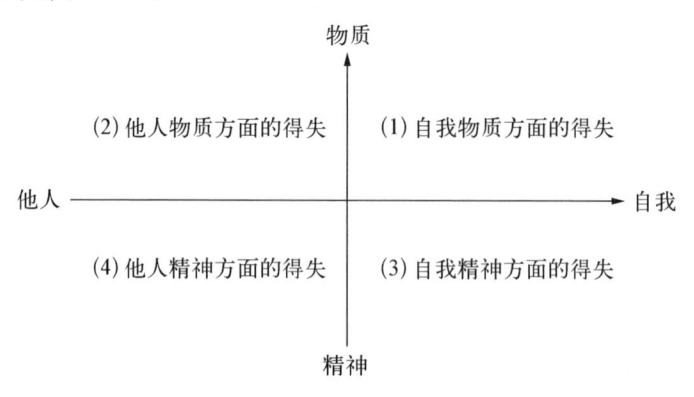

图2-6 平衡单考虑的四个方面

2. 平衡单的设计思想

平衡单的设计,是用来协助职业生涯规划的对象做出理性的重大决定的。它可以帮助职业生涯规划的对象具体地分析每一个可能的选择方案,考虑各种方案实施后的利弊得失,最后排定优先顺序,择一而行。以下是一个实施平衡单的详细步骤,通过一位面临就业的大学毕业生找咨询师咨询就业选择的事件来说明如何通过平衡单做出对自己最有利的决策。

3. 平衡单的使用步骤

步骤一:开放性会谈。

咨询师采用开放性的谈话方式询问咨询对象心里觉得最重要的几个选择,以及这些选择可能导致的不同结果。

步骤二:使用平衡单(见表 2-12)。

表 2-12　　　　　　　　　　平　衡　单

我的选择_____

	正面的预期	负面的预期
① 自我物质方面的得失		
② 他人物质方面的得失		
③ 自我精神方面的得失		
④ 他人精神方面的得失		

资料来源:郝江岭主编:《大学生职业生涯规划》(第三版),人民邮电出版社 2023 年版。

步骤三:比较职业生涯细目表。

拿出一张职业生涯细目表(见表 2-13),这张表上所列的各种考虑项目是预先设定的,可以帮助咨询对象发掘一些被忽略掉的项目。

表 2-13　　　　　　　　　　职业生涯细目表

① 自我物质方面的得失 　a. 收入 　b. 工作的困难 　c. 升迁的机会 　d. 工作环境的安全 　e. 休闲时间

续 表

f. 生活变化 g. 对健康的影响 h. 就业机会 i. 其他	
② 他人物质方面的得失 　a. 家庭经济 　b. 家庭地位 　c. 与家人相处的时间 　d. 其他	
③ 自我精神方面的得失 　a. 生活方式的改变 　b. 成就感 　c. 自我实现的程度 　d. 兴趣的满足 　e. 挑战性 　f. 社会声望的提高 　g. 其他	
④ 他人精神方面的得失 　a. 父母 　b. 师长 　c. 配偶 　d. 其他	

资料来源：郝江岭主编：《大学生职业生涯规划》（第三版），人民邮电出版社2023年版。

步骤四：各项考虑加权计分。

加权的分数可以采用五点量表（如最重要的＊5，较重要的＊4，一般的＊3，较不重要的＊2。最不重要的＊1，＊为"乘"）。

步骤五：增加其他的选择（见表2-14）。

表2-14　　　　　　　　　　平衡单的加权计分

项　目 　　分　数 选　择	职业选择一 （　　）		职业选择二 （　　）		职业选择三 （　　）	
	得(＋)	失(－)	得(＋)	失(－)	得(＋)	失(－)
① 自我物质方面的得失						
② 他人物质方面的得失						

续　表

项　目 分　数 选　择	职业选择一 (　　)		职业选择二 (　　)		职业选择三 (　　)	
	得(＋)	失(－)	得(＋)	失(－)	得(＋)	失(－)
③ 自我精神方面的得失						
④ 他人精神方面的得失						
总　分						

资料来源：郝江岭主编：《大学生职业生涯规划》(第三版)，人民邮电出版社 2023 年版。

步骤六：排定各种选择的等级。为了使咨询对象能综合地对平衡单的各种选择方案做最后的评估，可以要求咨询对象再审查一下平衡方格单上的项目。

案例 2-8　杨某的职业生涯决策平衡单

大学毕业后，究竟是出国留学，还是选择在国内某大学继续深造，杨某一时难以抉择，为此感到痛苦。表 2-15 为杨某的决策平衡单。

表 2-15　　　　杨某的职业生涯决策平衡单

考虑因素 选项	权重	职业生涯选项一： 出国留学		职业生涯选择二： 国内深造	
		＋	－	＋	－
自我物质方面的得失 1. 个人经济 2. 健康状况 3. 休闲时间 4. 未来发展 5. 升迁状况 6. 社交范围	2 3 2 4 2 3	 ＋9 ＋6 ＋7	－5 －7 －6 	＋6 ＋7 ＋5 ＋3 ＋6 	 －5
他人物质方面的得失 家庭经济	4		－9	＋5	

75

续 表

考虑因素 选项	权 重	职业生涯选项一： 出国留学		职业生涯选择二： 国内深造	
		＋	－	＋	－
自我精神方面的得失					
1. 所学应用	5	＋4		＋5	
2. 进修需求	5	＋8			－2
3. 改变生活方式	5	＋8			－6
4. 富有挑战性	4	＋9			－5
5. 成就感	4	＋9		＋3	
他人精神方面的得失					
1. 父亲支持	4	＋5			－2
2. 母亲支持	4	＋5			－2
3. 男/女朋友支持	3		－8	＋6	
正负分值		＋281	－103	＋142	－91
总分		＋178		＋51	

179＞51是显而易见的，而杨某的选择是出国留学。

(二) 职业家族树

家庭成员对个人职业选择乃至个人职业生涯发展都有深远的影响，职业家族树即以图画方式，刺激咨询对象评估家族的影响(见图 2-7)。

其操作步骤如下。

步骤一：于树梢处填上个人选择的职业(可填数种)。

步骤二：将家族中各人的职业分别填入树的枝干上(各枝干代表家族成员，标出称谓)。由于各人职业可能有所变动，因此可同时填上目前的职业与先前从事过的主要职业，并将与咨询对象有密切关系的重要任务圈起来。需要注意：(1) 将家族成员职业的共同特点填于树根处；(2) 讨论"职业家族树"，可以从下列问题引向深入。

① 对家族中各成员的职业有何感觉(骄傲、尴尬、羡慕、不屑等)？

② 如何知道家族中其他成员希望你选择何种职业？

③ 在兴趣、能力、体能、外貌等方面，我与家族中谁最相似，他们从事的

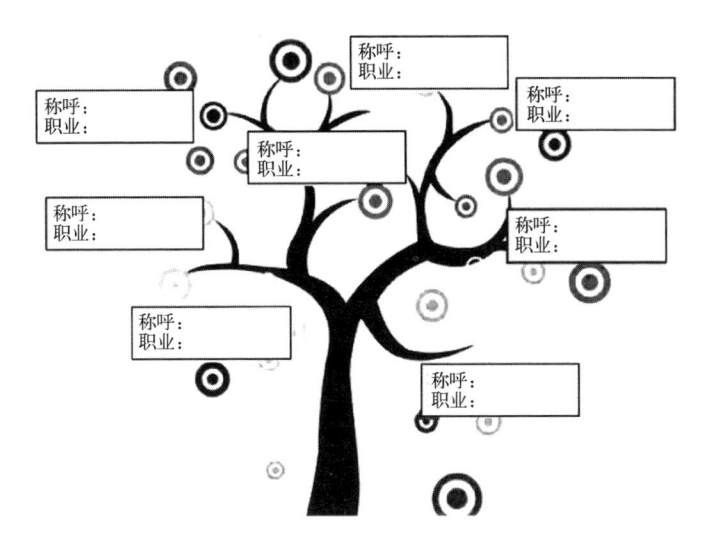

图 2-7 职业家族树

资料来源：徐俊祥、黄欢、余卉主编：《幸福密码——生涯建构与发展体验式教程》，天津人民出版社 2021 年版。

职业与我的偏好有何关联？

④ 家族中有谁对职业的想法对你影响深刻？他们怎么说？

⑤ 家族中对彼此职业感到满意或者羡慕的是什么？

⑥ 你的家人最常提到的职业是哪个？

步骤三：经过上述讨论，进一步探讨各种职业的优点与缺陷（如普通职业对个人与社会的正面价值或高层次职业的负面影响等）。

> **链　接**
>
> **大学生职业规划书模板（参考用）**
>
> 大学生职业规划书
>
> （封面：最好插入一张图片做封面）
>
> 我的职业规划书
>
> （右下边写上：）

姓名：×××

专业：×××

以上为封面

以下为正文

姓　名：　　　　　　　　　　笔　名：
性　别：　　　　　　　　　　专　业：
学　校：　　　　　　　　　　手　机：
E-mail：
身份证：

××××（可以取个有诗意的名字）
——我的职业规划书

第一章　客观认识自己

（可通过测评软件、朋友亲人对自己的评价、自我分析等完成）

基本情况：

性格特点：

职业兴趣：

综合素质：

自我认识总结(综合上面的自我分析,总结自己的兴趣、爱好、能力等方面的内容,初步为自己的职业选择一个方向,比如管理类、技术类等)。

第二章 环境因素分析
SWOT 分析(优势、劣势、机遇、挑战)

家庭环境分析：

全国就业环境分析：

本地就业环境分析：

大学所学专业分析：

第三章 职业生涯规划

根据以上各方面的分析,特制定以下职业目标：

职业生涯早期规划(毕业 5 年内)

职位目标：

经济收入目标：

详细的实施计划：

职业生涯中期规划(毕业 20 年内)

职位目标：

经济收入目标：

详细的实施计划：

职业生涯后期规划(退休前)

职位目标：

经济收入目标：
详细的实施计划：

退休后的生活：

大学各阶段职业目标实施计划：
大学一年级（　　年　月　—　　年　月）
能力目标：

实施计划：
1.
2.
3.
4.

大学二年级（　　年　月　—　　年　月）
能力目标：

实施计划：
1.
2.
3.
4.

大学三年级（　　年　月　—　　年　月）
能力目标：

实施计划：

1.
2.
3.
4.

大学四年级(　　年　月　—　　年　月)
能力目标：

实施计划：
1.
2.
3.
4.

本学期一周时间安排表(时间管理样本)

第四章　反馈与调整

(根据实际情况变化,如果不能实现自己的职业目标,怎样进行调整)

第三节　未雨先绸缪——职业生涯管理模型及应用

要想做出适合自己的职业生涯规划,首先要对自己进行正确地评估,做到知己知彼。也就是说,大学生要明确自己想做什么、自己能做什么,以及针对具体事情该怎么做。

一、大学生四年职业规划管理流程图

大学期间是进行职业生涯规划的黄金时段,大学生要充分利用这个时段做好个人的职业生涯规划。但是,对刚步入大学的学生来说,大学期间应该学什么、做什么以及怎么学、怎么做等是十分困扰的问题。大学四年的规划流程图能让大学生清晰地了解如何更有意义地度过大学生活,如图2-8至图2-11所示。

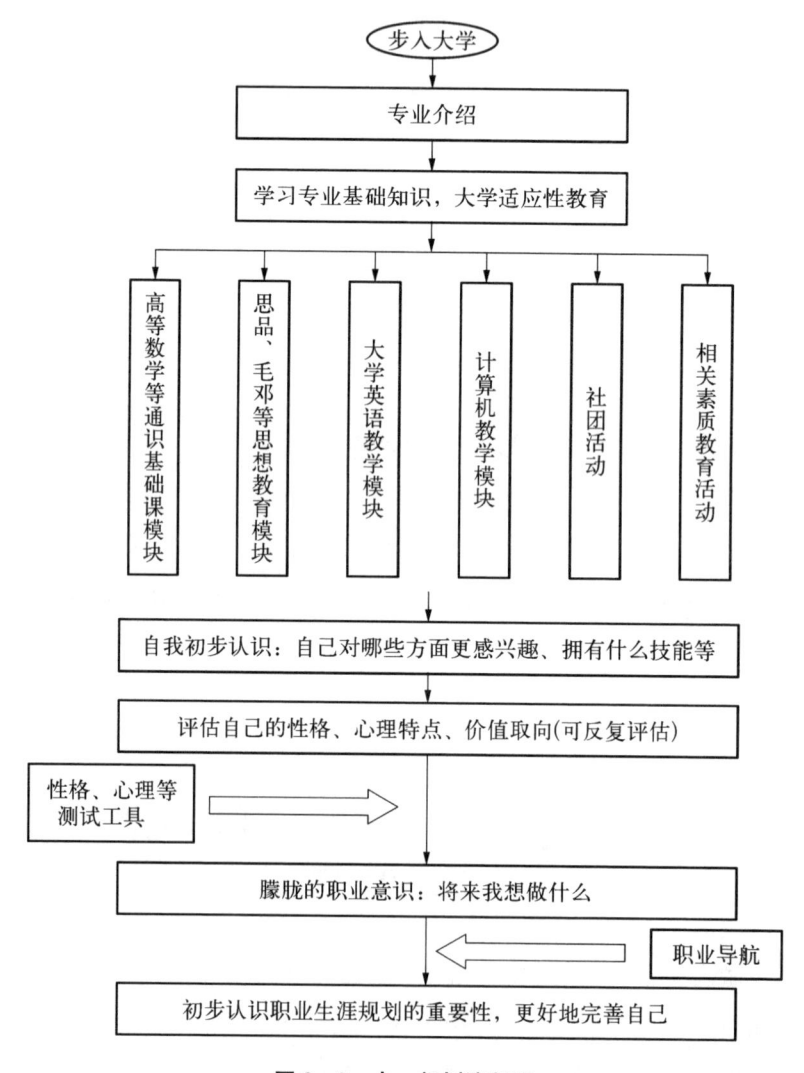

```
步入大学
  ↓
专业介绍
  ↓
学习专业基础知识,大学适应性教育
  ↓
┌─────┬─────┬─────┬─────┬─────┬─────┐
高等   思品、  大学   计算机  社团   相关
数学等 毛邓等 英语   教学   活动   素质
通识   思想   教学   模块          教育
基础   教育   模块                 活动
课模块 模块
└─────┴─────┴─────┴─────┴─────┴─────┘
  ↓
自我初步认识:自己对哪些方面更感兴趣、拥有什么技能等
  ↓
评估自己的性格、心理特点、价值取向(可反复评估)
  ↑
性格、心理等测试工具 ⇒
  ↓
朦胧的职业意识:将来我想做什么
  ← 职业导航
  ↓
初步认识职业生涯规划的重要性,更好地完善自己
```

图2-8 大一规划流程图

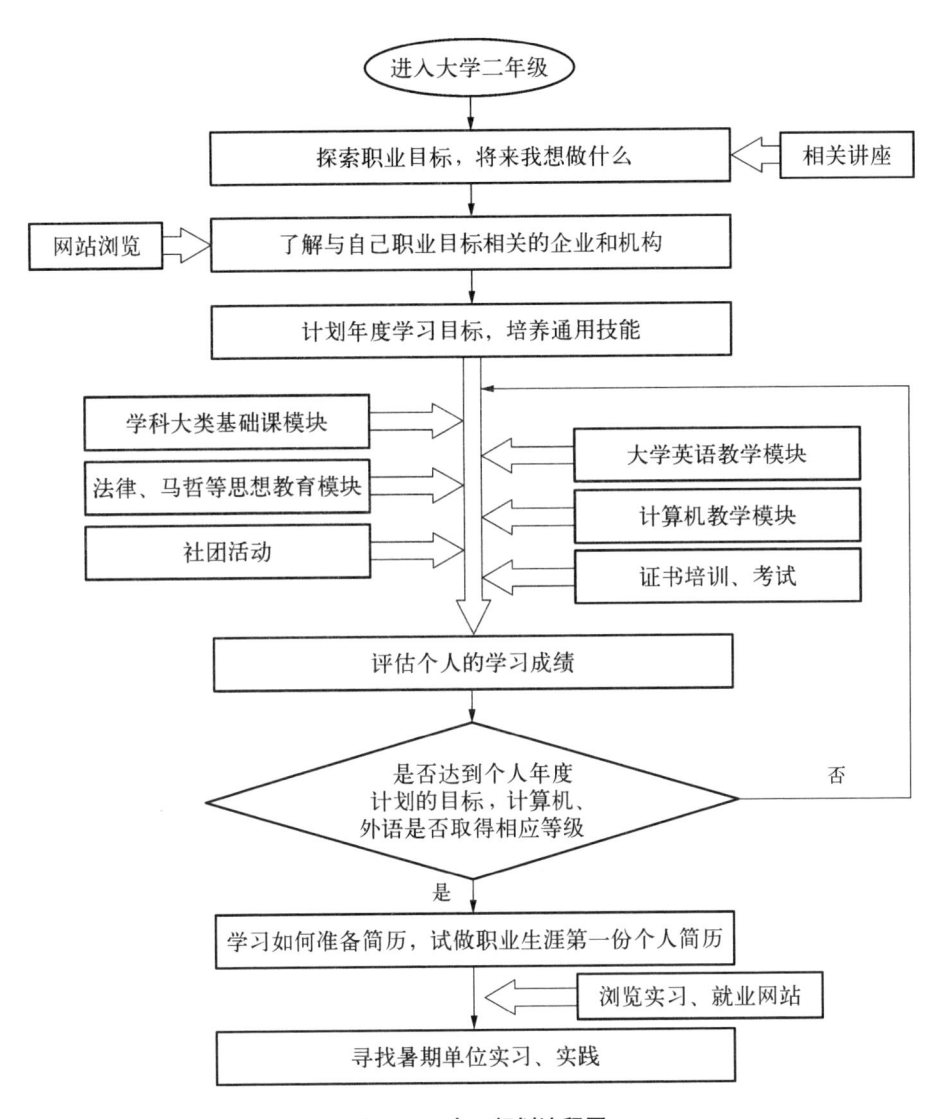

第二章 规划DIY——大学生职业发展管理模型应用

图 2-9 大二规划流程图

图 2-10 大三规划流程图

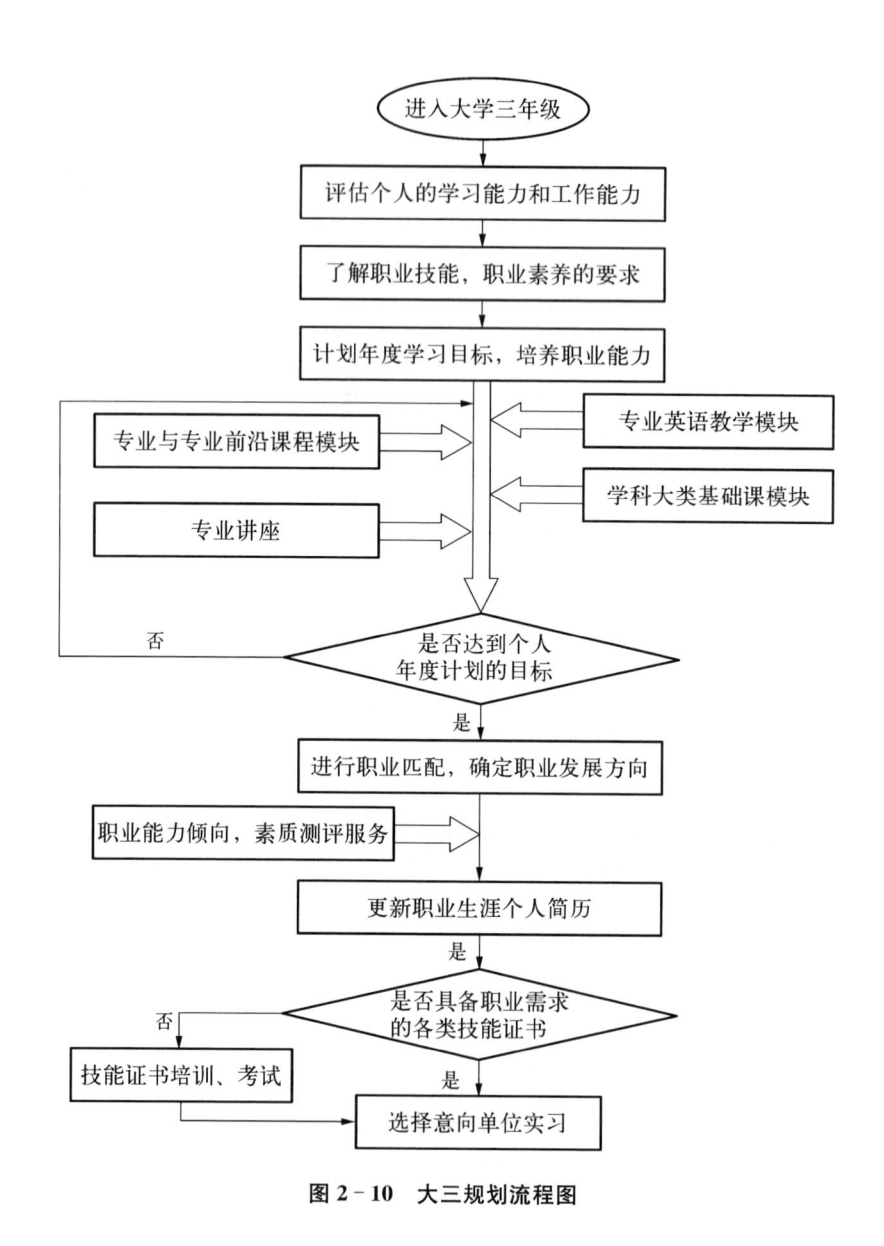

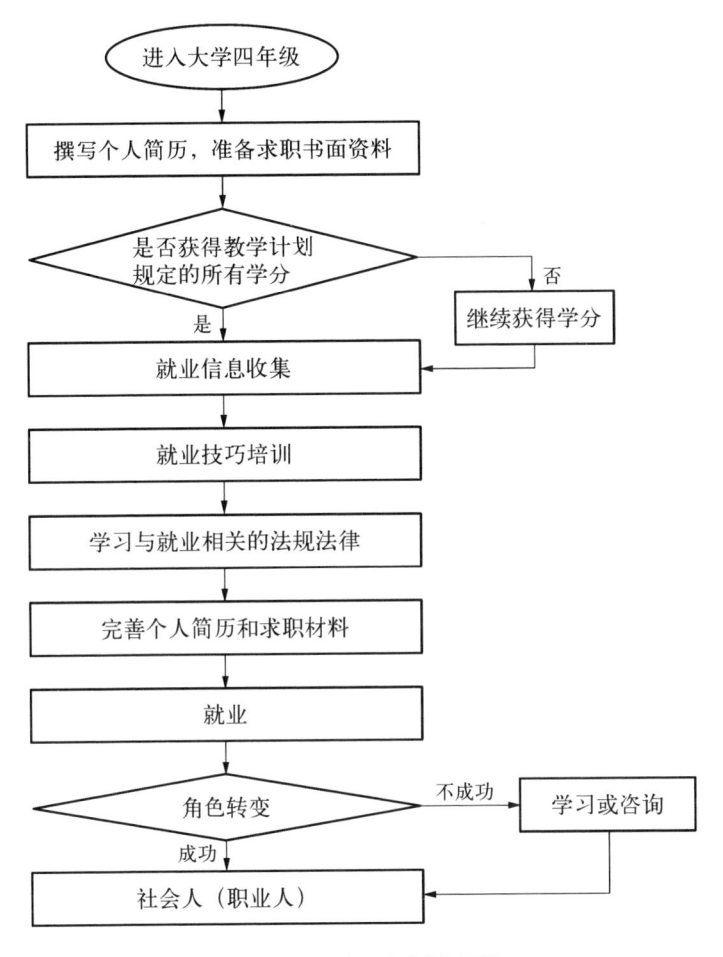

图 2-11 大四规划流程图

　　大学生职业生涯规划与就业指导是大学生涯中一项重要的内容。由于不同年级有不同的任务和身心发展特点，因此不同年级的大学生要划分不同内容的指导计划，并形成不同年级不同任务的连续性发展。在人的一生中有许多事要做，如求学、立业、结婚等，但最重要的三件事（简称 3L）就是学会学习（Learning to learn）、学会做事（Learning to do）、学会做人（Learning to be）。在大学阶段确立的目标会对今后的发展产生不可估量的影响。如果说高中阶段的目标较单一、简明，包含更多个人成分的话，那么大学阶段的目标就应该更深刻、长远，包含更复杂的社会因素。在树立目标的过程中，我们要正确认识"4W1H"，即 Who are you?（你是谁?）What

85

do you need?（你需要什么?）What do you want?（你想得到什么?）What can you do?（你能做什么?）How to do?（如何去做?）。大学阶段目标的确立能帮助大学生奠定人生目标的基调,所以大学生在这个时期应站在更高的位置上审视自己,促进自己全面发展。

二、大学生四年不同阶段需要做的事

(一) 大一"适应期"

对于刚踏入大学校园的学生而言,首要任务是学习专业基础知识,并逐步适应全新的大学生活。这一阶段的学习内容包括但不限于高等数学等通识基础课程、思想品德与政治理论教育、大学英语以及相关的计算机知识等。此外,积极参与社团活动和其他素质教育项目也是必不可少的一部分,这些活动有助于拓宽视野、培养兴趣爱好,并增强团队协作能力。在这个过程中,大学生还应当进行自我探索,明确自己的兴趣所在、掌握的技能以及自身的性格特征、心理特点和价值取向。通过对自身进行全面而深入的认识,逐步形成对未来职业方向的初步设想,即思考"我将来想做什么"。与此同时,认识到职业生涯规划的重要性至关重要,这有助于大学生不断完善自我,为未来的事业发展打下坚实的基础。

(二) 大二"探索期"

经过一年的大学生活后,大学生对自己的专业方向有了初步的角色定位。进入大二阶段,是时候确立一个更为明确的职业发展目标,并为之不懈努力。在这个时期,学生们应当注重夯实和拓宽基础知识,深入分析自身的长处与局限,并开始试探性地确认职业目标。在确认职业目标的过程中,大学生需要了解与职业目标相关的企业或机构信息,例如企业的文化、管理模式、对员工的要求等。这些信息可以通过企业网站,或企业在高校举办的相关讲座等方式获取。

(三) 大三"拼搏期"

工作、考研、出国是大学生毕业时面临的三种选择,通常在大三学年大学生便要做出较为明确的决定,并针对自己的选择来安排自己本学年的规划。如果选择出国留学,就要多接触留学顾问、参与留学系列活动、准备TOEFL、GRE考试、注意留学资讯,并向相关教育部门索取参考简章等;如果选择升学考研,就要根据自己的性格、兴趣和学业专长来确定自己所要报考的学科,并从大三暑假着手考研的复习和准备工作;如果确定自己毕业后要就业,那么目标应锁定在培养职业素养、提高求职技能、收集公司信息等方面,并积极参与多种形式的社会实践活动、有意识地增加与社会接触的机会,为就业打好坚实的基础。

(四) 大四"收获期"

大四学年,对于每一位大学生来说,都是一个关键的转折点,它标志着学生生涯的结束和职业生涯的开始。这个时期,学生们就像辛勤耕耘的农夫,终于迎来了收获的季节,所有的努力和汗水都将在此刻结出丰硕的果实。

进入大四,大学生对自己的未来有了更加明确和清晰的规划。大多数学生会选择就业作为他们步入社会的第一步。为了顺利实现这一目标,学生们需要完成以下几个步骤:

(1) 完善个人简历。准备一份精炼而全面的个人简历,展示自己的教育背景、技能特长和实践经验。

(2) 收集就业信息。积极关注行业动态,收集和筛选适合自己的就业机会。

(3) 培训就业技巧。提升面试技巧、沟通能力和职场礼仪,为求职面试做好准备。

(4) 学习相关法律法规。了解我国《劳动法》《民法典》等相关法律法规,保障自身权益。

(5) 完成角色转变。从学生到职业人的转变，需要在心态和行为上做出相应的调整。

此外，准毕业生们通常从 11 月份开始寻找工作机会，直到次年 7 月毕业。在这个过程中，大学生的主要任务是实习、实践和完成毕业论文。为了顺利完成角色转变，大学生需要做好以下几点：

(1) 毕业实习与设计。通过实习和毕业设计，将理论知识应用于实践，深化对知识的理解，发现并弥补自身的不足。

(2) 针对性学习。有目的地学习与未来工作岗位密切相关的专业知识和技能，为职业生涯打下坚实的基础。

案例 2-9　大学四年小宁在不同阶段做的事

小宁是一名大学新生，从高中到大学，他经历了许多变化和成长。下面是他在这四年里每个阶段所做的事情及其背后的故事。

大一："适应期"

刚刚进入大学，小宁对新环境充满了好奇但也有些许不安。开学初，他参加了迎新活动，积极融入集体生活。他主动向学长学姐请教大学生活的注意事项。第一学期，他加入了摄影社团，这是他在高中时就一直想尝试的爱好。通过社团活动，他认识了许多志同道合的朋友。寒假期间，回家后，小宁制订了详细的学习计划，包括复习和预习的内容，以便更好地适应大学的学习节奏。第二学期，小宁开始利用校园资源，为自己的专业学习和职业设想打基础。

大二："探索期"

经过一年的适应，小宁对自己的兴趣和未来方向有了更清晰的认识。第三学期，小宁选修了几门感兴趣的课程，比如心理学和社会学，扩展了知识面。社团工作中，小宁在摄影社团中担任宣传部长，负责社团活动的策划和宣传，这不仅提升了他的领导能力和团队协作能力，还让他学会了如何更好地沟通。第四学期，小宁开始参加学术讲座和研讨会，了解行业动态，同时也开始关注职业发展的信息。暑假期间，小宁寻找实习机会，最终在一家媒体公司找到了一份实习生的位置,为将来就业积累了宝贵的经验。

大三:"拼搏期"

拼搏期,小宁开始更加专注自己的职业规划和专业学习。第五学期,小宁投身于专业研究项目,提高专业技能。他所在的团队成功申请了一项小型科研基金。同时,小宁积极准备各类资格考试或竞赛,比如全国大学生数学建模竞赛,增强竞争力。小宁还积极参加各种专业会议和研讨会,扩大人脉网络,与行业内的前辈交流学习。并参加了为期三个月的专业实习,深入了解职场环境,并获得了一线工作的实践经验。

大四:"收获期"

面临毕业,小宁开始为未来做最后的冲刺。首先,小宁认真完成毕业论文或项目,总结专业知识,他的毕业设计被评为优秀作品。其次,小宁为求职做准备,准备了简历和求职信等求职材料,还参加了多场模拟面试,提高面试技巧。在春季招聘会上,小宁面试心仪的职位,最终收到了几家知名公司的录用通知书。最后,回顾大学生活,与同学、老师告别,准备迎接新的挑战。

(五) 入职后"调整期"

经过寒窗苦读,大学生终于走出象牙塔,走上了工作岗位。但是,理想和现实是有很大差距的。当许多学生怀着美好的憧憬,希望充分施展自己多年来学到的本领时,却遇到了许多自己不曾遇到甚至不曾想过的问题,给自己的工作和生活带来了诸多烦恼。

1. 完成角色转变

对于一个刚刚毕业的大学生来说,怎样才能尽快适应新环境并有所作为呢?答案就是成功完成从学生角色到职业人角色的转变。学生角色与职业人角色之间的主要区别在于:学生是教育的接受者,首要任务是学习知识,解答"是什么"的疑问,经历一个逐步掌握技能、完善自我的过程;而职业人则运用已掌握的知识和技能去"分析问题、解决问题",即通过工作为社会做出贡献,并以实际行动承担社会责任,解答"做什么"的问题。大学生在毕业后如何尽快完成角色转变呢?通常需要做到以下几点:

(1) 安心本职工作,树立责任意识

进入职场,对待自己的工作要保有高度的责任感,不论工作任务是大是小、是难是易,都要求自己认真、高效地完成。要用自己的工作态度带给自己工作上的成就感,并培养自己对工作的热爱,激发工作的动力。

(2) 适时表现自己,虚心求教

毕业生要学会在工作中适时适度地展现自己的知识和能力,但同时也要调整好自己的心态,明白"三人行必有我师"的道理,虚心向身边的领导、同事学习有用的经验,在业务上寻求长进。与此同时,要通过谦虚谨慎的态度与周围的人打成一片,学会为人处世的技巧,为自己营造一个良好的学习和成长的空间。

(3) 勤于思考,培养创新意识

如今,人们常常提及的一个词语就是"创新性"。在工作中,毕业生要善于观察、勤于思考,只有这样才能激发创新的火花,发现新的问题和新的方法,同时培养自己的创新性与独立工作的能力。

(4) 甘于奉献

在工作中要懂得奉献,不计较个人得失,勇于承担重任。

(5) 合理安排时间,完善知识架构

参加工作后,要时刻提醒自己学习新的知识、及时充电,这样才能适应充满竞争、日新月异的社会环境。另外,工作之余要安排好自己的学习与文化生活的时间,做到张弛有度,有计划、有安排。

(6) 懂得群策群力,培养团队精神

学生时代的学习仅凭个人努力即可,碰到问题,大多要凭自己的能力来解决,分数就是个人努力的报酬;而工作中的问题错综复杂,涉及诸多方面,单凭个人的见解恐怕无法找出症结、拟订对策,需与有关人员共同研究,集结众智、共思良策。

2. 工作后的评估

工作一段时间后,我们需要做职业自我评估和职业状态评估。

职业自我评估就是回答一些与自我职业期望相关的问题。例如,自己想要从事哪种类型的工作、想要过怎样的生活?什么样的工作或活动会让自己开心？自己的职业目标是什么等。通常职业自我评估要考虑几个方面：工作性质、工作爱好、公众认知程度、安全性、收入、个人及家庭生活、提升机会和职责。针对以上几个方面，列出目前工作给予你的答案，从而评估你对目前工作的满意度。之后，写下短期目标和长期目标，分析你未来职业发展方向。

职业状态评估是指目前你的职业状况如何，也是通过回答一些与自我职业状态相关的问题来评估自己目前的职业状况。例如，自己目前处于职业发展的哪一阶段？自己拥有的技能与经验与目前职业的相关性如何？自己已经取得哪些工作业绩？工作中有哪些需要改善？工作的知识架构如何？等等。明确了职业目标和职业状态，就为发现职业差距做好了基础工作。

3. 弥补职业差距

找出你的职业差距，努力实现你的职业目标。在弥补职业差距时，我们需要考虑以下几个问题：

（1）选择实现职业目标的方法，如接受培训、考取证书、接受正规教育、提升工作经验等。仔细考虑这些方法，找出一条正确且适合你的路径，并不断坚持。

（2）计划并估测实现职业目标的时间。实现职业目标所需的时间是一个必须慎重考虑的问题，你需要估测出完成每一步计划需要花费多长时间。

（3）在执行中不断调整，并弥补不足。

4. 不断评估

职业生涯规划是一个动态的过程，因此我们要不断进行职业自我评估和职业状态评估。关注你所在行业的变化、你自身职业发展的变化，是职业生涯规划中至关重要的一项内容。不断进行自我投资、提升自我职业价值，是一个职业人的职责。因此，在制订职业生涯规划时，我们要时刻洞察与自己职业相关的发展状况、时刻了解自我的职业追求变化，并不断评估内外因素，从而管理好自己的职业生涯规划。

第三章

凤凰涅槃
——大学生职业素养提升实战训练

在现代社会,个人职业生涯的成功与否与其是否具有良好的职业素养密切相关。然而随着近年来大学毕业生人数的逐年增加,就业竞争日趋激烈,大学生要想获得更多的就业机会,就需要迅速适应职业环境,具备社会所认可的职业素养。这种职业素养的具备绝不是一朝一夕能够获得的。因此,大学生需要做好职业素养提升实战训练。

第一节 职业理念与品格——就业成功的行动指南

一、找工作还是求职业

每年十月,准毕业生们的就业之旅便拉开了序幕。无论是招聘会还是宣讲会,毕业生们都会如期而至且多数逢摊必投简历,并且在各大招聘网站上积极寻找就业信息。尽管如此,有的学生即使在几个月内投递了上百份简历,收到的面试邀请却往往不尽如人意。

在等候录用通知的日子里,毕业生们承受着巨大的心理压力,体验着被用人单位拒绝的苦涩。即使最终收到了录用通知,也未必能够轻松做出决定。毕竟,第一份工作对每个人来说都有着特殊的意义,决定是否接受这份工作绝非易事。一方面,毕业生担心轻易接受一份工作可能错过更好的机会;另一方面,毕业生又不愿放弃眼前的机会,害怕将来后悔。然而,当前大学生在一年内更换工作的比例仍然很高。许多大学生在选择第一份工作时,往往受到"先就业后择业"观念的影响,没有经过深思熟虑便草率做出决定。这种现象导致大学生抱怨找工作难,而企业感叹难以招到满意的人才。

事实上,很多毕业生在就业前是迷茫的,存在着"寻找工作"与"职业发展"脱节的问题。一些学生学习的目的是"找到工作",而非谋求"职业发展"。典型表现：可以拿出各种资格证书，如英语等级证书、计算机等级证书等，而在实际应用中却不能熟练使用所学技能。之所以会出现以上种种状况，是因为大学生没有弄清以下几个问题：

（1）我想要找什么样的工作？

（2）我的性格适合从事什么职业？

（3）环境允许或者支持我从事什么职业？

（4）市场上对这个职业需求量大吗？

（5）这份工作是否很辛苦，我能不能吃这种苦？

……

要想回答清楚以上问题，我们首先需要明白什么是"工作"，什么是"职业"。

(一) 工作与职业

1. 工作的定义

工作，是指在特定的组织中，由具有相似特征的一群人所从事的活动或任务。简单来说，工作就是我们日常所承担的任务和活动。例如，在财务部门工作的人员，他们的工作就是处理与财务相关的各种事务。

2. 职业的定义

职业是指具有一定特征的社会工作类别，它是对一种或一组特定工作的统称。职业通常包括一个或几个职位。以财务部人员为例，他们所从事的职业就被称为"财务"。不同的职业意味着不同的发展路径、发展机会和发展空间，也决定了不同的生活方式。如教师和军人，他们在工作、生活方式等各个方面都有很大的差别。

职业具备的要素包括：职业名称，工作的对象、内容、劳动方式和场所，承担该职业所需要的资格和能力，工作报酬，与部门和社会成员存在人际关系等。职业具有下列特征：

（1）社会特征。职业是从业人员在特定社会生活环境中所从事的一种与其他社会成员相互关联、相互服务的社会活动。具有社会分工的特点。

(2) 经济特征。职业以获得现金或实物等报酬为目的。

(3) 技术特征。从事某些职业必须具备一定的职业资格和能力。

职业是我们物质生活的来源,我们可以通过自己的努力过自己想过的生活;职业往往也是我们精神生活的来源,通过职业我们可以证明自己的社会价值,证明我们可以被信任和尊重,从而使我们获得满足感、成就感、荣誉感。从某种意义上说,职业成为我们社会角色的重要标记,正如我们会说教师、医生、军人等职业很光荣。

3. 工作与职业的联系与区别

工作与职业之间存在着紧密的联系。职业是工作的集合,是一系列相似服务或工作的总称。工作则是职业在特定组织中的具体体现。一个人可能在不同的组织中从事相同的职业,但具体的工作内容可能有所差异。

然而,工作与职业也有明显的区别:

(1) 范围。工作更侧重于具体的任务和活动,而职业则是一种更广泛的社会工作类别。

(2) 稳定性。工作可能是临时的或周期性的,而职业通常意味着长期的投入和承诺。

(3) 专业性。工作不一定要求专业技能,而职业往往需要特定的教育背景和专业技能。

4. 职位的引入

在讨论工作与职业的同时,不能忽视职位的概念。职位是一个组织中分配给个人的一组具体任务,是职业在特定组织中的进一步细分。例如,财务部门可能设有财务总监、财务经理等不同的职位。

工作、职业与职位三者之间的关系可以这样理解:职业是一类工作的统称,工作是职业在特定组织中的具体表现,而职位则是职业在组织内部的具体分工。比如,乒乓球运动员马龙的职业是乒乓球运动员,职位是队长,工作是代表中国男子乒乓球队参加各种国际比赛,争夺荣誉和冠军。再比如,海尔创始人张瑞敏的职业是职业经理人,职位是海尔集团首席执行官,其工作包括:(1) 执行董事会的决议;(2) 主持公司的日常业务活动;(3) 经董事会授权,对外签订合同或处理业务;(4) 任免经理人员;(5) 定期向董事会报告业务情况,并提交年度报告……工作、职业与职位相互联系,共同构成了我们的职业生活。

(二) 关于职业理念

案例 3-1 医生的职业理念

叶乔是一名年轻有为的医生,医学院毕业后选择成为一名儿科医生。他的职业理念是"以患者为中心,以医术为根本"。他认为医生的职责不仅仅是治疗疾病,更是要关心患者的身心健康,用医术为患者带来更好的治疗与关怀。

叶乔在工作中始终坚守这个职业理念。他对待每一个患者都非常认真,不仅关注他们的病情,还关心他们的生活和心理状态。他总是耐心地倾听患者的诉求,用最专业的知识和技能为他们提供最好的治疗。

有一次,一个重病儿童被送到叶乔的医院。叶乔和其他医护人员全力以赴,为这个孩子进行了多次手术和治疗后,终于成功地稳定了孩子的病情。在这个过程中,叶乔不仅关注孩子的病情,还经常安慰孩子的父母,让他们在精神上得到慰藉。

人们从事职业是为了什么?只是为了生存吗?事实上,人们从事什么职业会受到很多因素的影响,其中最主要的是受到职业理念的影响。

职业理念是人们在从事职业过程中所形成的职业的意识,一种职业的指导观念,它包含了为什么而工作?怎样工作?在工作中追求什么等丰富的内容。职业理念也是职业人员形成和共有的观念与价值体系,是一种职业意识形态。它体现了职业人员对自身职业的认知和态度,以及对于职业所承担的责任和使命的理解。

职业理念影响着我们的职业选择。比如有的人希望自己能受到社会的尊重,能给别人带来帮助,于是选择当医生、教师、律师、咨询师等职业;有的人则希望自己通过拥有大量的财富来获得社会的尊重,在改善自己生活的同时也为社会创造财富,于是选择金融行业或计算机行业。

职业理念具有重要的指导和规范作用。树立正确的职业理念,有助于我们明确自己的职业定位和发展方向,保持良好的职业操守和行为举止,激发个人的工作热情和创新精神,推动职业的持续发展。当我们走上工作岗位后,我们对待工作的态度、我们的工作质量和业绩、我们有怎样的职业发展目标以及为之努力的程度,点点滴滴都会构成我们的职业理念,影响着我们的职业发展。

(三)"干一行,爱一行"与"爱一行,干一行"

在人生的道路上,我们常常面临选择,其中之一就是职业选择。对于职业,有些人认为应该先选择自己喜欢的行业再去工作,而另一些人则认为应该在工作中逐渐培养对行业的热爱。那么,究竟是"干一行,爱一行",还是"爱一行,干一行"呢?

首先,让我们考虑那些开始没有选择到自己喜欢的工作的人们。他们或许因为各种原因没有在第一时间找到自己喜欢的行业,但他们并没有因此放弃。相反,他们依然积极进取,努力提升自己的技能,以备不时之需。这些人可以看作是在"干一行"中找到了自己的价值,并逐渐培养出对所从事行业的热爱。他们的成功并非偶然,而是源于他们的坚韧和毅力。

然而,这并不意味着我们应该盲目地接受任何一份工作。在选择职业时,我们应尽量寻找自己感兴趣、符合自己能力和价值观的工作。只有这样,我们才能真正地投入工作中去,并从中获得满足感和成就感。如果我们有幸从事了自己喜欢的行业,那么我们应该珍惜这次机会,努力发挥自己的才能和潜力。

有人可能说,即使从事了自己不喜欢的工作,也难以培养出对它的热爱。对此,我们要明白,工作本身并不是目的,而是实现人生价值和目标的手段。我们可以通过在工作中寻找乐趣、挑战自我、提升技能等方式来逐渐培养对工作的热爱。同时,我们也要学会调整自己的心态和态度,以积极乐观的态度面对工作中的困难和挑战。

其实,"干一行,爱一行"和"爱一行,干一行"并不是互斥的,而是相辅相成的。我们既要在工作中培养对行业的热爱，也要寻找适合自己的工作领域。只有这样，我们才能真正地实现自己的职业梦想和人生价值。

> **链接**
>
> **人才市场出现需求"两难"现象的原因**
>
> 当全国每年有上千万的毕业生涌入就业市场时，大学生的求职状况成为整个社会的关注点。当前，大学生就业呈现出这样一种情况：毕业生找到好的工作难，企业找到合适的人才难。为什么会出现这样的情况呢？
>
> 1. 客观因素
>
> (1) 我国高校毕业生供求总量矛盾突出
>
> 近年来，我国经济增速放缓，市场对于人才的需求不如以往。教育的过度扩张导致高校毕业生数量剧增，供给过剩的情况加剧了就业竞争的激烈程度。劳动力市场需要一定的时间逐步消化大学毕业生在短期内的超量供给，大学毕业生供求总量上的矛盾短期内难以改变。
>
> (2) 高校专业设置调整相对滞后
>
> 高校的人才培养要与社会经济发展相适应，这是高等教育发展的客观规律。高校不仅要在人才培养数量上满足劳动力市场的需求，还要在质量、结构上达到与劳动力市场人才需求的动态均衡。但受高等教育改革的相对复杂性及自身发展规律等因素的影响，我国高校在人才培养上尚有许多方面亟待调整和优化，主要表现在高等教育布局、专业设置和培养模式等方面与市场经济和社会发展不适应。
>
> (3) 我国经济结构调整，经济增速下降
>
> 近年来我国面临错综复杂的国内外形势，突出特点是世界经济复苏乏力，主要发达经济体增长低迷，GDP 增长和就业需求是高度相关的。就业状况是经济发展的"晴雨表"。目前，我国经济仍然面临"需求收缩、供给冲击、预期转弱"的三重压力，经济从高速增长转向高质量发展，经济增速放缓，必然不利于就业需求的增长。
>
> (4) 毕业生择业期望与用人单位实际需求矛盾
>
> 大学生择业观与人才市场需求错位是当前大学生就业市场存在的

普遍现象。一方面表现为大学生就业的薪资期望与用人单位所提供的实际待遇之间矛盾,大学生对薪资的期望普遍高于用人单位所提供的待遇;另一方面表现为大学生的自我意向与用人单位实际需求之间的矛盾。很多大学生精英意识过强,对薪资和职位的要求较高,眼高手低,不能胜任理想职位。由于他们不能恰当地给自己定位,导致高不成、低不就,出现大学生就业市场"就业不难、择业难"的现状。一部分大学生宁愿待业或做临时工作,也不愿意"屈就"。

2. 主观因素

(1) 就业观与现实脱节

"00后"大学生的就业观在就业理念、就业选择、就业目标、择业目的、就业期望上表现出明显的特点。积极的一面表现为富有激情、喜欢挑战、更加务实、喜欢继续深造等。然而也有一些与当前就业形势不相适应的就业观,成为制约毕业生顺利就业的重要因素。主要表现在就业选择更加功利化、物质化;就业期望值偏高,脱离实际。大学生要意识到自身就业观中存在的问题,要对自己的专业优势和自身的优势有明确的认识,要树立从基层做起、从最基本的工作做起的观念,在择业过程中要怀有平实之心,从实际出发,找到适合自己的工作。

(2) 缺乏职业生涯规划

部分大学生缺乏职业生涯规划意识,或没有明确的职业目标,毕业了也不知道自己适合干什么,没有清晰的就业发展路径。职业生涯规划是就业发展指导的重要引领,也是未来发展的预计方向。做好职业生涯规划需要大学生设定职业目标和行动计划,并且结合实际发展情况进行合理调整。在求职择业时,要明确职业价值观,确定自己在职业中最看重的方面,在搞清楚阶段性目的和价值取向之后,才会有一个相对明确的职业选择。

(3) "慢就业"现象突出

我国越来越多"00后"告别传统的"毕业就工作"模式,成为"慢就业族"。就业观念从以前的"要找到一个饭碗"转变成"要找到一个金饭碗"。毕业生不着急找工作,很大程度上是因为家长和学生本人对就业的期望值相对较高。如果"慢就业"是毕业生个人的一种主动选择且具备相应条件,有利于长远规划和高质量就业,那么可以选择"慢就业"。但大部分被动"慢就业"的大学生具有对所学专业没有兴趣且不知道喜欢什么、自身能力与职场要求不匹配、自身职业定位有偏差、内生动力不足、行动力不够等的问题,这种"慢就业"造成的不良影响不容忽视。

(4) 就业能力欠缺

就业能力是毕业生整体素质的客观反映,是就业过程中毕业生思想道德素质、专业技能素质、社会适应能力、心理素质及择业技巧等方面的综合体现。尽管不同行业对毕业生的就业能力要求存在差异,但对基本职业素养(如责任心、讲诚信、团队协作等)的要求存在一致性,因此基本职业素养是毕业生顺利就业的"门槛"。因此,大学生在学习专业知识的同时需要重视自身基本素质的训练和提升。此外,我国经济转型和传统行业的转型升级,创新型技术产业、健康养老行业等的蓬勃发展,新兴业态的不断涌现,也对毕业生的专业技能、知识结构提出了新的要求。

二、校门与企业的距离

案例 3-2 李华:从校门到企业的距离

李华是一名即将毕业的大四学生,他在校期间表现优秀,多次参与项目开发并获得一些奖项。然而,面临毕业的李华发现找工作并不像想象中那么简单。在毕业后的半年时间里,他投递了数十份简历,参加了多次面试,但始终没有收到任何录用通知。

经过复盘与分析,李华发现自己的简历虽然详细列出了技能和经验,却没有针对投递的职位进行优化,导致简历在众多申请者中脱颖而出的机会降低。在面试过程中,自己表现出一定的紧张和不自信,对一些技术问题的回答不够深入,且缺乏与面试官的有效沟通,无法充分展示自己的优势。在求职过程中没有明确的职业规划和目标,导致自己在选择职位时盲目投递,降低了求职成功率。自己所在的城市有众多高校,竞争压力大。许多公司提高了招聘门槛,导致自己在竞争中处于不利地位。

于是,李华开始请教学长学姐和职业规划老师,对自己的简历进行了优化,针对不同职位调整了内容,突出与职位相关的技能和经验,使简历更具针对性。李华参加了学校举办的面试技巧培训,学习了如何回答技术问题和与面试官进行有效沟通。他还参加了模拟面试,提升自己的面试表现。同时,李华根据自己的兴趣和技能选择了软件开发工程师这一职位作为求职目标。最后,李华不再局限于所在城市的工作机会,开始关注其他城市的招聘信息,并通过远程面试的方式参加其他城市的公司面试。

经过一系列的努力和改进,李华终于收到了一家知名科技公司的录用通知。这家公司对他的技能和经验表示认可,并提供了具有竞争力的薪资待遇和良好的职业发展机会。李华感慨万分,自己在求职过程中的坚持和努力终于得到了回报。这个经历让他更加珍惜这份工作机会,也坚定了他未来在职业道路上的信心和决心。

在人生的跑道上,大学生如同跨栏运动员,即将迈出校门,踏上职场的征途。这段距离,既是一个实际的空间距离,更是学生适应职场、成为职业人的时间距离。在这个过程中,大学生需要跨越诸多障碍,面对知识、技能、心态等多方面的挑战。

企业在招聘中,期望找到能在最短时间内融入团队,为公司创造价值的人。因此,缩短校门与企业的距离,成为大学生求职的关键。

然而,现状却让人担忧。很多大学生在求职过程中,不仅要花费大量时间和精力,甚至要承担不小的经济压力。有些大学生在求职期间,起码将半年多的时间用在找工作上,来来回回奔波于各个招聘会场,通信费、复印费、服装费、车旅费等,花费好几千元,最终只是获得个"面霸"的称号!有的大学生在求职期间,要准备简历,听企业宣讲会,跑招聘会,参加笔试、面试……忙得连自己是个学生都快忘记了。他们没有在大学的前三年为自己就业的这一天作充分的准备,过得潇洒自在,却梦想着在毕业时,会有大企业把自己招聘走。这样的学生,将会在"校门"和"企业"之间徘徊不前——

迟迟得不到企业的"准入通知"！

大学生应该如何缩短校门与企业的距离呢？

为了缩短校门与企业的距离，大学生和高校都需要做好充分的准备。大学生需要制定明确的职业规划，了解行业发展趋势和企业需求，积极参加各类实习和实践活动，提升自己的动手能力和解决问题的能力，主动学习和掌握各种专业技能，提高自己的专业素养和竞争力，参加各类招聘会和宣讲会，了解企业招聘流程和需求，提高自己的应聘技巧和策略。高校需要加强与企业的合作和联系，了解行业发展趋势和企业需求，引入实践性和创新性的课程和项目，提升学生的实践能力和创新能力，建立职业规划和就业指导体系，帮助大学生制定明确的职业规划和发展目标。只有这样，才能让更多的大学生顺利跨越校门与企业之间的栏杆，成功踏上职场的征途。

> **链接**
>
> **企业招聘考查内容**
>
> 不同企业在招聘过程中虽然各有侧重，但对于大学毕业生而言，通常会关注以下几个方面的考察：
>
> 1. 职业潜能
>
> 企业会通过各种测试来评估应聘者的计划与组织能力、主动性、思维条理性、职业兴趣偏好、分析能力、创新能力、自我控制能力以及专业理论知识和实践经验等方面，以此来评估其基本的职业能力和未来的职业潜力。
>
> 2. 业务素质
>
> 企业会考查应聘者在理智性、直觉性、抗压能力、团队合作意识、专业知识及其实践效果等方面的表现，确保其业务素质符合岗位要求。
>
> 3. 职业价值取向与个人需求
>
> 企业会通过了解应聘者在工作和生活中的行为导向、自我认知能力、求职动机与期望等内容，评估其工作价值观、人生观，并深入了解其职业发展的态度和方向；还会通过评估应聘者在支配欲、进取心和人际交往等方面的需求，判断公司提供的职位和工作条件是否能满足其要求和期望。

4. 精力、活力及特长等基本素质

企业会考查应聘者的个人爱好、特长、精力、活力、家庭背景和个人经历以及外表举止等方面,以此评估其所具备的基本素质和能力。

5. 个性特征

企业会评估应聘者在稳定性、坚韧性和诚实性方面的表现,以及他们在支配欲、进取心和爱好、特长等方面的关注度,以判断适合的职业方向。

6. 环境与岗位适应性

企业会通过评估应聘者过去的经验和表现出的能力,判断其是否能够适应应聘岗位、所在部门的文化氛围、企业的文化和工作环境,进而判断其稳定性。

7. 综合能力

企业会全面评估应聘者的举止、仪表、协调能力、坚韧不拔的精神、独立性、快速反应能力和逻辑思维能力等方面的整体表现,确定其个人素质是否与岗位需求相符。

通常情况下,人力资源部门会重点考查应聘者的职业价值取向与个人需求、基本素质(如精力、活力及特长)以及个性特征;具体的用人部门则会着重考查应聘者的职业潜能、职业素养及其与工作岗位和部门的匹配度;而企业高层管理者则会从更全面的角度出发,重点考察应聘者的综合能力、环境适应性以及团队合作意识和专业水平。

三、可雇佣性能力分析

案例3-3 提高可雇佣性能力

小李是一名即将毕业的大学生,希望在毕业后能够顺利找到一份工作。为了提高自己的可雇佣性能力,小李参加了一些实习项目和志愿服务,积累了一定的实践经验。

在实习期间,小李所在的团队需要完成一个重要的项目。由于项目时间紧迫,团队成员需要加班加点地工作。小李主动提出愿意承担更多的工作,并利用自己的专业技能和知识,为团队提供很多有价值的建议和解决方案。他的积极性和能力得到了团队领导的认可和赞扬。

除了实习工作,小李还积极参加志愿服务活动。他利用自己的业余时间帮助弱势群体,为他们提供帮助和支持。这些经历让小李学会了如何与不同的人沟通和合作,也锻炼了他的领导力和团队协作能力。

小李在实习和志愿服务中表现出的个人品质得到了大家的认可。他总是能够认真对待每一个任务,并尽自己最大的努力去完成。他善于思考和总结经验,能够快速适应不同的工作环境和要求。同时,他还非常注重细节和品质,对自己的工作要求非常严格。

通过实习和志愿服务,小李不仅积累了实践经验,还提高了自己的可雇佣性能力。他的专业技能、沟通能力和团队协作能力都得到了锻炼和提高。这些经历也让他更加自信和有竞争力,为他未来的职业发展打下了坚实的基础。同时,他也意识到自己在某些方面还有待提高,需要继续努力和学习。

如果把个人职业发展比作一场赛跑,它肯定不是百米短跑,而是马拉松长跑,赢得比赛最终胜利的未必是起步最好的选手,而是拥有最佳耐力、能够持续保持最佳状态直至终点的选手。那么,在这场职业生涯的"赛跑"中,我们怎样才能胜出呢?答案是提升我们的核心竞争力——可雇佣性能力。

可雇佣性能力,是指在各种工作环境中所需的基本能力。从字面上理解,它指的是获取职位、保持就业以及重新就业的能力。在时间维度上,可雇佣性能力涵盖了个人当前及未来在劳动力市场上相关的特质和情境;从空间角度来看,它强调的是跨领域的通用能力;从内容来看,包括获得雇主青睐、获取职位、成功就业乃至转岗所需的各类知识、技能、态度等。培养可雇佣性能力有助于个人实现有效的就业和个人发展,使之具备资本性和流动性特征,进而影响个人与组织间的雇佣关系。

在现代社会,随着大学生就业市场的全球化趋势,以下几项能力成了大学生迫切需要加强培养的关键素质:获取新知识和新技术的能力、创新精神和创造力、强烈的职业心与责任感、分析判断与独立工作的能力、团队协作精神以及良好的心理素质和身体健康。大学毕业生正处于职业生涯的探索阶段和尝试期，相当于职业发展的初期，是摸索并定位个人职业方向的时期。此时，大学生的可雇佣性技能尚未完全形成。因此，了解培养大学生的可雇佣性技能及其评估方法，对于大学生的职业成长至关重要。

随着社会环境的变化和技术进步，不同行业对高校学生所应具备的可雇佣性能力的需求各有侧重。例如，制造业重视沟通协调能力、积极态度、职业道德、团队合作以及持续学习的能力；建筑业则更看重团队合作、电脑应用、沟通协调、积极态度、问题解决及创新能力。但是大多数行业普遍重视学生的沟通协调能力、团队合作精神、职业道德以及积极的态度和行为能力，这些能力几乎在所有行业中都排名靠前。大学生应该清楚地认识到只有能够为企业创造价值的人，才能在职场中站稳脚跟。确保可雇佣性的关键在于保持终身学习的理念，掌握与职业相关的最新技能。在增强自身的可雇佣性能力时，还应注意建立一个共同发展的人际关系网络。此外，保持开放的心态也很重要。

链接

各类职业对人才素质的要求

现在的职业有几千种，各类职业都有着相应的职业要求。但仔细分析一下，适合大学生从事的职业大致可以分成六种类型，不同职业类型对人才的能力、素质要求也各有不同。

1. 技术应用类型

这是一般理工科类高校毕业生适合从事的职业类型，一般在各种规模的制造业、技术服务业从事产品生产、技术支持和服务、工程管理等工作，被人们归为工程技术人员。这一类型的人才初入职场时往往要在基层工作一段时间，因此必须具有不怕苦、不怕累的精神和认真、严谨的工作态度，具有扎实的基础理论和相关专业知识，具有较强的外语、计算机应用能力和图表运用、文字表达能力，具有分析问题、解决问题及科技创新的能力。

2. 科学研究类型

这是多数重点理工科类高校毕业生适合从事的职业类型，一般在各类大型制造业、科研机构及技术服务业从事技术研发等工作,被人们归为科研技术人员。这一类型的人才必须具有浓厚的专业兴趣,淡泊名利、善于合作;具有不畏艰辛刻苦钻研的精神和实事求是的工作态度;精通本学科的基础知识、专业知识及相关专业学科基础知识,具有较强的学习能力,精通外语和计算机,有一定的哲学基础;具有较强的信息收集处理和调查研究能力,具有较强的抽象思维和逻辑推理能力;具有一定的社会活动能力、语言文字表达能力,具有较好的综合能力及创造力。

3. 经济管理类型

这是一般理工科、综合类高校毕业生适合从事的职业类型,一般在各种规模的企业从事财会、金融、商贸等工作,被人们归为经贸人员。这一类型的人才大多要和人与资金打交道,因此必须具有高尚的职业修养和法律意识;具有强烈的金融责任意识,能严格保守商业机密;具有良好的人际关系能力,善于捕捉各类信息;具有预测与决策能力、策划能力,具有较强的社会实践能力。

4. 行政管理类型

这是一般综合类高校理科、文科等毕业生适合从事的职业类型,一般在各种机构从事行政管理和服务工作,被人们归为行政人员。这一类型的人才大多要和人、事打交道,因此必须具有坚定的政治立场和法律意识,具有较强的组织纪律观念;具有强烈的责任意识和大局意识;具有奉献精神和敬业精神;具有良好的人际关系能力和应变能力,善于筹划和开拓创新;具有较高的理论修养和广博的知识面,有一定的工作经验。

5. 社会文化类型

这是一般综合类高校理科、文科等毕业生适合从事的职业类型,一般在各种文化机构和艺术团体从事行政管理和服务工作,被人们归为社会工作人员。这一类型的人才必须具有坚强的毅力和不屈不挠的精神,具有强烈的社会责任感;具有良好的美学知识,具有敏锐的观察力和丰富的想象力;具有快速吸收新思想的开放心态,具有良好的人际关系能力;具有较强的文字和语言表达能力,具有不断创新的精神和能力。

6. 公共服务类型

这是一般综合类高校理科、文科等毕业生适合从事的职业类型,一般在各类政府机关、公共事业机构等单位从事管理和服务工作,被人们归为公务人员。这一类型的人才必须具有较强的服务意识和强烈的事业心及社会责任感;具有扎实的专业基础知识及相关知识;具有敏锐的观察力和较强的理解力,具有较好的外语和计算机能力;具有较强的文字和语言表达能力和自我形象设计能力。

四、职商助你事业腾飞

每年毕业生就业时,总会看到一些能力很强的学生未能找到合适的单位,而在职场中我们也时常看到有能力却总是无法取得成功的人。这些人在忙碌中无法为企业创造效益,或者拥有很高的学历却无法在岗位上展现出其价值。虽然他们很辛苦,但是单位和领导还是对他们感到不满。出现这种情况的原因并不是他们的能力或学识不足,也不是他们缺乏理想,而是他们的职商不足。职商,是一个由成功学家和思维学家吴甘霖先生提出的新概念。职商是指在职场中成功的素养及智慧。大量成功人士的奋斗经历告诉我们:一个人的成就基本上是在工作中产生的。在工作中,个人的职业素养和智慧至关重要。

(一) 学历高、能力强不等于成功人士

提及世界500强企业,人们往往自然而然地将它们与高学历人才联系起来,认为唯有硕士或博士才有机会加入这样的企业;提及成功人士时,人们通常认为他们是学历高、能力出众的人。因此,许多大学生非常重视自己的学历水平,即便并不适合从事研究性工作,也会努力追求考研或读博的机会,仿佛高学历就能确保获得高薪工作。同时,不少大学生也非常重视在校期间担任学生干部、参与社会实践活动的经历,似乎这样就能培养出卓越的能力,在将来的工作中脱颖而出。尽管大学生们积极进取、投身社会实践的精神值得肯定,

但是否每位成功人士都是通过这条道路成长起来的呢？答案显然是否定的。

如今，用人单位在考察毕业生时，除了关注学历、证书和经历之外，更倾向于开放性竞争。这种竞争模式不再过分强调应聘者的学历、专业背景或工作经验，而是更注重展示其才华和开发其潜能。在一些技术要求不高的企业和岗位上，这种竞争方式已经被广泛应用，并且随着时间的推移，这一趋势还将扩展至更多专业技术岗位。

几乎所有500强企业都遵循两大原则：一是适用导向，即最适合岗位的人才是最佳人选，无论学历高低，只要能胜任岗位即可。企业更看重应聘者的实际能力和与岗位的匹配度。例如，在技术开发型企业中，研发部门可能更倾向于招聘硕士或博士级别的应聘者，而对于其他岗位，则只需具备本科教育背景即可。二是发展导向，即共同发展才能创造共同的财富。即使某人目前非常适合某个岗位，但如果无法在企业内实现持续发展，为企业发展贡献力量，那么企业也不会选择此人。

无论毕业于哪所学校，拥有何种学历，这些都只是个人的外部标签，并不能直接等同于能力和素质。每年未能就业的人群中不乏连续数年未求职、一心只考研的人，而在一些技术含量较低的普通岗位上也能看到持有硕士或博士学历的人才。每个人都有权利做出自己的选择，但对于广大大学生来说，正视竞争，提升自身的职业素养和职业竞争力才是关键，这样才能在职场中取得成就，使职业发展不再是遥不可及的梦想。

（二）解读"冰山理论"，提升职业素养

步入职场的大学生都渴望事业有成，但几年后，原先同班的同学之间出现了明显的差距：有人身居要职、成绩斐然，有人默默无闻、朝九晚五，还有人屡屡受挫、愤世嫉俗。是什么导致了这些原本起点相似的学生之间产生了如此大的差异呢？原因大致可分为内外两方面：外因如机遇、人脉等因素；而内因则是由个人的职业素养所决定的。

为了更好地理解职业素养，我们可以借鉴"冰山理论"。当我们在海面上看到一座壮观的冰山时，往往只惊叹于它露出水面的部分，而忽略了隐藏在水面之下的更大一部分(见图3-1)。

同样,我们可以将一名员工的全部才能比作一座冰山,其中浮在水面上的是他所拥有的资质、知识和技能,这些是显性素养,可以通过学历证书、职业证书来证明,或是通过专业考试来验证。而潜在水面之下的部分,包括职业道德、职业礼仪和职业态度等,我们称之为隐性素养。显性素养和隐性素养的总和构成了员工的整体职业素养。通常,人们较为重视显性素养,这部分相对容易改变和发展,培训起来也更容易见效。然而,隐性素养往往被忽视,那么我们该如何培养隐性素养呢?

图 3-1 冰山
资料来源:千库网。

1. 培养职业道德

职业道德是所有大学生在职业活动中应该遵守的基本行为准则,是社会道德的重要组成部分。职业道德是我们职业生涯中的指南针,它指引我们做出正确的决策和行为。

不同职业的工作性质、社会责任、服务对象和服务手段不同,在职业道德规范的内容和要求上也有所区别。例如,司法工作者的职业道德规范是立场坚定、爱憎分明、秉公执法、不徇私情、清正廉洁、不畏权势、机智果敢、谦虚谨慎、热爱群众、尊重同事。公务员的职业道德规范是政治坚定、忠于国家、勤政为民、依法行政、务实创新、清正廉洁、联系群众、服务热情、精通业务、严守秘密。会计人员的职业道德规范是爱岗敬业、廉洁自律、客观公正、保守秘密、诚实守信、坚持准则、提高技能、文明服务。尽管不同职业的职业道德内容不尽相同,但它们都有基本的共同点。我国《公民道德建设实施纲要》就提出了职业道德的基本内容,即"爱岗敬业、诚实守信、办事公道、服务群众、奉献社会"。大学生在自我职业道德培养方面要注意以下五点:

(1) 树立自信,自觉和自主地进行自我修养;

(2) 要努力学习职业道德和职业生活中的法律知识,提高自身的法律意识；

(3) 要向新时期职业模范和身边的人学习；

(4) 要从小事做起，从现在做起。

(5) 时刻严格要求自己，不因利益而改变自己的职业道德准则，不做损害他人利益的事。

2. 培养职业礼仪

案例 3-4 职场礼仪的重要性

小张在工作中非常努力，但由于缺乏职场礼仪的知识，经常出现一些不礼貌的行为。比如，他经常打断同事的发言，不尊重他人的意见，甚至在会议中大声喧哗。这些行为让同事和领导对他产生了不好的印象，导致他在团队合作中受阻，领导在晋升和加薪方面也优先考虑其他更有职场礼仪的员工。

职业礼仪是指人们在职业场所中应当遵循的一系列礼仪规范。学会这些礼仪规范，将使一个人的职业形象大为提高。职业形象包括内在的和外在的两种主要因素，而每一个职场人都需要树立塑造并维护自我职业形象的意识。职业礼仪的主要内容包括：

(1) 着装得体。我们要根据我们的职业环境选择合适的着装，展现出我们的专业形象。

(2) 礼貌用语。无论在何种情况下，我们都应该使用礼貌的语言，尊重他人。

(3) 良好的沟通技巧。有效的沟通不仅能帮助我们更好地表达自己的观点，也能让我们更好地理解他人。

(4) 尊重多元文化。在全球化的今天，我们的工作环境越来越多元化。尊重不同文化背景的同事，是我们作为职场人的基本素养。

(5) 遵守时间。守时是对他人的基本尊重，无论是会议还是项目截止日期，我们都应该严格遵守时间。

(6) 维护工作环境。一个干净整洁的工作环境不仅能提升我们的工作效率,也是对同事的尊重。

3. 培养职业态度

职业态度是指职业人员、对自己所从事职业的看法以及所表现的行为举止,是个人对职业选择所持的观念和态度。对于大学生来说,职业态度包括择业态度、敬业态度、勤业态度和奉献精神等。职业态度的形成并非一朝一夕,需要经过长时间的培养与训练。培养职业态度的注意事项,如表3-1所示。

表3-1　　　　　　　　　培养职业态度的注意事项

职业态度	注　意　事　项
择业态度	1. 选择适当的就业目标并与自身的实力相当或接近 2. 避免理想主义,及时调整就业期望值 3. 避免从众心理,从自身特点、能力出发 4. 克服自卑心理,树立自信心和敢于竞争的勇气 5. 态度积极,不怕挫折
敬业态度	1. 对待工作要有恭敬的态度 2. 工作中要具备责任感,具有主动精神
勤业态度	1. 具有追求完美、勇于付出的精神 2. 刻苦钻研业务,努力提高技能,不断积累经验,奠定雄厚的实力 3. 从容面对挑战,注意学习做事方法和待人接物的成功技巧,将挑战不断化为机遇
奉献精神	1. 积极接受学校大学生思想政治教育 2. 提高奉献意识,践行奉献精神 3. 加强社会责任感,将奉献精神体现在职业岗位中

资料来源:董鹏中主编:《职业生涯规划》,高等教育出版社2017年版。

第二节　职业能力及养成——就业竞争的核心能力

在职场竞争日益激烈的今天,个人的职业能力尤其是核心竞争力,成了决定毕业生未来成就的关键因素。本节将详细探讨职业能力的组成、培养方法以及如何通过提升这些能力来增强个人的就业竞争力。

一、职业能力组成

(一) 职业能力的定义

职业能力是指个人为完成工作任务所需的各种能力,包括体力、智力、知识与技能等要素。在某些特定行业,职业能力可以有更细致的划分,比如辨色能力、空间感知能力、手脚协调能力等。职业能力的形成是一个长期过程,需要通过基础教育、专业教育、职业技能培训以及实践活动来不断完善。用人单位衡量一个人是否具备某种职业能力,常常看应聘者是否具有相关职业资格证书。

职业资格证书是个人具备某种职业能力的凭证,是劳动力市场上的"通行证"。常见的职业资格证书主要包括:

(1) 行业单项技术证书,如珠算等级证、财会电算化证书等;

(2) 专业技术证书,如汽车驾驶证、电工等级证书、建筑业的证书等;

(3) 公共技能水平证书,如教育行政部门组织的计算机、外语等级测试以及国家语言文字工作委员会组织的普通话水平测试所颁发的相应证书;

(4) 专业职务证书,如教师资格证书和多种专业技术职务任职资格证书;

(5) 国际通行的证书,如我国与英国皇家行业协会颁发的各行业等级证书。

(二) 职业能力的构成

一般情况下,职业能力分为通用技能和核心技能两部分(特殊职业需要的特殊技能不列入其中论述)。

1. 通用技能

通用技能是在一组特征和属性相同或相近的职业群中体现出来的具有职业共性的技能和知识要求,具有基础性、全面性、通用性和可再生性的特点,是专业技能发展的基础和保证,对就业有广泛的适用性。

2. 核心技能

核心技能是指职业生涯中必须具备的最基本技能,具有普遍适用性和可迁移性的特点。根据我国的实际情况和职业技能开发的需要，结合国际先进经验，我国在《国家技能振兴战略》中把职业核心能力分为八项，称为"八项核心能力"，主要包括与人交流、与人合作、解决问题、自我学习、信息处理、数字应用、创新革新、外语应用。

二、增强核心技能

核心技能有多种，这里我们主要介绍如何增强四种核心技能，即有效沟通、解决问题、团队合作、创新潜能。

（一）有效沟通

无论是在工作中还是在生活中，我们都离不开沟通。无沟通的有效性对个人的影响是巨大的，而大学生走向职场时遇到的第一个考验就是有效沟通。

1. 一通百通的书面沟通秘笈

下面是某职场新人撰写的请求对方协助提供材料的信函正文：

尊敬的 ABC 公司总裁先生：

　　今年10月将迎来我校百年校庆，这是一个深具历史意义的事件，得到了广大校友、各界领导、各界朋友的关心和大力支持。为梳理百年文脉，弘扬百年传统，我校做了大量的工作，而校志编写是其中非常重要的一项。该校志共分十章，"知名校友"是其中重要的一章。写好这部分才能真实地记录我校教育的硕果，体现百年积淀的精神。为此，我们花费了大量的人力物力组织编写，并形成了初步的框架。今年3月，我们经多方查访，获悉您是我校20届的毕业生，毕业后经过个人的努力取得了卓越的成绩，现任著名的 ABC 公司总裁。您的成就写进校史，必将成为广大学弟学妹学习的榜样。故请您协助提供您的个人简介、历史照片及近照，并于一个月内寄给我们。

张　艺

2024年9月1日

可以想象公务繁忙的总裁先生看过全文的 2/3 后仍难得要领——是为校庆筹资？邀请参加校庆？还是推销校志？很可能在总裁读完之前,这封信函就已经被扔进了碎纸机。这位职场新人费力堆积的文字并不能在现实情景中发挥我们的期待作用。在职场公文中,所有语言材料的选择和组合方式都是可以说明并且有规律可循的。一篇职场文书中总是布满了可以操控的按钮,像学驾驶一样,只要明白了这些按钮的功能,很快就能随心所欲,自由驾驭了。

（1）你会写求职信吗？——掌握可以调动的"形式按钮"和"内容按钮"

先来看下边的招聘信息：

招聘职位：对外汉语教师

学历要求：大学本科以上学历

招聘要求：

1. 具有对外汉语教学经验；

2. 对外汉语、中文及相关专业；

3. 普通话标准,有良好的汉语语感及很强的语文功底；

4. 能熟练运用英语或日语,熟练操作计算机办公软件；

5. 具有很强的责任感以及教学能力；

6. 品貌端正,举止大方,热爱对外汉语行业。

现在假设你是具有以下特点的求职者：

---

1. 具有汉语作为外语教学能力证书（高级）,尚无教学经验；

2. 文学硕士；

3. 普通话标准；

4. 英语四级；

5. 责任感强,热爱教学工作。

面对招聘信息,你该如何写这封求职信？

求职信是你无法躲避地与职业世界的第一次书面沟通。虽然我们可以使用网络上随处可见的求职信模板,但是我们无法确保自己的求职信能够在无数应聘者中脱颖而出。下面,让我们看看,如何应用形式"按钮"和内容"按钮"针对求职者的特点设计求职信。

① 百变的"形式按钮"——控制的不仅仅是视觉效果

- 信头:突出你相对某一职位而言的核心竞争力

对这个职位而言,你的核心竞争力显然在于前两点。在求职信中为这两点核心竞争力选择一个位置,你会把它们放在哪里?首段?首段的首句?反复出现?虽然这些都不失为突出重点的方式,但是别忘了"信头"这一别致的存在!

我们最熟悉的是公司信纸的信头,上面印有公司的名称、标识、地址、联系方式、网址等基本信息。求职时,我们的名字和核心竞争力就是我们要经营的"公司"或"品牌"。根据自己的核心竞争力,设计一个个性化的信头,是吸引用人单位的绝妙手段。下边是一个最简单的求职信信头,求职者最适合这一职位的特点开卷即现,跳入招聘者的眼帘:

俞樾
具有汉语作为外语教学能力证书(高级)　文学硕士
mail:yuyue@gamil.com　　Tel(021)12345678
13××××××××××

信头的设计可以千变万化。例如,计算机专业的求职者应聘网站制作人员可以在信头中添加自己的个人网站网址;艺术设计专业的求职者可以对信头做出艺术化的处理,等等。但是,千万不能忘记设计信头的初衷——凸显核心竞争力。片面地追求独特、美观,反而遮盖了你最想突出的特点。

- 项目列表:分类凸显你适合某一职位的全部亮点

打开 Word,点击"开始",选择"项目符号",你会看到丰富的用来创建列表的符号。项目符号的运用让阅读者不会错过其中任何一条内容。看一遍下面的求职信,你能在 5 秒内看到求职者的几种能力?

本人于××××年取得文学硕士学位。具有汉语作为外语教学能力证书(高级),尚无教学经验,普通话标准,通过大学英语四级。在校期间担任过学生干部,工作责任感强。本人热爱教学工作,希望从事与教学相关的职业。

这样的求职信文字虽然不多,提取关键词却不容易。信息淹没在文字里的求职信在堆积如山的招聘中,很难给招聘人员留下深刻的印象。我们试着用项目符号来标记这段文字,求职者的能力立刻变得一目了然。

- 具有汉语作为外语教学能力证书(高级),尚无教学经验;
- 文学硕士;
- 普通话标准;
- 英语四级;
- 责任感强,热爱教学工作。

在求职信中,善用项目符号,能够有效地分类凸显你适合某一职位的能力、经验和成绩。

② 调兵遣将的"内容按钮"——策略地满足招聘条件

先来看看小王的经历,小王应该选择其中哪些内容来撰写一封成功的求职信呢?

小王2020年毕业于某大学中国语言文学专业,取得学士学位。毕业后先在温州某中学工作一年。因自感知识不足,辞职回西安学习一年英语,其后在当地一家杂志社做了半年的编辑。2021年年底感到编辑工作与自己的性格不符,辞职准备导游资格考试,取得涉外导游证书。2022年赴上海求职,开始对物流行业产生兴趣,先后在3家物流公司工作。2024年,小王再次调整了自己的职业发展方向:对外汉语教学。令小王不解的是,凭借她的文学学士学位和中学教师的教学经验,居然无法获得任何一家正规的对外汉语教学机构的录用通知,而这些教学机构的招聘条件只要求中文相关专业大专以上学历。

一般来讲,招聘者总是会以自己的标准飞快地扫视应聘者的求职信,从文字中发现他想要看到的东西,标准就是招聘启事中的招聘要求。而应聘者要做的就是满足招聘者的要求,吸引招聘者的目光,促使招聘者拨打电话,约定面试。我们可以通过以下方法达到目的。

- **筛选：不浪费招聘者的时间**

没有一封成功的求职信不曾对照招聘要求进行内容的严格筛选,俗话说"一把钥匙开一把锁"。有些毕业生只准备了一份自以为放之四海皆准的求职信,浑然不觉这样的求职信会让自己错过很多面试机会。显然,频繁的跳槽和多年远离中文专业的工作经验对小王正在应聘的对外汉语教师职位不仅毫无帮助,还起到负面的作用。经过思考,小王只在求职信中保留了中学教师、杂志编辑的工作经验和文学学士学位、涉外导游资格证书。很快,小王收到了面试通知。

- **调整顺序：留住招聘者的目光**

怎样能让招聘者在一瞬间发现你的全部职业亮点? 可行的方法是精心安排亮点出场的顺序。用最符合招聘要求的优点留住招聘者的目光,从而使更全面的自己进入招聘者的视线。安排亮点的出场顺序要讲求策略,绝对不能僵硬地按照学历、资格认证、工作经验的一般顺序行文,更不能简单依循招聘启事中招聘要求的顺序。查看表3-2中列出的任职资格和"我"的条件,思考如何安排求职信中求职人条件的出场顺序。

表3-2　　　　　　　　　　　　求职人条件的出场顺序

任　职　资　格	"我"　的　条　件
A. 硕士以上学历	A. 大学本科
B. 3年以上教师或培训师工作经验	B. 8年高职教师工作经验
C. 具有较好的英语听说读写能力	C. 高级口译证书、爱尔兰访学半年
D. 热情开朗,热爱培训工作	D. 热情开朗,热爱教学工作

按照适合度排序,答案显然是B、C、A、D。如果开篇就告诉看重硕士学历的招聘者:"我是本科学历",你将很难获得进一步展示自己的机会。

- **巧用空白：凸显重要部分**

在求职信中,空白可以调整招聘者的阅读节奏,缓解视觉疲劳,并凸显各个段落的功能。标题下的空白和段落之间的空白可以引导招聘者的目光从一个章节跳到另一个章节,使阅读更加流畅。因此,适当的空白可以使求职信更加吸引人。简单地扫视下面的求职信,你对求职者有多少了解?

在校学习期间,我在计算机软件方面基本上掌握了用C、Java等语言编写应用程序,也接触过汇编语言,此外对操作系统、数据库、编译原理和计算机网络等领域也有所涉及,在计算机硬件方面我学习过计算机组成与系统结构和微机接口等。当然这些都是理论方面的学习,在每年寒暑假学校组织的上机实践操作中,对老师布置的小型应用开发程序,我也能够按时完成任务,这极大地丰富了我的实践操作能力。除了上述计算机专业知识的学习,我的数学在高年级非常出色,通过了国家四级英语统考,日语也有一个学期的学习,另外我还学习过经济学、法学等基础知识。以上就是我四年大学的基本情况。在四年大学期间,我一直担任班级的组织委员,配合同学们在学习之余组织一些有意义的活动,丰富同学们的课余生活,这也在一定程度上锻炼了我的组织能力。

这段文字淹没了求职者的专业技能、实践经验、英语水平、其他知识以及组织能力。

如果求职者的职业亮点有顺序地安置在开头、小标题、段首以及项目列表符号后这些"空白"位置上,就有可能让惜时如金的招聘者有机会全面地了解你,认为你是最合适的。

请看下面这封毕业生的求职信。

求 职 信

尊敬的领导:

您好!很荣幸在××招聘网站上看到贵公司"×××"一职的招聘启事。

我叫李辉,是上海××大学计算机工程学院2023级计算机科学与技术专业的应届毕业生。同时,我也是一名于2019年考入上海××大学的专升本学生。十年前心存不甘的我,依靠着"不比别人差"的信念,参加了专升本考试，到最后成为 600 多人中 10% 的幸运儿。2019—2020 学期我获得一等奖学金，我感到"我行我可以"。

我对新技术非常敏感，具备快速学习的能力，知识结构比较完善：

（1）掌握 C 和 C++ 两种语言；

（2）能运用 SQL、Visual Foxpro 数据库管理工具；

（3）擅长使用 Flash、Dreamwaver 和 Fireworks 以及 Photoshop 等图形处理工具；

（4）能运用 Linux 操作系统进行日常操作。

目前我已具备一定的软件测试经验和计算机维护经验。今年 1 月在××学院毕业实习时，由于成绩优秀，被××师范大学×××教授推荐到微创软件有限公司做测试工程师。通过实习，掌握了 Loadrunner、Winrunner 和 filemon 等软件测试工具和一些基本测试方法。

我具有良好的人际沟通能力和团队合作能力。2022 年我在上海教育电视台××节目组做了 3 个月的外联和节目策划。在此期间和诸多外籍人士交流的经历也锻炼了我运用英语沟通的能力。

衷心希望贵单位能给我一次机会，我一定会发挥出最大的潜力，为您单位的事业添砖加瓦，我会对工作充满热情，以强烈的责任心和进取心回报你们！

自荐人：李辉

2023 年 5 月 5 日

这封求职信写作目的明确，几乎所有的"形式按钮"和"内容按钮"都掌控得很好。形式上，各方面的能力介绍都自成段落，层次分明；利用圆点符号成功地凸显了自己的专业知识结构。语言新鲜准确，不落俗套。内容上把专升本的事实化消极为积极，并且出人意料地放在句首，写作的风格和做人的风格相统一，成功地体现了作者自信、诚恳、坚忍不拔的可贵品质和真才实学。需要注意的是，如果能在第一个段落简明概括自己的核心竞争力，效果会更好。

> **链　接**
>
> **求职信的一般结构**
>
> 求职信要简要说明你应聘的职位以及信息来源,简要概括你最适合这一职位的核心竞争力,并分几个方面(注意顺序)说明为什么你是他们的合适人选、你能为这家单位带来什么。最后,请求获得面试机会。

(2) 书面沟通要领

以下是两篇优劣自现的邀请函。

邀请函(修改前)

各用人单位:

我校定于2024年3月22日在我校体育活动中心召开"上海××大学2024届毕业生就业供需洽谈会",特邀请贵单位参加。

如贵单位确定参加,请于4月5日前与我们联系。

联系人:回小姐

联系电话:021-00000000　　传真:021-00000000

Email:

上海××大学
2024年2月28日

注意事项:(略)

邀请函(修改后)

尊敬的××:

首先真诚感谢贵单位历年来对我校毕业生就业工作的大力支持!

为向用人单位提供更好的服务,在毕业生和用人单位之间架起一座畅通的桥梁,我校谨定于2024年3月22日(周五全天)在我校体育活动中心召开"上海××大学2024年毕业生就业供需洽谈会"。

诚邀贵单位届时参加。如贵单位确定参加,请将回执在3月5日前传真或邮寄至我校,以便我们安排会议场地。

联系电话：021-00000000　传真：021-00000000
Email：
邮寄地址：
邮编：
联系人：回小姐

上海××大学
2023年2月28日

注意事项：(略)

回　　执

上海××大学学生就业指导中心：
1. 我单位将参加会议( )　　不参加会议：( )
2. 我单位全称：　　　　　　　　　　　　　　(盖章)

联系部门：　　　　　　　联系人：
联系电话：　　　　　　　与会人数：　　人　　司机：　　人

点评：

职场写作是一种书面的沟通和交流，所以所有的写作灵感都不是凭空而生的，而是来自对招聘者需求的设身处地地考虑。修改后的邀请函比修改前有如下明显的优点：

① 称谓由对群体的称呼变为对个体的称呼，并且增加了篇首的问候语和篇内的敬语，从而给这次书面交流带来了人性化的色彩；

② 2024年3月22日后注明了"(周五全天)"，便于对方把握；

③ 增加了回执，明确告诉对方己方需要获悉的信息，并给对方的回复增加了方便。

2. 涉足职场的首次口头沟通

面试可以说是大学生涉足职场的首次口头沟通,其沟通效果对面试的成功与否起着重要作用。

(1) 技巧之内的"可控按钮"

职场的口头沟通和实用文体写作一样在技术上有着诸多可以控制的按钮。这些按钮的发现和调控都是由沟通目的以及影响沟通目的实现的沟通对象、沟通场所的特征所决定的。熟悉这些按钮将会让你从口头沟通的茫然无助状态中解脱出来。

① 陈述观点的角度——让反对你的听众不说"No"

从什么角度向听众陈述你的观点和建议对沟通的结果至关重要,而陈述的角度决定于听众的态度、立场。听众的态度一般分为三种:积极的、中性的、敌意的。对于前两种态度的听众,直陈观点就有希望得到良好的反应。但是对敌意的听众,直接论述反对观点并试图说服对方,可能导致对方在你的观点论述结束之前就失去了倾听的耐心。对于这种情况,换一个角度可能更易沟通。

案例 3-5 与辅导员老师的沟通态度

一天,受到学业警告的大二学生小赵找到辅导员老师要求谈一下最近困扰他的难题。"老师,我最近几天一直都失眠。每天都在想,我为什么会走到今天这一步。"忙于整理材料的辅导员老师放下手中的工作示意他讲下去。"老师,你还记得吗?我是班里的组织委员,是同学们选我的。刚进校的时候,我也很想学好,没开学就来学校找课表。每天上课都第一个进教室。但半个学期过去了,看周围的同学也不是人人都这样的:旷课打游戏,课余参加学生会的活动从来不看书,在寝室睡觉。我们都没有感觉到这样做有什么不妥,也没有发现应该有一个明确、严格的管理。慢慢就觉得时间好像也没那么紧迫,可能这就是大学生活。后来就开始和同学一起玩游戏,有时也旷课。现在突然就受到学业警告了。我觉得很难受,很自责。从小学到高中我们一直都不能管理自己的时间,所有的时间都被家长、老师安排好了。现在上了大学突然要我自己安排，我不知道怎么安排才好。现在真的很茫然，很惭愧。老师，我现在希望能够在最短的时间努力改变这一切。能不能给我一次调整自己的机会，期中考试以后再告诉我的家长。"辅导员老师从一直凝神地倾听的状态中抬起头来，没有摇头。

小赵来找辅导员老师陈述的主要观点是"现在通知家长对他来说并不是最好的"。这一观点还可以有其他的陈述角度，比如"通知家长有很多负面作用"。但是联系受学业警告的学生的家长是很多学院的惯例，也是辅导员老师的立场。从这一角度说服辅导员老师很可能立刻激起他的反感。小赵根据听众的立场将陈述的角度换作"我为什么会走到今天这一步？"关心学生成长的老师自然逐渐进入他陈述的问题中，最终设身处地地为小赵着想，没有立刻拒绝他。

② 陈述的顺序——用听众关心的问题留住听众

持怀疑或敌对态度的听众在他们的忧虑被考虑之前是不会注意到你的观点的。因此，要留住听众的耳朵，就要根据听众关心的问题来确定陈述的顺序。

- **论证的结构：说服力上决胜负**

中学时我们都写过大量的议论文，"演绎与归纳"的论证方式的确让你的文章增色不少。在现实的交际场景中，论证结构也是决定说服力的关键按钮之一。使用哪一种论证结构仍然要根据听众的态度、立场和知识结构来确定。

以下是某高校实用文体写作老师在公选课以及中文学生的专业课上论证该门课程重要性的两种结构：

结构一（归纳法）

- 众多用人单位要求应聘者具有较强的书面沟通能力。
- 众多职场新人因为写作能力欠缺而影响了工作开展和个人的发展。
- 很多著名的成功人士都具备优秀的书面表达能力。
- 相当一部分大学生书面沟通能力薄弱。

结论：学好实用文体写作对大学生来说是非常重要的。

结构二（演绎法）

观点：学好实用文体写作是非常重要的。

- 语文知识的学习和书面沟通能力的学习是不同层面的问题。
- 众多用人单位抱怨中文专业毕业的学生无法在短时期内写出符合要求的公文。
- 不从事中文专业的相关行业仍然离不开实用文体写作。

相比较而言，"结构一"采用归纳法，列举几方面的事实，最后得出这门功课非常重要的结论，更易让听众接受，适合对你的论证不感兴趣的且不具备相应知识结构的听众；"演绎法"更适合熟悉你论证内容的且具有相应知识结构的、感兴趣的听众。

- **语气：透露你的观点和对听众的态度**

对一些人来说，语气似乎在自己的控制之外，不管大会、小会都语速平缓，缺乏感情。无论你自己怎样认为，听众在理解你的意思时会把语气一起加入你的观点和态度之中。在口头沟通中，语气同时参与表达着你的观点，而不仅仅是一种辅助的功能。平淡的语速缺少变化的语气总是给人一种不尊重他人的印象。生动、活跃的语气可以让人感受到谈话者的热情和真诚，因而更易接受。

- **媒介的选择：准确、效率与尊重之选**

目前职场中正规的口头沟通媒介有面谈、电话两种。就传达信息的准确度而言，面谈由于可以充分调动手势、表情的作用，并且可以对听众的反应及时作出反馈，因而优于电话。就效率而言，电话免去了相互约定和路途的时间，因而更便捷。就对听众的尊重而言，电话不侵犯听众的空间，而面谈则体现了对听众的重视，因而要根据具体情况判定。媒介的选择必须充分尊重听众的意愿。一些招聘启事中明确声明谢绝来电来访，贸然致电或者登门造访都不会对你的求职有任何帮助。

(2)"技巧"之外的能力养成

在沟通技巧之外，还有几种能力需要我们养成。

① 理解他人的能力

案例 3-6 办公室老师的态度为什么冷淡了

小郁毕业后如愿以偿地进入某著名高校出版社工作。一进办公室她就傻眼了,同事大多是中老年人。第一天她就连续几次被派往各个学院送文件。为什么不用电子邮件呢?小郁不解。一个月下来,小郁成了专职跑腿的,很难有时间静下来熟悉业务。一天,办公室老师又把文件交给她,她终于忍不住了,说:"有电子版吗?我发个邮件过去吧!"办公室老师的回复是:"还是送过去放心。"这一次,小郁终于忍不住了,大声说:"可以发邮件的事情为什么一定要我跑腿呢?天天这样,什么事情都做不成,你们还不如找只信鸽。"此后,办公室的老师找她跑腿的少了,找她做其他事情的也少了,态度也冷淡了很多。

在案例 3-6 中,造成沟通失败的原因不在于小郁的语言能力、智力水平或是技巧不足,而是独自承受压力、解决问题的能力的匮乏,以及对人的基本的尊重理解能力的缺失。

② 承受压力的能力

沟通往往不是一次性的、短期性的,在一段时间内持续完成一个目的的沟通,缺乏承受压力的能力是难以实现的。

案例 3-7 小叶的抗压能力

小叶研究生毕业后获得上海一家知名报社的实习机会,同时实习的有 3 个人,半年后择优录用 1 名。前两个月里,小叶的稿件很少被录用,令她苦闷的是每次把稿件拿到编辑的面前都只能得到简单的几句评语,让她无法获知问题究竟在哪里。第 3 个月结束的时候,其中 1 个已经放弃。小叶认为不管最终能否被录用,"记者"都是她将要从事的职业,不明白报社究竟需要什么样的稿件她决不离开。于是在剩下的几个月里她坚持认真采访、写稿,认真听取、分析编辑的意见,并且主动向编辑坦陈自己的困惑。她的稿件刊发数量越来越多,半年后如愿以偿地留在了报社。

抗压能力来自丰富的生活体验和对生活的理性认识,大学四年间我们要充分利用所有社会实践的机会磨炼意志。

③ 承担责任的能力

案例3-8 勇于承担责任的张明

张明是一个刚刚步入职场的年轻人,对待工作非常认真,也很有责任感。某一天,他被分配了一项重要的任务——为公司的年度报告制作一份数据表格。这份报告对于公司来说非常重要,因为它是公司向股东和投资人展示成果和计划的重要途径。张明知道这个任务的重要性,花费了大量的时间和精力去准备,仔细检查每一个数据,确保它们的准确性和完整性。

然而,在报告提交的前一天,张明发现一个重要的数据出现了错误。他记得在数据输入时曾进行过多次核对,但还是出现了错误。他感到非常沮丧,但没有逃避责任。相反,他决定向他的上级报告这个问题。

张明在面对错误和压力时,没有选择逃避,而是选择了承担责任。他的行为体现了他的责任感和成熟度。

(3) 面试沟通要领

面试中,求职者可以通过口头沟通来展示自己是最适合的人选。为了实现这一目标,求职者需要了解自己与应聘岗位的适合度,并了解招聘者的意图和预期。因此,求职者需要认真考虑以下问题并做出回答。

① 关于你自己
- 我适合这一职位吗?
- 这是我想要的工作吗?
- 我和别人最大的不同是什么?

- 我能给雇主带来什么？
- 对这个职位而言，我的缺点是什么？
- 如何弱化这些缺点或者转化为积极的因素？
- 我还有哪些能力可以转化为雇主需要的能力？

② 关于招聘者
- 来面试我的招聘者可能是什么样的人？
- 他们希望招聘到怎样的人？
- 我的哪些经历或弱点会令他们存有疑问？
- 他们对我的满意度可能是多少？
- 会遇到哪些以外的情况？比如招聘者说"你不适合这份工作"，如何回答？

③ 关于工作本身
- 这个公司的老板是我想要的老板吗？
- 这个公司是值得长期待下去的公司吗？

做好这些准备之后，就开始进入面试的假想情景。想象你坐在面试官面前，你将如何证明"我适合这一职位"？如何亮出你的独特之处？如何解答面试官的各种疑问，包括你的缺点？你的解答将会引发哪几种反应？你将如何面对这些反应？你将如何面对沟通中的冷场或者其他突发情况？你将如何在适当的时间向面试官提问？面谈中所有可操控的按钮只有在以上步骤全部完成之后才有存在的价值。现在你要做的就是，为每一种可能的情境设计一种最有说服力的沟通方式，然后一个人演练直至可以在任何情形下轻松应对。

(二) 解决问题

求职面试的时候，面试官总是不忘通过询问实践经历或设置刁钻的问题了解你解决问题的能力。因为用人单位需要的是能够解决问题的员工。解决问题的能力是你进入职场前就应该具备并将在工作中不断提高的能力。

1. 解决问题的三重境界
- 这是不是我的问题？
- 这个问题对我们团队有什么影响？
- 这个问题对我们单位有什么影响？

遇到问题你会问自己上述三个问题吗？这三个问题决定了你对待问题的三重境界。

"这是不是我的问题？"不少人习惯于只关心自己职责范围内的事，超出这个范围就觉得吃亏。例如，某办公室老师A发现打印奖学金证书的程序复杂且容易出错，就烦躁地抱怨："这个程序怎么做的？太差了！"随后找了两个学生帮忙审核，把自己年级的证书打印好了。很快，其他年级的老师也开始打印证书，这位A老师埋头做自己的事情，不再理会。这类只做自己分内事的员工，对单位来说使用价值非常有限，很容易被替代。

"这个问题对我们团队有什么影响？"能够把自己的问题放到与其他人相关的系统中去考虑，重视团队的利益。例如，某办公室老师A发现打印奖学金证书程序的问题后，写了一份"打印奖学金证书注意事项"，张贴在打印机旁，提醒其他老师避免出现类似错误。这种员工能够把某一问题放到与其直接相关的系统中考虑，与团队精诚合作，因而带来更高的工作效率，能够得到一定程度的重用。但是他们不愿意承担更大的责任，因而也很难有更大的发展。

"这个问题对我们单位有什么影响？"在现代企业中，各个部门之间都是紧密相关的，只有具备系统的观念，才能使问题得到真正解决。例如，某办公室老师A发现打印奖学金证书程序的问题后，立刻向校学生处相关领导反映，并询问是否可以由他找一个本学院精通计算机的学生把这个小程序改进一下，测试成功后各学院再统一开始打印，以避免用现有程序打印带来的麻烦。这个建议很快得到支持和赞扬。只有这种能够从单位整体利益出发，不斤斤计较个人得失的员工才能真正推动单位发展，受到领导欢迎，他们会成为单位不可或缺的重要角色。

三个问题标志的三重境界，我们称作"点""线""面"的境界。我们不论身处什么岗位，都应该站在"面"的角度，看待问题，解决问题，把个人的事业和单位的事业推向前进。

2. 打开方法的锦囊

（1）锦囊一：质疑问题本身，明确问题的本质

"头痛医头、脚痛医脚"说的就是缺乏整体观带来的认识问题以及解决问题的错误。在解决问题前，我们一定要学会质疑问题本身，要把问题纳入整体的系统中。我们发现纷繁复杂的问题可以大致分为三类：个人问题、管理问题、技术问题。从这三个角度分别去探究产生问题的原因，可以帮助你发现问题的本质。

（2）锦囊二：坐等灵感，不如收集资料

我国传统文化强调顿悟、直觉，在学校教育中做出成绩的同学常常被赞美"聪明""有灵气"。似乎"点子"只是与"灵感"相关的某种神秘的东西。然而在越来越庞大的现代企业问题中，脱离了材料的收集，"灵感"只能是不切实际的空想。由德国设计师设计的上海地铁一号线与二号线相比有很多过人之处，每一个室外出口都设计了三级台阶，在多雨的季节有效阻挡了雨水顺着地铁入口流入地铁。德国设计师的"灵感"其实就来自扎实细致地实地勘查和分析。设计师勘查的时候，发现上海地处华东，地势平均高出海平面就那么有限的一点点，一到夏天，雨水经常使一些建筑物受困。于是在地铁一号线的每一个室外出口都设计了三级台阶，在下雨天可以阻挡雨水倒灌，从而减轻地铁的防洪压力。事实上，一号线内的那些防汛设施几乎从来没有动用过；而地铁二号就因为缺了这几级台阶，曾在大雨天被淹，造成巨大的经济损失。

（3）锦囊三：穷尽所有的假设

在刚开始寻找解决问题方法的时候，我们的思想很容易因没有方向而陷入混沌、杂乱无章的状态。鱼刺图（见图3-2）有利于将无意识地思考过程意识化。

画鱼刺图要先列出你要解决的问题，然后围绕这个问题将相关的因素找出来，最后分析一下所有因素与问题之间的关系。这种方式有利于帮助你消除在问题前迷失方向的紧张情绪，打开思路，做出理性推断，从而建立穷尽性的假设。

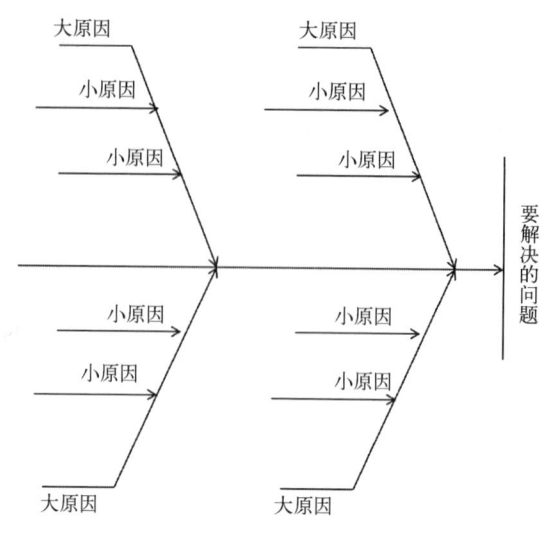

图 3-2 鱼刺图

案例 3-9 提高公司销售业绩 1

公司销售业绩一直不佳,严欣需要找出根本原因并制订解决方案。

步骤 1:确定问题

严欣需要明确问题的定义和范围。问题是公司销售业绩不佳,需要找出导致销售业绩不佳的原因。

步骤 2:收集数据

收集与销售业绩相关的数据,包括销售额、销售渠道、客户反馈、竞争对手情况等。这些数据可以帮助我们了解销售业绩不佳的具体情况。

步骤 3:绘制鱼刺图

根据收集到的数据,绘制鱼刺图(见图 3-3)。鱼刺图的横轴表示可能的原因,纵轴表示影响程度。将可能的原因和影响程度分别填入鱼刺图中。

(4)锦囊四:选择最佳方案

现在需要你来分析判断最佳的方案了。确定最佳方案同样需要对事实的调查和研究。

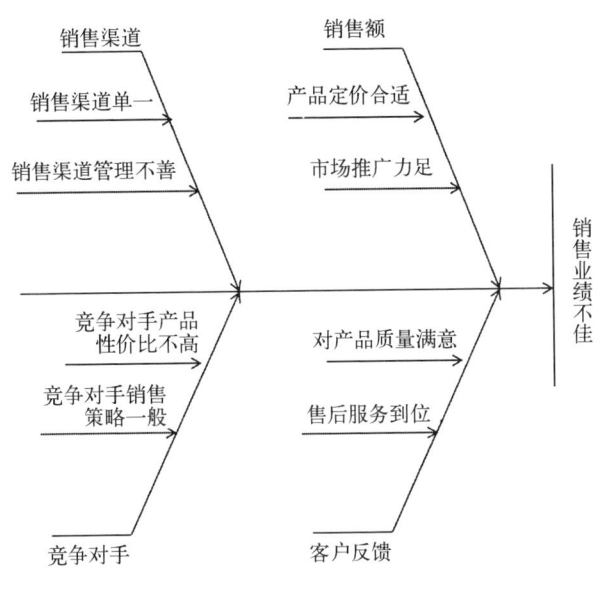

图 3-3 鱼刺图——销售业绩不佳的原因

案例 3-10 提高公司销售业绩 2

承案例 3-9。

步骤 4：分析鱼刺图

根据鱼刺图，严欣分析出导致销售业绩不佳的主要原因是销售渠道。

步骤 5：制订解决方案

因为销售渠道是导致销售业绩不佳的原因之一，所以严欣制定拓展销售渠道的方案。

3. 面试案例

案例 3-11 不要轻易放弃

某企业通知一名大学生第二天去公司参加面试。面试的地点就在总部大楼第 10 层的 1001 房间。

133

第二天，这位大学生好好地打扮了一番自己，打车直接来到总部大楼的一层。一楼的保安看到他后，问有什么事情可以效劳。大学生告诉保安自己是来面试的，就在10楼的1001房间。

保安给10楼的这家公司打了电话，并告诉这个面试的学生说10楼的这家公司并没有安排什么面试，是不是他自己搞错了，让他请回。

大学生吃了"闭门羹"后就回到了宿舍，这只是他众多面试中的一场，虽然这种情况比较少有，却并不在意。过了几天，那家面试的公司给他发来了电子邮件，告诉他面试已经结束了，他没有被录取。

在邮件中，这家公司告诉他，其实保安的刁难就是公司的面试。保安根本没有给公司打电话，可在一层大楼还有其他电话，面试的人完全可以用其他电话打给公司询问情况。此外，除了保安看守的电梯，还有好几台电梯都可以直达10楼。而他竟然那么早就放弃了，这也是公司为什么不能用他的原因。

在工作与生活中，每一件事情都会有很多的阻力与麻烦，很多人被这些阻力挡在了外面。有些人在遇到第一个阻力时就放弃了目标；有些人解决了一些容易的问题，一旦遇到较大的困难就放弃了；有些人在成功之前的最后一道难关时放弃了。从结果来看，这些人都没有办好事情，没有把事情做到位，但可以肯定的是，他们今后成功的概率肯定会有所不同。只要遇到阻力就放弃的人将来肯定会一事无成；只能够解决比较容易问题的员工，也只能做一些平凡的工作，得不到重用；而在成功之前的最后一道难关才放弃了的人，最具有可塑性，也是最有可能获得成功的人，只要他们学会坚持，定能有所成就。

(三) 团队合作

团队是指为实现一个共同的目标，一些才能互补、团结和谐的人组织起来的精干的团体。团队虽然由不同个性特点的人员组成，但通过强调成员的共同贡献，来得到实实在在的集体成果，这个集体成果将超过成员个人业绩的总和，即团队大于各部分之和。要想实现个人的事业成功，就必须依托团队的力量。团队合作的具体表现,即为团队精神。以下是围绕团队精神和职场人际关系的一些核心原则和建议。

1. 团队精神的内涵

团队精神,就是团队成员在工作中具有大局观念、协作精神和服务意识。具有团队精神的组织和个体有协调统一的目标和价值观,成员间相互帮助和信赖,通过个体与他人之间的相互引导和协调,最终实现统一的目标,形成并传递企业的文化理念。换言之,团队精神就是强调组织成员之间的合作态度,为实现组织既定目标,自觉完成本职工作,承担相应职责的精神。

2. 经营人际关系的四项原则

案例 3-12 一句称呼换来一份工作

王露 2023 年刚刚毕业。说起职场称呼,她满脸兴奋。"我应聘时就是因为一句称呼转危为安的。"在应聘时,由于她在考官面前太过紧张,有些发挥失常,就在她从考官眼中看出拒绝的意思而心灰意冷时,一位中年男士走进了办公室和考官耳语了几句。在他离开时,她听到人事主管小声说了句"经理慢走"。那位男士离开时从王露身边经过,给了她一个善意鼓励的眼神,王露说自己当时也不知道哪儿来的灵光一闪,忙起身,毕恭毕敬地对他说:"经理您好,您慢走!"她看到了经理眼中些许的诧异,然后他笑着对自己点了点头。等她再坐下时,她从人事主管的眼中看到了笑意……

后来她顺利地得到了这份工作。人事主管告诉她,本来根据她那天的表现,是打算刷掉她的。就是因为她对经理那句礼貌的称呼让人事部门觉得她还是能胜任销售工作的,所以对她的印象有所改观,给了她这份工作。

经营人际关系需要做到以下四项原则:

(1) 先想到他人的优点

能记住别人的优点将会给予对方无比的力量,能极大增强你们的关系。

(2) 建立一对一的关系

团体的人际关系能使人产生归属感,但一对一的关系才能建立亲密与信任的人际关系。因为一对一代表的是对另一个人百分之百的专注。所以,每周起码花一个小时以上的时间与你想要建立关系的人单独相处,你就能实现增强人际关系的目标。

（3）遵守承诺建立良好的关系

心理学家弗兰克·布朗(Frank Browne)认为:"一份成熟的人际关系是双方都能言出必行。"在与朋友、同事交往的过程中,信守诺言代表你尊重另一人的时间以及心意,而不守信与爽约注定会导致关系的破裂。

（4）人际关系是要主动得到的

建立人际关系是一项主动性的活动,不要被动地等待别人来找你。要想有良好的人际关系,主动地和同事打招呼、约定外出活动时间、节假日和生日寄贺卡或打个问候电话都是很有效的。

3. 职场忠告

特别注意,以下个性特征会阻碍团队成员人际关系的吸引力,不利于团队精神的培育。

（1）工作与个人生活的界限不清

务必确保工作时间专注于工作任务。如果需要处理私事,请选择午休或其他非工作时间,并避免在工作期间邀请朋友来访。

（2）滥用办公资源

诸如传真机、信笺纸及其他办公用品仅限于公务用途。费用账户也应专款专用,不得挪作家庭或个人消费。

（3）将负面情绪带入工作场所

情绪波动在所难免,但在办公室内应当克制,以免影响他人或引发冲突。情绪不佳时,应适当调整心态,避免对同事造成负面影响。

（4）言语不当

避免在办公室使用粗俗语言。

（5）未经许可擅自进入他人办公室

进入同事的办公空间前,务必先敲门并得到允许。

（6）消极抱怨

减少抱怨和发牢骚的行为,更不可讲脏话。

（7）办公环境杂乱无章

保持个人工作区域整洁有序。

这些行为不仅会降低个人的人际吸引力，还可能损害团队的整体氛围和工作效率。

(四) 创新潜能

案例 3-13 大学生创新潜能：应用化学专业的创新实践案例

小冷是一名应用化学专业的学生，对化学有着浓厚的兴趣，并且总是充满好奇心，渴望将学到的知识应用于实际问题的解决中。在大学期间，小冷通过一系列的实践活动展现出他的创新潜能。

小冷在学习了基础化学课程之后，对环保材料产生了浓厚的兴趣。他利用图书馆和互联网资源，广泛阅读关于生物降解塑料的研究文献。与几位同样对此感兴趣的同学组队，计划开发一种新型生物降解塑料。研发过程中，小李和他的团队获得了学校的支持，得到了实验室的使用权。根据初步研究的结果，他们设计了多个实验方案来测试不同配方的生物降解性能，还与校外的研究机构合作，获取更多实验数据和技术支持。在学校的科技创新大赛中，他们展示了自己的研究成果，赢得了评委的好评，并获得了进一步的资金支持。基于前一阶段的成功，小李的团队开始考虑如何让这项技术更好地服务社会。他们调研市场需求，了解潜在客户群体的需求和反馈。根据调研结果，对产品进行改良，使其更符合市场要求。并撰写商业计划书，参加创业比赛，为项目寻找投资者。最终，他们与一家环保材料公司签订了合作协议，共同推进产品的商业化进程。

资料来源：黄海荣：《大学生创新创业教育指导》，上海交通大学出版社 2015 年版。

如果说 20 世纪后半叶为适应知识经济时代而提出创建学习型组织，那么，21 世纪要迎接新经济时代就必须建立创新型组织。我们只有通过创新,才能开拓新的局面。

1. 创新带来进步,创新提升竞争力

每逢节假日,各大商家纷纷施展创意,竞相推出各种促销活动以吸引顾客;每当晚间黄金时段,各式各样的广告轮番上演。唯有新颖独特的促销方式和广告创意才能真正抓住消费者的注意力和钱包。在竞争激烈的市场环境中,创新不仅是提升竞争力的关键,也是推动行业持续发展的法宝。

如何在充满机遇与挑战的职业生涯中利用创新思维获得发展,成了我们必须掌握的一项重要技能。学会运用创新思维,不仅可以帮助我们在职场上脱颖而出,还能让我们在面对变化莫测的市场环境时保持竞争力。

2. 释放你的创新潜能

"急中生智"是我们熟悉的一个成语,我们也听过许多这样的故事:诸葛亮的"草船借箭"和"空城计"等妙策其实都是在情急之下产生的。这就说明,我们还有潜在的能力有待开发。要开发潜能(特别是创新潜能),进行创新思维的训练是行之有效的方法。

(1) 创新思维训练

创新思维是一种富有创见性的思考方式,它通过揭示事物的本质及其内在联系,创造出新颖、独特且具有社会价值的思想成果。创新思维超越了固定的传统模式,是一种探索未知领域的开创性心理活动,被认为是人类最高级别的思维方式,是创新活动智能结构中的关键要素,也是创新能力的核心所在。

创新思维是可以被培养和提升的。下面是四种常见的创新思维训练方法。

① 希望点列举法

希望点列举法鼓励我们列举出对某个事物的美好愿望。例如,思考什么样的电脑最能满足人们的期望?尽可能多地列出你的想法。追求美好愿望的动力往往能激发创新与发明,人类文明的进步正是这一强烈愿望推动的结果。

② 缺点列举法

缺点列举法要求我们尽可能详细地列举出对某个事物的不满之处。通常情况下,人们对现有事物的不满正是改进和创新的起点。"不破不立"的道理告诉我们,只有发现并正视缺点,才能激发出创新的冲动和决心,有时甚至可以直接促成发明创造。

③ 图形想象训练

图形想象训练是选取一个简单的图形,尽可能地想象与之相似的事物。这类训练有助于激活想象力,让思维活跃起来,从而产生创造性的设想,进而提升创造性思维能力。

④ 类比创新法

类比创新法是一种基于一类事物的某一特性,推断另一类相似事物也可能具备同样特性的创新方法。通过类比,我们能够从已知推断未知,从而促进新想法的诞生。

⑤ 主体附加法

主体附加法是在不改变或仅轻微改变主体的基础上,添加一种新的元素或功能,从而使主体性能或功能得到显著提升的过程。比如,通过改变椅子的基本设计并增加按摩功能,就发明出了按摩椅。

⑥ 同类组合法

同类组合法是指将两种或多种相同或相似的事物组合在一起,在保持原有功能或意义的同时,通过数量的增加来弥补功能上的不足或实现新的功能。例如,将不同种类的酒混合调配成鸡尾酒。

要想培养创新思维,就要打破对书本知识的盲目崇拜、反对教条主义、进行独立思考、持续学习新知识;要学会运用抽象思维捕捉灵感,拓宽思考的空间;摆脱思维定式,勇于尝试多种思维方法。

(2) 创新思维方法

创新思维方法是一种以"方法"为中心,通过发散思维训练创新思维能力的方式。比如,尽可能多地列举出能够解读某个问题的方法。应用创新思维方法的具体步骤如下:

① 明确核心要素

首先列出你必须面对的核心要素或种类,并反复思考。想出的种类越多,将来出现创新思维的可能性也就越大。

② 构思解决方案

对于每一个核心要素,思考可能的解决方案,并在一张卡片上写下10种可能的方案,每张卡片只写一条。在这个阶段不必考虑方案的可行性,一些起初看似不可能的方法日后可能成为最佳选择。

③ 进行分类记录

为每一个要素使用不同颜色的卡片进行标记,并将同一种颜色的卡片整理成一摞,确保卡片的正面朝下。

④ 探索解决方案

从每一摞卡片中翻出第一张,根据卡片上的点子尝试设计解决问题的方案,并将其记录下来。努力寻找这些发散思维产生的点子之间的内在联系,以期找到一个可行的解决方案。

⑤ 重复上述过程

重复上述步骤,直至你已经翻阅了所有卡片,并记录下了10个完整的点子。即使某些点子看起来不合理,也要坚持完成所有组合。

⑥ 持续不断尝试

如果在完成了所有步骤后仍未找到满意的解决方案,不妨重新开始整个过程。通过不断尝试不同的组合,你最终会找到富有创造性的解决方案。

三、职业能力培训

以职业经理人能力培训为例,该培训从四个关键维度——核心维、目标维、过程维及岗位维,全面提升职业经理人的能力(见表3-3)。其中,核心维能力维度关注的是对企业生死攸关的关键因素,着重培养职业经理人在责任机制统筹方面的能力以及将实践经验系统化、理论化的技能;目标维能力维度与企业的长远发展目标紧密相关,旨在提升职业经理人的经营能力和管理能力;过程维能力维度强调在日常业务管理过程中所需具备的各项能力,包括技术应用能力、资源配置能力、预案反应能力以及掌握管理方法和技巧的能力;岗位维能力维度针对具体岗位的实际需求,强化职业经理人的执行能力和岗位实操能力。通过这一系列系统的培训,职业经理人能够在各个维度上全面提升自身能力,更好地服务于企业发展战略。

表3-3　　　　　　　　　　职业经理人能力培训体系

能力维度	能力划分	能力指标	能力标准	培训内容
核心维	责任机制统筹能力	1. 目标责任激励机制 2. 风险控制长效责任机制 3. 质量达标责任机制	了解责任机制对企业发展的重大意义,掌握责任机制统筹能力	目标管理方法 目标责任案例训练 风险管理方法 风险责任案例训练 质量管理方法(TQM)案例训练
核心维	经验的系统化、理论化能力	1. 经验的可借鉴性 2. 系统化的操作性 3. 理论化的指导性 4. 经验的文本化	通过模拟场景训练、案例分析等方式掌握将本行业成功案例和经验应用于实践的技巧	经理人个人素质案例、系统工具操作案例、企业文化案例、培训手册和行为规范手册案例、本行业成功经营案例
目标维	经营能力	1. 经营战略能力 2. 经营策略能力 3. 经营目标实现能力	能够分析各种经济现象,能够正确利用分析工具制定适合企业发展的战略与计划,并保证其贯彻执行	经济学分析：需求、供给与弹性、消费与效用、生产与成本、市场结构与竞争战略 经营与决策：决策准则与过程、决策技巧与工具、计划原理与计划制订、计划方法 战略制定与实施：战略分析工具、核心竞争力理论、战略制定方法与工具、管理战略变革、战略实施相关问题
目标维	管理能力	领导能力 1. 团队能力 2. 领导魅力 3. 激励、识别和培养下属的能力	掌握有效领导的基本原理,能够带领部门和团队高效工作	领导力： 领导的艺术、团队组建与协作、激励与协调、人才开发与培养
目标维	管理能力	组织能力 1. 组织结构设计 2. 标准化管理 3. 影响和塑造组织文化的能力	掌握有效领导的基本原理,能够带领部门和团队高效工作	组织管理： 组织理论与组织结构、组织文化、组织变革与BPR

续 表

能力维度	能力划分	能力指标	能力标准	培训内容
过程维	技术应用能力	1. 信息技术应用能力 2. 技术创新能力 3. 核心技术竞争能力	掌握行业的技术特色,了解本行业国际最新动态	企业生产与技术创新、信息技术管理
过程维	资源配置能力	1. 结构性资源配置 2. 企业运营资源配置 3. 供应链管理	了解资本运营的功能,掌握合理利用资本运营的方法;掌握结构性资源配置的技巧与方法;掌握供应链管理的原理与技巧	资本运营: 资本运营概述、资本运营工具、资本运营与国际化 企业运行与资源配置: 价值链管理、供应链管理工具、企业运行学原理、企业运行立体模型
过程维	预案反应能力	1. 危机处理能力 2. 反危机能力	了解危机管理的基本原理,掌握处理危机事件的技巧和方法	危机管理: 危机防范方法、危机处理技巧、危机管理工具
过程维	管理技巧	1. 系统化管理 2. 人本管理能力 3. 信息化管理能力 4. 现场管理能力 5. 扁平化管理能力 6. 零极限管理能力 7. 标准化管理	掌握管理工作需要用到的管理方法、管理技巧与管理工具,了解优秀企业的成功管理经验与技巧	管理技巧、方法与工具: 管理方法简介、管理技巧、管理沟通、分析与解决问题的技巧和工具、优秀企业的管理经验与技巧
岗位维	执行力	1. 贯彻和控制能力 2. 变通能力 3. 创新能力	了解执行的技巧和方法,能够将各项计划、岗位任务等贯彻执行	执行力: 执行与企业流程、执行力工具
岗位维	操作能力	1. 营销管理 2. 人力资源管理 3. 生产运营管理 4. 创新管理 5. 财务管理	通过学习,掌握不同管理岗位相应的操作能力、操作技巧	营销管理、人力资源管理、生产运营管理、创新管理、财务管理

资料来源:李怀康、梁美娜主编:《职业发展和就业创业指导》(第二版),高等教育出版社2022年版。

第四章

风雨航程
——大学生求职就业中的法律问题

面对激烈的竞争,求职之路变得异常艰难。为了尽快找到工作,有时大学生们不得不委曲求全,甚至在发现自己权益受损时选择忍气吞声,生怕失去好不容易获得的工作机会。这种就业市场的紧张局势造就了大学生的"弱者"心态,使其在求职过程中成为"弱势群体"。在这场就业的博弈中,法律就是规则,它赋予博弈双方对等的权利和义务。法律是利矛,也是坚盾。国家颁布的《中华人民共和国劳动法》《中华人民共和国劳动合同法》等法律规定了用人单位和劳动者法律关系。国家依法打击"黑职介"、虚假招聘、售卖简历等违法犯罪活动,维护高校毕业生的合法就业权益。因此,我们应当深入了解法律赋予自己了哪些就业权益,防范可能发生的侵害事件,构筑坚固的法律盾牌。当受到侵害时,能够勇于扬起法律的利剑,保护自己的合法权益。

第一节 洞若观火——看你有多少就业权益

许多毕业生对自己就业权益所知甚少,有些权益受到侵害也茫然不知,有些纵然知道,由于法律知识的欠缺,也找不到有效的途径进行保护,这就使得毕业生在就业中陷于被动。

一、高校毕业生享有的权益

要在职场的博弈中占据有利形势,毕业生首先要了解自己享有哪些权益,哪些法律文件能够对这些权益进行保护,以做到有备无患。那么,高校毕业生都享有哪些权益呢?

（一）获取就业信息权

案例 4-1　签约需谨慎

小张是江西某高校2023届的应届毕业生，他在学校招聘信息栏里看到某公司的一则招聘广告。该公司声称是上海地区同行业中规模最大、实力最雄厚的公司，公司有员工一千多人，薪资待遇优厚，每月薪水6 000元，并且提供公寓化员工宿舍。由于求职心切，他没有多加考虑，欣然前往应聘，招聘过程也相当顺利。于是小张在江西就与这家公司签订了就业协议书。但是当他应公司要求到上海去签订劳动合同时才发现该公司根本不是其所声称的规模大、实力雄厚的公司，正式员工不过百人，所声称的一千多人不过是在工程建设时招聘的临时工；而约定的月薪6 000元是绩效、奖金、补助加起来，最高才能到6 000元；公寓化的宿舍实际上是一幢毛坯房，而且宿舍很破旧，没有取暖和降温设施；所签的劳动合同中有部分内容与就业协议相违背。看到此情况后，小张提出与单位解约。但是由于原来签约时约定的违约金额为15 000元，因此给解约带来了巨大的麻烦。经过多次协商，小张在承担4 000元违约金之后终于拿到该公司出示的解约函，影响了他的再次择业，令其痛悔不已。

案例4-1中的用人单位侵犯了小张的获取就业信息权。《中华人民共和国劳动合同法》第八条规定：用人单位招用劳动者时，应当如实告知劳动者工作内容、工作条件、工作地点、职业危害、安全生产状况、劳动报酬，以及劳动者要求了解的其他情况；用人单位有权了解劳动者与劳动合同直接相关的基本情况，劳动者应当如实说明。毕业生的就业信息权主要包括三个方面：

（1）信息公开，即确保所有用人信息对全体毕业生公开透明，任何单位和个人不得隐瞒或截留需求信息。

（2）信息及时，即毕业生获取的信息必须是及时有效的，而非过时且无实际价值的。

（3）信息全面，毕业生有权获得准确、全面的就业信息，以便全面了解用人单位，从而做出符合个人需求的职业选择，而非盲目决定。

侵害毕业生就业信息权的行为通常发生在招聘和面试阶段。一些条件一般的招聘单位，为了吸引优秀的毕业生，可能在宣传和介绍单位规模、发展前景时夸大其词；对于毕业生特别关心的薪酬、福利待遇、工作环境、培训及晋升等问题，则可能给出不切实际的承诺，以高薪和优厚的待遇来吸引毕业生。由于毕业生往往缺乏辨别意识，并且难以核实这些信息的真实性，很容易上当受骗。此外，还有一些企业因经营状况不佳，希望通过引进新员工来改善现状，但又担心当前的条件无法提供较好的待遇，导致优秀毕业生不愿加入，因此在招聘会上往往会选择性地隐瞒单位的真实情况，欺骗毕业生。例如案例4-1中的单位，故意夸大自身情况，向小张提供了不实信息，侵犯了他的知情权。

(二) 接受就业指导权

案例4-2 接受就业指导

张某是一名大学生，在毕业前夕感到非常迷茫，不知道自己应该从事什么职业。他向学校申请接受就业指导，希望学校能够为他提供一些帮助和建议。

学校接受了张某的申请，并安排了一名专业的就业指导老师为他提供帮助。就业指导老师首先对张某进行了一次评估，了解他的兴趣、能力和职业倾向。然后，老师为他提供了一些就业信息和建议，包括行业趋势、就业市场、招聘网站等。

在接下来的几个月里，张某和就业指导老师保持了密切联系。老师为他提供了一些职业规划的建议，帮助他制订了一份详细的求职计划。同时，老师还为他提供了一些面试技巧和简历修改的建议，帮助他更好地准备求职。

最终，张某成功地找到了一份自己喜欢的工作。他非常感激学校的就业指导服务，认为这是他成功就业的关键因素之一。

对于涉世不深的毕业生来说，校园外广阔的天地充满着鲜花碧草，但是同样荆棘丛生。毕业生就像即将离开温巢的雏鹰，急欲展翅飞翔却找不到属于自己的那片天空,稍有不慎就可能陷入猎人的罗网。因此,指导大学生就业,已经成为高校责无旁贷的义务。《中华人民共和国高等教育法》第五十九条规定:"高等学校应当为毕业生、结业生提供就业指导和服务。"学校应当设立专门的就业指导机构,并配备专业人员对毕业生进行全方位的就业指导,包括向毕业生宣传国家关于就业的相关政策;提供择业技巧的培训;以及引导毕业生根据国家和社会的需求,结合自身的实际情况进行职业规划。通过接受专业的就业指导,毕业生能够准确地定位自我,实现合理的择业。

(三) 被推荐权

案例 4-3　做好推荐

2022年,由于对口农科单位集中在春招,某高校应届硕士研究生李兰前半年没怎么投简历。转过年来,她每天下午三点都会收到本校就业中心"精准推送"的岗位信息,这些岗位是根据她的专业和就业意愿精准定制的。不久后,她应聘到青岛市某事业单位。为此,她还录制了三十秒的短视频进行自我介绍。该校就业指导中心主任罗某介绍,2023年对于硕士以上层次应届生,该校已经和十几个县的农科系统、涉农企业进行了沟通,将笔试改为视频面试,档案核查、政审由学校进行,简化引才政策的流程。

就业单位对毕业生进行招聘时,为了对毕业生有更全面、更准确地了解,往往会征求学校老师意见。因此,老师的推荐意见在毕业生的就业过程中意义重大。在高等学校的就业工作中,一个重要的职责是向用人单位推荐毕业生。事实证明,学校的推荐往往能在很大程度上影响用人单位对毕业生的选择。毕业生享有被推荐的权利,这一权利主要包括以下几个方面:

1. 如实推荐

高校在对毕业生进行推荐时,应当实事求是,根据毕业生的实际表现向用人单位进行介绍与推荐。在《就业推荐表》中的推荐意见必须真实、全面,不得故意贬低或随意夸大毕业生的表现。

2. 公正推荐

学校推荐毕业生时应秉持公平、公正的原则,确保每位毕业生都有平等的就业推荐机会。公正推荐不仅是学校的基本责任,也是毕业生享有的基本权益。

3. 择优推荐

在确保公平、公正的前提下,学校还应根据毕业生的在校表现择优推荐。用人单位在录用毕业生时也应坚持择优的标准,以实现优秀人才得到更好的发展机会,真正做到学以致用、人尽其才。这种方式不仅能调动毕业生的积极性,还能激励在校学生努力提升自己的综合素质。

(四) 选择权

案例4-4 小刘应该怎样选择

小刘是某高校食品专业2023届的毕业生。因为食品专业的就业形势不好,到了2023年4月下旬他和许多同学的工作还没有着落。学院领导和老师为他们的就业问题头痛不已。刚好此时有一位老师推荐了一个与自己有业务关系的A单位来学校进行招聘,小刘与其他几位同学也一起参加了招聘会。经过面试,单位决定与小刘及其他3名同学签订协议。细心的小刘通过与学姐的交流了解到,该单位对员工十分苛刻,时常让员工加班并且不支付加班费。了解到这一情况,小刘与其他几位同学商议后,决定不与该单位签约。

好不容易找到了就业单位,学生却临时打退堂鼓,这令学院老师措手不及,推荐单位的老师更是感到颜面全无,大为恼火。为协调矛盾,年级辅导员、班主任、专业老师轮番出马与小刘等进行谈话,在老师的劝说下其他3名同学终于决定和该单位签约,唯独小刘已然打定主意,不肯签约。屡次劝说无果,老师认为小刘不明事理,告诉他:"这次不签,以后有就业单位也不会推荐给你!"小刘因此感到压力巨大,苦恼不已。

自主择业意味着毕业生能够根据个人意愿自主选择就业单位。只要符合国家的就业方针和政策,毕业生有权自主选择用人单位,不受学校、其他单位或个人的干涉。任何将个人意志强加于毕业生、强迫其前往某个单位工作的行为都是对毕业生选择权的侵犯。毕业生可以根据自身情况自主与用人单位协商,请求学校提供推荐支持,直至最终签订就业协议。如案例4-4所示,小刘认为A单位不符合他的择业标准,因此他有权选择不签约;而学校老师对他施加的压力则构成了对其选择权的侵犯。

(五)公平待遇权

案例4-5 遭遇就业歧视

郑雯是江苏省某大学电子信息技术专业应届毕业生,性格开朗大方,充满活力,在学校是一个不折不扣的活跃分子。她先后担任团支书、学校文艺部长、副主席等职务,并且牵头成立了学校的电子竞技社,其能力为老师和同学们所称道。然而,郑雯的就业道路并不如想象得那么顺畅。因为是女生,并且她的身高只有150厘米,许多单位明确说明只招聘男生,有些单位看到她的履历后进行面试,看到她的身高后也婉言拒绝了她,这令她非常伤心。

终于有一天,郑雯看到一家跨国企业来学校招聘,其中对性别和身高并没有特别要求。她满怀信心地走进招聘现场。经过了笔试、面试,郑雯和另外5位同学进入最后一轮。虽然只录取3人,郑雯依然信心十足,因为她对其他几位同学都比较了解,认为自己有能力脱颖而出。郑雯对自己最后一轮的表现非常满意,然而,最终被录用的却是3位男生。她向面试人员询问,希望知道自己的失误在哪里。得到的答复却是"你各方面都很优秀,但是我们认为招聘的岗位男生更合适"。无奈的郑雯伤心不已,她不明白,先天条件不是自己能够决定的,为什么命运对自己如此不公平。

毕业生在就业过程中具有获得公平待遇的权利。《中华人民共和国劳动法》第十二条规定,劳动者就业,不因民族、种族、性别、宗教信仰不同而受歧视。第十三条规定,妇女享有与男子平等的就业权利。在录用职工时,除国家规定的不适合妇女的工种或者岗位外,不得以性别为由拒绝录用妇女或者提高对妇女的录用标准。然而就业歧视现象却在我们身边不时发生,案例4-5中郑雯就遭受了性别歧视。其他还有诸如户口歧视、外貌歧视、对残疾人的歧视、年龄歧视等。毕业生遇到就业歧视,可以向法院提起诉讼,由法院根据法律规定和具体情况作出裁决,责令用人单位改正或赔偿。

(六) 违约及求偿权

案例4-6 该不该支付违约金

在2023年3月的一次人才招聘会上,大学生小林将自己的简历投给一家大型企业,企业对小林很满意,小林对企业开出的薪酬也很感兴趣,随即签订《上海市普通高等学校毕业生就业协议》(以下简称《就业协议》)。协议对各方的权利义务均进行了明确规定,并约定如发生违约行为,违约方需承担违约责任,支付违约金4 000元。

同年7月,小林毕业后到该企业报到,与企业又签订了三年期《就业合同》,并约定试用期为6个月。然而,刚进企业不到10天,小林便发现该企业的现实情况与其签订劳动合同时的薪资、住宿及工作条件并不相符。

小林一气之下,以对薪资和管理制度不满为由向企业提出辞职。该企业却按照《就业协议》的规定,以小林占用企业招录编制、浪费招录成本,属不诚信行为为由,要求小林支付违约金4 000元后方能解除劳动合同。小林十分不解,自己工作不超过10天,在法定的试用期内,按照有关规定,自己不应缴纳违约金。而企业却认为,他们与小林先后签订《就业协议》与《就业合同》,两份合同效力是并存的。小林严重违反了就业协议规定,应该支付违约金,然后才能解除劳动合同。

在市场与毕业生之间的双向选择过程中,违约已成为一种常见现象。在规定的条件下,双方都有权提出解除协议,并按要求支付违约金。《中华人民共和国劳动合同法》第三十八条规定,用人单位有下列情形之一的,劳动者可以解除劳动合同:(1)未按照劳动合同约定提供劳动保护或者劳动条件的;(2)未及时足额支付劳动报酬的;(3)未依法为劳动者缴纳社会保险费的;(4)用人单位的规章制度违反法律、法规的规定,损害劳动者权益的;(5)因本法第二十六条第一款规定的情形致使劳动合同无效的;(6)法律、行政法规规定劳动者可以解除劳动合同的其他情形。用人单位以暴力、威胁或者非法限制人身自由的手段强迫劳动者劳动的,或者用人单位违章指挥、强令冒险作业危及劳动者人身安全的,劳动者可以立即解除劳动合同,不需事先告知用人单位。

在案例4-6中,由于用人单位未按照劳动合同约定提供劳动保护或劳动条件,并且未能及时足额支付劳动报酬,因此小林有权依据相关法律规定解除劳动合同,此时用人单位不应向其索取违约金。当然,一旦毕业生、用人单位和学校三方签订了协议,任何一方都不应擅自毁约。如果用人单位无故要求解约,毕业生有权要求对方严格执行就业协议;若用人单位违反协议,则应向毕业生承担违约责任,并支付违约金,毕业生有权要求用人单位进行补偿。同样地,如果毕业生无故违约,也必须承担相应的违约责任。

二、毕业生应对权益侵害

高校毕业生在求职时常面临各种风险,就业权益难以得到充分保障。面对就业权益侵害,毕业生应该如何应对呢?

(一)开动脑筋,寻求自我保护

案例4-7 采用合理方式维护就业权益

小兰是某大学新闻专业的大四毕业生,暑假时在一家规模较大的报社实习,由于表现出色,实习结束被报社录取。毕业后,她便在这家报社上班了。报社表示为她办理相关手续要再过两个月,小兰同意,毕竟工作难得。这样尽管签订了劳动合同,小兰仍未正式进入报社。偶然间她了解到,自己的工资是同岗位同事的60%,而且由于单位一直说的手续问题拖着不给她办,她一直没有社会保险。同事告诉她,一年之后才会有,不要急。小兰很不踏实,于是找到单位领导进行询问,得到的答复却模棱两可,于是,她向学校就业指导中心的老师咨询,希望获取帮助。就业指导中心的老师了解情况后,遂与单位进行沟通,最后终于顺利办理了手续。

小兰在感到自己的权益无法得到保障时,采取了合理的方法寻求帮助。首先通过与单位领导进行协商,协商未果转而寻求学校的帮助,最终解决了问题。

毕业生自我保护主要体现在以下四个方面。

1. 要求学校与单位进行协商

作为在校学生,毕业生可以请求学校介入并与用人单位进行协商。学校不仅有责任也有义务维护学生的合法权益,并且通过学校的介入,能够更有效地与用人单位沟通,有助于解决双方之间的矛盾。因此,学校始终是毕业生维权的强大后盾。

2. 向劳动行政部门举报

毕业生可以向用人单位所在地的劳动行政主管部门举报任何违法、违纪行为。这些部门会定期对辖区内的用人单位进行劳动用工、工资发放和社会保险金缴纳等情况的检查。一旦发现问题,劳动行政部门可以依法对用人单位进行处罚。这种方式有助于维护毕业生的合法权益。

3. 申请劳动争议仲裁及提起诉讼

如果通过协商仍无法解决问题,毕业生可以向用人单位所在地的劳动争议仲裁委员会申请仲裁。对于仲裁结果不满的,还可以向当地人民法院提起诉讼,由法院作出最终裁决。

4. 借助新闻媒体的力量

当其他方式都无法有效解决问题时,毕业生可以考虑通过新闻媒体曝光相关不公待遇。新闻媒体具有强大的舆论影响力,能够促使相关部门关注并解决这些问题。毕业生可以向报纸、电视等媒体机构求助,利用公众舆论的力量来维护自己的权益。

(二)向学校寻求保护

学校对毕业生权益的保护是最直接有效的。面对用人单位在招聘过程中出现的不公平或不正当行为,学校有权采取措施予以抵制,以确保毕业生享有公平的录用机会。此外,对于违反相关规定、损害毕业生利益的就业协议,学校有权拒绝认可。未经学校同意的就业协议不具备法律效力,也不能作为编制就业计划的基础。

(三)向毕业生就业主管部门寻求保护

毕业生就业主管部门制定相关政策和规范来明确界定毕业生的权利,并有权对侵犯毕业生权益的行为进行干预或处理,大学生可以向其寻求保护。例如,《上海市高校毕业生就业信息登记制度具体实施办法》规定:"对不履行就业信息公开登记手续,侵犯毕业生获取信息权的,市高校毕业生就业办公室不予审批非上海生源高校毕业生进沪就业;不予审批就业计划和打印就业派遣报到证;同时对这种情况给予通报批评,严重者将取消其录用毕业生的资格。"

第二节 避险手记——识别常见的就业陷阱

初入职场的毕业生往往对社会的复杂性缺乏足够的认识和了解。一些不良用人单位乃至不法分子正是利用了毕业生急于找到工作却又缺乏必要社会经验和知识的弱点来设置求职陷阱,侵害毕业生的就业权益,这就需要大学生能够识别常见的就业陷阱,主动避开陷阱。

一、火眼金睛识"陷阱"

就业陷阱是指某些招聘单位、中介机构或个人利用大学生处于弱势地位的情况(比如缺乏社会经验、自我保护意识薄弱、面临激烈的就业竞争等),以提供就业机会为诱饵,采取违法或违背道德的手段,与大学生达成权利与义务极不对等的各种就业意向(包括协议),以此侵害大学生的合法权益。常见的就业陷阱主要有以下几种。

(一)招聘陷阱

案例 4-8 遭遇招聘陷阱

某大学吴同学在一招聘会上投了一家科技公司,经过简单的现场面试,即被通知下午去公司面试。下午,接待的她还是上午的招聘人员。招聘人员把她领进一个办公室,当着她的面给"经理"打电话,然后对她说"经理"要等会儿才来,让她先等一会。过了约5分钟,"经理"还没过来,招聘人员就欲再次打电话给"经理",不巧他手机没电了,随就借小吴手机一用,小吴也没多想就直接给了他,招聘人员称室内电话听不清楚就出去了,结果一去不复返。

资料来源:改编自大学生网络求职陷阱案例分析.https://www.yjbys.com/qiuzhizhinan/show-4541173.html。

招聘陷阱主要分为以下三类:

(1)招聘单位不合法。这类单位可能并未注册,或是有不良记录。

(2)变相收费。某些招聘单位可能以体检费、服装费、资料费或培训费等各种名目收取费用。

(3)用招聘掩盖违法行为。某些单位可能利用招聘的幌子,迫使毕业生从事传销、推销或其他非法活动。

这类陷阱其实相对容易识别和避免,只要求职者在求职过程中保持警惕，并采取一些必要的措施，就能有效识别这些陷阱。

1. 选择信誉高的平台

优先参加由高校组织的双选会和宣讲会，访问学校官方网站、政府人事部门和教育部门主办的招聘网站，或是知名企业的官方网站获取招聘信息。对于社会上举办的招聘会和第三方招聘网站发布的招聘信息，则需要仔细甄别并多方验证其真实性。

验证招聘信息的真实性可以查看发布招聘信息的网站是否已在工信部备案登记。确认信息来源后，还要验证用人单位的资质，毕业生可以通过国家企业信用信息公示系统核实企业是否存在，是否有违反招聘原则的记录。同时，查看企业是否有官方网站，如果有，还需确认该官网是否已通过公安机关备案。此外，还可以在一些职场社交类应用（如脉脉、职友集、看准网等）上搜索部分用人单位的薪资范围和员工评价，然而这些评价受主观因素影响较大，无法保证其真实性，只能作为小范围的参考。

2. 关注招聘内容

特别注意岗位描述的真实性。确保岗位描述明确且符合行业标准，薪酬待遇是否与岗位性质、所在企业及城市水平相符。例如，如果某岗位在该城市的平均月薪约为5 000元，而某个招聘信息提供的薪酬却是10 000元，这可能就需要引起警觉了。

3. 留意招聘流程

正规的企业通常会在发布招聘信息时一并公布招聘流程。虚假招聘信息要么不公布流程，要么公布的流程看似正规，实则漏洞百出，比如要求求职者携带生活用品到指定地点面试等。遇到这种情况时务必提高警惕。

4. 谨防收费行为

《中华人民共和国劳动合同法》第九条规定："用人单位招用劳动者，不得扣押劳动者的居民身份证和其他证件，不得要求劳动者提供担保或者以其他名义向劳动者收取财物。"因此，凡是要求缴纳费用的行为都应引起高度警惕。

5. 警惕高薪低门槛的职位

对于那些要求较低但薪酬异常高的职位，需要格外小心。这类招聘虽然隐藏得较深,但仍有不少破绽可以发现,如招聘信息过于简单、面试过程过于草率、被录用后迟迟不签订劳动合同、职位与应聘职位不符、合同中包含明显不公平条款等。

(二) 中介陷阱

案例 4-9　陷入中介陷阱

张小姐在一家职业中介的信息栏上看见招聘文员的启事,便前去咨询。该中介机构"电话联系"了公司后,告诉张小姐职位空缺,她可以去试一试,但要缴纳 500 元中介费,并承诺如果这家不合适,可另外推荐,直到找到工作为止。面试后,公司让张小姐回去等消息。等了两个多星期,被告知未被录取。张小姐只好找到那家中介机构重找一家公司。经过面试,又经过长达半个月的等待,仍然没有被录取。当张小姐第三次折回该中介机构时,该中介机构告诉她没有新的空缺职位,让她再等等。

非法中介机构常常采用拖延时间、与用人单位合谋欺诈等手段,骗取求职者的中介费、信息费等。常见的欺骗手法包括:

1. 收取高额中介费却不积极推荐职位

这些机构可能列出各种理由拖延时间,比如声称职位已满员或招聘单位突然倒闭等,最终导致求职者被迫放弃,但要追回中介费却非常困难。

2. 推荐不合适的职位

即便推荐了职位,这些职位往往与求职者的需求大相径庭,薪资待遇极低或与求职者的背景完全不匹配。即使求职者接受了这样的工作,在短暂的实习期后,也很可能被以"试用不合格"的名义辞退。

3. 中介机构间的串通欺诈

一些非法中介机构以大城市高薪就业为诱饵收取高昂的中介费后,会把求职者介绍给外地的中介机构。外地的中介机构再安排求职者从事低薪临时工的工作,且不会为求职者办理社会保险或公积金。

我国《人才市场管理规定》第七条规定:"未经政府人事行政部门批准,不得成立人才中介服务机构。"因此,求职者在委托中介机构时,必须认定其是否具有中介资格。如果碰到那些"一间门面、一张桌子、一部电话"的"职介所"或者"人才市场"要格外当心。

在求职过程中,遇到中介机构收取费用时,求职者必须格外谨慎。一般来说,中介机构主要向用人单位收费,很少向求职者收费。我国《人才市场管理规定》第十三条规定:"人才中介服务机构应当公开服务内容和工作程序,公布收费项目和标准。收费项目和标准,应当符合国家和省、自治区、直辖市的有关规定。"中介机构只能按照物价部门批准的标准收取中介费用,不得额外收取其他费用。无论中介机构以何种名义(如抵押金、风险金、培训费等)向求职者收取费用,均属违规行为。求职者应坚决拒绝支付,并向当地劳动监察部门举报。

此外,如果求职者确实需要向中介机构支付费用,务必要求对方提供正式发票。正式发票是日后维权的重要依据,而普通收据不具备法律效力。收到发票后,可通过国家税务总局全国增值税发票查验平台验证发票的真伪。

(三) 见习期、试用期陷阱

案例 4-10　陷入试用期陷阱

今年23岁的小胡2022年毕业于国内一所名牌大学的生物技术专业。为了找到一个理想的工作,他考取了英语六级和计算机二级等多个证书。2023年1月,小胡在网上看到国内一家大型制药公司正在招人,因为专业对口,就联合同班几位同学给这家公司投了简历。没想到他们很快就得到了面试邀请,胡某和其他6名同学顺利通过面试,进入试用期。当时公司口头告诉他们试用期为两个月。因为这个公司规模很大,想留在这里的小胡和其他6名同学尽管没有签任何协议还是答应先入职,盼望通过不懈的努力来争取这个职位。试用期的待遇很低,比正式员工每月少了三四千块钱。而试用期的工作内容也和他们想象得有很大差距。公司只让他们做些简单的重复性体力劳动。但为了能够顺利通过试用期成为正式员工,小胡非常勤奋地完成了公司布置给他的工作。

两个月的试用期很快就到了,然而到了该转正的时候,公司却没人提这件事。小胡去向部门的主管领导询问,领导说对他两个月试用期的工作表现比较满意,还要进行全面考查。小胡认为公司可能是真想留下他,于是很痛快地答应了公司提出的再试用两个月的要求。很快两个多月的时间过去了,公司领导找到小胡,说没有合适的岗位适合他,决定将他辞退。与小胡同时进入公司的6名同学也都在被延长两个月的试用期后以各种理由辞退。而在此期间公司也没有和他们签订任何协议与合同。

试用期和见习期陷阱往往通过虚假签约或利用试用期来榨取求职者的廉价劳动力。这类企业可能是正规甚至知名的企业,它们利用求职者急于找到稳定工作的心理,迫使求职者投入大量劳动,却只给予少量报酬,甚至不支付报酬,并在试用期即将结束时以各种理由将其辞退。这类陷阱的主要表现形式有两种。

1. 试用期或见习期过长

法律法规对见习期内的权利义务没有明确规定。在大学生就业中,这类违规现象主要表现为试用期和见习期的总期限超过一年,有时甚至长达两年;有些单位以见习期为名不签订劳动合同,或借口延长见习期;还有一些单位与大学生签的是劳动合同,但在合同中写明的是见习期。诸如此类的现象屡见不鲜,应当引起大学生的高度重视。

2. 实习期间不缴纳社会保险和公积金

《中华人民共和国劳动法》第七十二条规定:"用人单位和劳动者必须依法参加社会保险,缴纳社会保险费。"因此,只要建立了劳动关系,无论是否处于实习期,用人单位和劳动者双方都有缴纳社会保险的义务。

试用期陷阱让许多毕业生感到无奈。无论试用期有多长,最后单位解聘时总能找到理由。试用期的长度和待遇通常是口头承诺,急于求职的大学生往往不敢提出签订合同的要求,结果可想而知。为了防范此类陷阱,大学生注意以下几点:

1. 事先了解行业特点

大学生在应聘前要做好准备，充分了解所在行业的特点，尤其是主要依赖低廉劳动力成本和技术水平较低的企业。在选择这类企业之前，最好先与该企业的员工进行沟通，从多个角度了解企业的情况。入职后也要多与其他新近入职的员工交流，了解公司的员工流动率。

2. 签订劳动合同

在应聘成功后，大学生一定要坚持签订劳动合同，把双方的权利与义务确定下来。《中华人民共和国劳动合同法》第十九条规定："劳动合同期限三个月以上不满一年的，试用期不得超过一个月；劳动合同期限一年以上不满三年的，试用期不得超过两个月；三年以上固定期限和无固定期限的劳动合同，试用期不得超过六个月。同一用人单位与同一劳动者只能约定一次试用期。以完成一定工作任务为期限的劳动合同或者劳动合同期限不满三个月的，不得约定试用期。试用期包含在劳动合同期限内。劳动合同仅约定试用期的，试用期不成立，该期限为劳动合同期限。"

3. 收集相关证据

在工作过程中，个人应注意收集证据，例如，工资条、考勤记录、加班通知等。同时，与其他员工建立良好的关系，以便在遭遇无故解雇时，能够获得同事的支持和证词。

4. 及时维权

面对不合理的情况，大学生要勇于据理力争。必要时应及时向相关部门举报，这样才能有效保护自己的权益。

（四）协议陷阱

案例 4-11　签订协议前要看清

毕业生小潘在一次现场招聘会上看到一家单位非常适合自己，对招聘广告上"单位每月提供住房补贴 500 元"感到很满意。后来小潘发现她的工资单里并没有 500 元住房补贴，马上向办公室反映。办公室工作人员说该

第四章 风雨航程——大学生求职就业中的法律问题

补贴已取消了,并拿出了双方签订的劳动合同给小潘看,合同上也没有约定单位要支付该补贴。小潘哑口无言。

资料来源:改编自招聘渠道不正规 毕业求职易遭"埋伏"。https://news.sina.com.cn/012005-12-23/09537798301s.shtml。

一份公平有效的协议是对大学毕业生权益的重要保障,但一些企业在协议上下功夫,侵害毕业生的利益。以下是几种常见的协议陷阱。

1. 口头承诺

口头承诺若未在协议书中明确记载,则不具备法律约束力。一旦协议双方产生分歧,大学生可能处于不利地位。另外,口头承诺一般是有用的。

2. 不平等协议

大学生在签订就业协议时,一定警惕无保障协议、无效协议等不平等协议。

3. 就业协议代替劳动合同

某些用人单位以就业协议代替劳动合同,原因在于就业协议中的某些约定可能不符合《中华人民共和国劳动法》的规定。如果签订劳动合同,这些不合法的约定将不复存在,无法实现对大学生的约束,也无法达到其非法用工的目的。

对于协议陷阱的防范,大学生只需要求单位签订由教育部统一颁发的《全国普通高等学校毕业生就业协议书》即可。如果单位要求在《全国普通高等学校毕业生就业协议书》中增加附加条款,或者要求毕业生签订额外的协议书,毕业生必须仔细审查条款内容。若有疑问,可向学校就业指导中心或高校就业主管部门咨询。

(五) 保证金、押金陷阱

案例 4-12　押金被扣除了

小王和小赵是即将面临毕业的大学生,通过网络广告,两人相约来到一家房地产广告公司应聘市场部的助理。面试、笔试各个环节进行得都非常顺利,最后,面试负责人通知小王和小赵:"他们被录用了。"试用期的主要工作是联系相关写字楼的承租客户。同时,试用期小王和小赵每人必须缴纳3 000元的押金。押金的目的是保证公司利益不受损失,试用期结束后公司将退还押金。

面试的成功让小王和小赵兴奋不已,两人并未多想,就从银行取款缴纳了押金,着手完成他们试用期的工作任务。接下来的一个月,为了执行公司指定的几座写字楼的联络计划,小王和小赵分头忙碌起来,每天从学校到写字楼往返奔波。

然而一个月下来,小王和小赵竟然没能联系到一家客户。他们只好如实向公司有关负责人说明了情况。经过一番交涉,公司有关负责人遗憾地表示,由于小王和小赵未能完成公司交办的任何业务,两人不能被最终录用,并且一个月期间两人因涉及公司业务发生的部分费用支出要从当初缴纳的押金中扣除。

没能完成公司交办的业务,固然让小王和小赵感到歉疚,但当初缴纳的押金因各种原因被部分扣除,让小王和小赵感觉难以接受。

资料来源:改编自初涉职场求职案例分析.https://www.docin.corn/p-514003046.html。

按照国家有关法律规定,严禁招聘单位在大学生就业中收取费用,包括资料费、培训费、保证金、押金等。可在现实的招聘中,大学生还是经常碰到索要巧立名目的费用。《中华人民共和国劳动合同法》第九条规定,用人单位招用劳动者,不得扣押劳动者的居民身份证和其他证件,不得要求劳动者提供担保或以其他名义向劳动者收取财物。第八十四条规定,用人单位违反本法规定,扣押劳动者居民身份证等证件的,由劳动行政部门责令限期退还劳动者本人,并依照有关法律规定给予处罚。用人单位违反本法规定,以担保或者其他名义向劳动者收取财物的,由劳动行政部门责令限期退还劳动者本人,并以每人五百元以上两千元以下的标准处以罚款;给劳动者造成损害的,应当承担赔偿责任。劳动者依法解除或者终止劳动合同,用人单位扣押劳动者档案或者其他物品的,依照前款规定处罚。面对这类陷阱,大学生要增强辨别意识。

(六) 培训陷阱

案例 4-13 受到就业欺骗

小汪是北京某大学教育管理专业 2023 年应届毕业生。2023 年 9 月初,他在国内一家招聘网站上看到北京一家房地产公司正在大规模招聘。让他眼前一亮的是,这个公司特意标注没有工作经验的应届毕业生优先。小汪于是给这家公司投了简历。没想到,小汪很快就收到了公司的面试通知。更让他想不到的是,面试不但顺利通过,对方还建议他应聘总经理助理的职位,向他描绘了这个职位的待遇。这个职位不仅上六险,而且如果跟他们签五年的工作合同,就能给一个北京户口,还有廉租房分配。

如此优厚的条件让小汪对这家企业充满期待,他又参加了复试,并再次顺利通过并进入试用期。这时,公司负责人说正式工作前要先参加为期 3 天的培训,要交 1 000 元培训费,先由员工自己垫付,然后公司给报销。小汪的家乡是江西的一个国家级贫困县,1 000 元对小汪来说是几个月的生活费,最后,小汪还是按要求交了钱。3 天的培训很快就结束了,拿到了培训合格证,小汪就开始正式上班了。而正式上班的第二天,公司要求他把事先签订的劳动协议书先交上来。小汪当时也询问为什么公司有一份协议书了还要收他的协议书呢?公司的人回复说是需要两份才行,用完就会归还给他。

顺利地找到了一份待遇优厚的工作,小汪满心欢喜,按照公司要求,他要先在基层锻炼一个月,做接线生的工作。小汪十分珍惜眼前的机会,工作十分认真努力,一个月很快就过去了,终于到了发第一份薪水的时候,而这时公司却消失了。第一个月结束的时候正好赶上十一长假,长假结束后,公司就不见了踪影。一周之内,小汪又去找了两次,面对他的仍然是空荡荡的办公室。

两个多月后的12月13日下午,小汪又来到那家公司的原址,而这里已经换成了另一家名为某置业的房地产公司。令人吃惊的是,当小汪以应聘者的名义进入这家公司后,小汪认出来好多这里的工作人员竟然就是原来那家公司的人。小汪说,正在面试的人也是当时面试他的人。于是小汪向她提出报销培训费和结算一个月工资的事情。但该人员说不认识小汪,另一个自称肖经理的男人闻讯出来告诉小汪,公司被别的公司兼并了。当小汪向他们索要培训费和第一个月工资时,肖经理则提出要小汪出示协议书。但协议书早已被收走了,小汪自然拿不出来。当小汪离开这家公司的时候,一位大楼物业的工作人员说,这一伙人在这里每隔一两个月就会换一次公司的名字。

交了培训费,辛苦工作了一个月,却未获得应有的回报。走出校园踏入社会的一步就遭遇欺骗,这样的经历对小汪而言无疑是一次沉重的打击。

在大学生就业过程中,经常会遇到一些培训机构打着"高薪就业""保证就业"的幌子,实则布下重重陷阱。具体来说,主要有以下两种情形:

1. 培训机构与用人单位联合欺诈

大学生支付了高额的培训费用后,被推荐至地理位置偏远、规模较小的企业且薪资水平极低。更糟糕的是,一些大学生即便通过了培训,在试用期内也可能被无故辞退。

2. 用人单位的培训陷阱

某些用人单位要求新入职的大学生必须接受特定机构的培训,并通过考核才能正式录用。尽管大学生投入了大量的时间和金钱,但最终能够通过考核的人寥寥无几。即便有幸被录用,这些大学生也可能在见习期或试用期结束前就被以种种理由解雇。

鉴于当前很多企业都非常重视员工技能培训,通常将其视为对员工的一种认可,因此一些企业便利用这一机会收取各类培训费用,轻易地欺骗了大学毕业生。但实际上,按照国家规定,对新入职员工进行培训属于员工福利的一部分,不应收取任何费用,并且企业还应提供必要的学习和进修条件。

(七) 传销陷阱

案例 4-14 误入传销组织

2023年2月,25岁的毛同学将在6月从河北一所本科院校毕业。刚过完年她就忙着找实习单位了。毛同学告诉父亲,要跟同学去秦皇岛打工,一个同学给她介绍了一份山东临沂的工作,工资4000元,还可以带家属一起去。之后,毛同学被骗进传销组织,传销组织胁迫毛同学以"准备考研""报考研补习班"的名义,向父母要了7万元。

资料来源:凤凰WEEKLY.女大学生被骗入传销组织3个月后,父亲"杀"进窝点解救.https://new.qq.com/rain/a/20230210A0A1AC00。

传销是指通过发展人员或者要求被发展人员以缴纳一定费用为条件取得加入资格等方式,非法获得财富的行为。传销人员的首选对象常常是急于找工作的人,特别是刚刚毕业的大学生。传销人员先是帮忙找工作,然后以高薪为诱饵骗求职者去进行非法传销活动。求职者一旦进入传销陷阱,便被限制人身自由。传销组织还会采取扣留身份证、控制通信工具、监视等手段不让受骗者离开,强迫受骗者联系亲友前来,或者要求受骗者亲友寄钱、寄物并从中牟利。

如果大学生误入传销组织,被控制后,最重要的是要保障自己的人身安全,可以表面积极配合,假装自己已被成功"洗脑",尽量表现出积极配合的态度和行动,骗取传销人员的信任,然后利用外出参观考察、银行取款、放风活动等有利时机,摆脱监视人员的控制,向周围人求救;还可以伺机故意制造话语冲突、车辆刮擦、身体磕碰等突发情况吸引旁人注意,甚至引来警察检查。

大学生一旦逃离传销窝点、摆脱控制,就应立即到安全区域后报警。如手机已被没收或损坏,可向周围群众借用手机或请其帮忙报警,也可直接奔向邻近的交通岗亭,向巡逻执勤警察求助。

二、什么"忽悠"了你

大学生在就业过程中容易忽略一些关键环节,就业单位就会利用这些关键环节"忽悠"大学生,以减少支出,最大限度地榨取大学生的劳动力。就业过程中的关键环节主要有以下几个。

(一) 劳动时间

案例 4-15 要不要加班

胡同学到北京某IT公司应聘,招聘者说公司没有加班费,但会根据工作繁忙程度给予一定补贴。胡同学到公司上班后,发现单位每天都变相要求加班到很晚,周六、周日也要求工作,可工资里始终没有所谓的"补贴"。胡同学认为,当初领导说"视工作繁忙程度而定"实际上是一句假话。他是否可以依法拒绝公司没有任何依据的加班要求(超出每天8小时的工作)?

《中华人民共和国劳动法》第三十六条明确规定,国家实行劳动者每日工作时间不超过八小时、平均每周工作时间不超过四十四小时的工时制度。《中华人民共和国劳动法》第四十一条对用人单位延长工作时间作了限制和规定,用人单位由于生产经营需要,经与工会和劳动者协商后可以延长工作时间,一般每日不得超过一小时;因特殊原因需要延长工作时间的,在保障劳动者身体健康的条件下延长工作时间每日不得超过三小时,但是每月不得超过三十六小时。而对于加班报酬的规定,《中华人民共和国劳动法》第四十四条规定,有下列情形之一的,用人单位应当按照下列标准支付高于劳动者正常工作时间工资的工资报酬:(1) 安排劳动者延长工作时间的,支付不低于工资的百分之一百五十的工资报酬;(2) 休息日安排劳动者工作又不能安排补休的,支付不低于工资的百分之二百的工资报酬;(3) 法定休假日安排劳动者工作的,支付不低于工资的百分之三百的工资报酬。

如果用人单位违法安排员工加班,又不安排员工倒休或不支付任何加班费,员工有权拒绝用人单位的加班要求,并且可以向劳动监察部门或劳动争议仲裁机构申诉,要求用人单位支付已经发生的加班费和经济补偿金。如果用人单位因此扣发员工工资或解雇员工,则是更加错误和违反法律的行为,员工可以向劳动监察机构或劳动争议仲裁委员会申诉。提出加班费的劳动争议申诉,要注意在用人单位拒绝支付的 60 日内,向劳动监察机构举报则必须在两年内。

(二) 劳动报酬

劳动报酬是劳动者的劳动成果,是劳动者履行劳动义务后必须享受的权利,是用人单位依据法律法规以及劳动合同的约定支付给劳动者的工资、奖金、津贴等。

案例 4-16　工资比最低工资标准还要低

上海某高校毕业生小郭在上海市徐汇区的一家私营企业找到一份工作。老板告诉他,试用期每个月工资是 2 500 元,小郭虽然觉得有点低,但想以后总会涨的,就没太在意。可他的同学告诉他,上海市发布的最低工资标准为 2 690 元,公司给的工资低于这个标准。小郭于是找到老板,要求涨工资。老板说等转正后会涨,现在你还在试用期,不能享受这样的工资标准,小郭感到非常疑惑。

《中华人民共和国劳动法》第四十八条不仅明确规定了国家实行最低工资保障制度,而且规定用人单位支付劳动者的工资不得低于当地最低工资标准。这就从法律上保证了劳动者享有的最低工资保障权的实现。最低工资包括基本工资、奖金、津贴、补贴,但不包括加班加点工资、特殊劳动条件下的津贴(如有毒有害岗位津贴、高温作业岗位津贴等)以及国家规定的社会保险、福利待遇等内容。《中华人民共和国劳动法》第五十条还规定，工资应当以货币形式按月支付给劳动者本人，不得克扣或者无故拖欠劳动者的工资。

在签订劳动合同之前，劳动者需要对当地的最低工资标准、社会平均工资水平，同行、同类岗位的工资水平有相应的了解。在签订合同时，对涉及劳动报酬的条款要仔细斟酌。劳动者与用人单位双方在约定劳动报酬时，不得违反国家法律法规的规定，工资不得低于当地政府规定的最低工资标准，工资支付方式和期限也不得违反有关的法律法规和政策。

（三）社会保险和住房公积金

案例 4-17 不给上保险

黄同学2019年毕业后将自己的人事档案放在当地的人才市场存档，就来到北京一家投资公司工作。经过五年的努力，她的业绩在公司相当不错。她对自己没有保险和公积金的事一直都没有搞清楚。她只知道，在公司只有高层管理人员才有保险、公积金等福利，而他们这些后来招聘的人，保险、公积金一概没有。最近，她向公司提出上缴保险和公积金的要求，但公司说这是规定，不能有特例。

社会保险和住房公积金是劳动者享受福利待遇的重要内容，也是单位给予劳动者的有力保障。劳动者在为企业提供服务的过程中，企业必须依照国家法律的规定为劳动者办理相应的社会保险和住房公积金。在劳动合同中，这些都有明确的条款，劳动者应给予必要的关注。如果企业没有为员工缴纳社会保险和住房公积金，企业会面临补缴和被处罚的风险。如果劳动者没有享受到该权益，劳动者可以向劳动仲裁部门寻求支持。

上海市城镇职工社会保险包括基本养老、基本医疗、失业、生育和工伤五种社会保险，加上住房公积金，即我们常说的"五险一金"。"五险一金"必须同时缴纳。在缴费比例上，养老保险单位缴费比例为16%，个人缴费比例为8%;医疗保险单位缴费比例为10%,个人缴费比例为2%;失业保险单位缴费比例为0.5%,个人缴费比例为0.5%;工伤保险的单位缴费比例可在0.16%至1.52%的八档中选择,个人无须缴费。单位缴费基数按单位内职工个人月缴费基数之和确定。毕业生应当按自己实际工资性收入作为缴费基数。个人缴费基数的上限和下限,根据上海市公布的全市职工月平均工资的300%和60%相应确定。

第三节 防微杜渐——小心就业中自我伤害事件

法律对所有人一视同仁,大学生在运用法律武器保护自己的同时也要遵守法律。不能因为疏忽大意,就碰触到法律的底线,造成自我伤害事件。

一、瞒天过海,诚信缺失

案例 4-18　不诚信,后悔莫及

张伟是上海某高校建筑专业大四学生,眼看着毕业实习即将结束,实习单位已表示希望他能够毕业后来单位工作,这令他欣喜不已,同时忐忑不安。因为,一个不光彩的秘密一直困扰着他。

张伟来自湖南省某贫困县,家庭条件艰苦的他一直非常努力,并最终以高分考入学校的建筑学专业。对未来生活充满憧憬的他,没有忘记自己肩上的责任。大学里强手如林,张伟感到前所未有的压力。一个学期下来,虽然他拼尽全力,名次却仅列班级25名,令他异常沮丧。第二学期,张伟更加努力,想把成绩提高上去。可是,在期末材料力学的考试中,由于有两道题不会做,存在侥幸心理的他拿出了课桌下的课本……

根据学校规定,学校给予张伟记过处分。被处分后,张伟主动与老师进行沟通，反思自己的行为，卸下自己的思想包袱。同时从各方面严格要求自己，锻炼自己的能力，逐渐获得了老师的肯定，申请撤销了处分。但是，由于处分决定书和撤销决定书必须存入档案，这在他的心灵深处成为一个挥之不去的阴影。

面临就业，他非常担心单位在知道自己受过处分后不录取他。尽管自己各方面表现都比较出色，但几次招聘他都感觉自己底气不足，在这一问题上欲言又止。现在实习单位对自己非常欣赏，会不会知道自己受过处分后就改变态度呢？抱着侥幸心理，他隐瞒了这件事，顺利地与单位签订了劳动合同。

进入单位1个月后，他的档案寄到公司。公司经理发现他的档案记载着他因作弊受过记过处分。虽然已经撤销，但他的不诚恳令单位领导非常不满，劳动合同因此宣告无效。并且告诉他，假如当初他直言此事，单位或许并不会因此拒绝他，这令张伟欲哭无泪。

"人无信而不立"，大学生在就业过程中也要做到诚实守信，许多单位在考查毕业生时，也把诚信作为衡量其道德水准的底线。如果用人单位发现毕业生材料造假，即使已经签订了就业协议，就业协议也会失效。而且，失信行为不仅会造成了恶劣影响，还会贻误自己。因此，毕业生不要想着瞒天过海，对用人单位，要只可争取，不可隐瞒，否则之前的造假行为会成为一颗随时可能引爆的"炸弹"。

二、主动违约，承担责任

案例 4-19 违约需要付出代价

吴某是一位条件相当优秀的毕业生，在学校期间多次被评为三好学生、优秀学生干部，还经常参加各种社会实践活动，很受老师喜欢。由于所学专业就业前景不理想，在老师的推荐下他找到一家中等企业，单位的经济效益还比较好。在找到工作后，他就在院办公室帮老师处理一些毕业生的事情，因此有机会了解到很多的新就业信息。其中有不少招聘信息的诱惑很大，这时他开始动摇了，产生了与签约单位违约的念头。吴某把自己的想法告诉老师，老师劝他别这山看着那山高，并给他分析那家签约单位的优势及发展前景。于是，他便安心在办公室帮忙。

可是随着吴某不断获知其他信息，他不安分的心又按捺不住了，最终与先前的那家公司解约，攀上了大公司的"枝头"。尽管这家大公司给他的待遇与原来的差不多，"但毕竟是大公司嘛，瘦死的骆驼比马大，一旦将来有什么变化，大公司也有它的生存优势"，他这样给自己的毁约找到了合理的借口。在公司的安排下，他被公费派往韩国培训两周，增长了不少见识。

在吴某为工作做准备时，新的诱惑又出现了——一家外企以绝对的优势和诱人的薪资来校园公开招聘，而他的专业也在需求之列。以他的成绩和所拥有的名誉，进入竞争行列应该有很大优势。这样的诱惑让他决定再搏一次。然而当他提出与单位解约时，公司不仅要求其支付5 000元的违约金，同时必须偿还赴韩国培训的10 000元。吴某虽多方斡旋，公司始终不肯让步，这样一直拖了一个多月。原先欣赏他的外企了解到他的情况后，明确告诉他不会与其签约。吴某几经周折，牺牲了几家单位的利益和学校声誉，并且使其他同学失去就业机会，最终竹篮打水一场空，还要面对高额的违约金。

劳动者需要支付违约金的情况主要有两种：一是用人单位为其提供了专项培训费用并进行了专业技术培训；二是存在竞业限制要求。

用人单位为劳动者提供了专项培训费用并进行了专业技术培训，用人单位可以与劳动者签订协议，约定服务期。如果劳动者违反了服务期的约定，就应当按照协议向用人单位支付违约金。然而，违约金的数额不得超出用人单位提供的培训费用。用人单位要求劳动者支付的违约金也不得超过服务期尚未履行部分所应分摊的培训费用。

对于承担保密义务的劳动者，用人单位可以在劳动合同或保密协议中与劳动者约定竞业限制条款。竞业限制期限不得超过两年。若劳动者违反竞业限制约定,就应按照约定向用人单位支付违约金。同时,用人单位在竞业限制期限内需按月给予劳动者相应的经济补偿。

至于违约后应当支付多少违约金的问题,如果合同双方对违约金有明确约定,则应按照合同约定执行。根据《中华人民共和国劳动合同法》的规定,双方可以约定一方违约时应向对方支付一定数额的违约金,也可以约定违约损失赔偿额的计算方法。若约定的违约金低于造成的实际损失,当事人可请求法院或仲裁机构予以增加;若约定的违约金明显高于实际损失,则可请求法院或仲裁机构予以适当减少。若合同双方在合同中没有约定违约金,则违约金通常等同于违约所造成的实际经济损失。

三、遭遇泄密,勇于维权

案例 4-20 遭遇泄密危机,勇于捍卫自己的权利

小王是一位外地大学生,2021年大学刚毕业就在上海找到了工作。由于小王在大学里学的是计算机专业,于是很顺利进入一家软件设计公司,开始从事软件技术工作。这家公司认为,软件技术人员需要不断地学习并积累丰富的实践经验才能胜任,且单位研发的技术需要保密才能保持其市场竞争力。于是,单位就和小王签订了一份为期6年的劳动合同,合同约定了提前离职的违约金、离职后两年的竞业禁止和保密义务等相关条款。2023年3月,小王在该公司工作两年后,经过慎重考虑,认为根据自身条件应当去寻找更好的发展空间,于是向单位提出了书面辞职报告。单位强烈反对,但因小王去意已定,最终单位在小王签署保证书后同意了她的辞职请求。2023年6月,单位凭借一张宣传单复印件,认为小王违反原合同中涉及商业秘密和竞业禁止的相关规定,向劳动仲裁委员会提起了劳动争议申诉,要求小王赔偿违反保守商业秘密约定的10万元赔偿金,并要求小王两年内不得在同行业工作,否则要再赔偿5万元的违约金。小王拿到劳动争议申诉书副本时非常惊慌。面对如此巨额的经济赔偿,自己根本无力应对,她于是找律师寻求帮助。

仲裁庭上,单位认为双方的劳动合同约定小王有保密义务,且明确了单位的商业秘密价值为10万元,而小王在另一与其有竞争关系的单位工作并泄漏了原单位的商业秘密。小王的代理律师认为单位在约定保密义务和竞业禁止的同时并未按法律规定支付保密费和离职后竞业禁止的经济补偿金,因此有关的约定对小王是无效的。其次,单位并不能举证其拥有哪些商业秘密,更无法证明小王确实泄漏了原单位的商业秘密并给原单位造成10万元的实际经济损失。此外,对两年竞业禁止的5万元违约金,双方也并未约定。劳动争议仲裁庭最终裁定不支持单位的各项请求。

《中华人民共和国劳动合同法》第二十三条规定,用人单位与劳动者可以在劳动合同中约定保守用人单位的商业秘密和与知识产权相关的保密事项。对负有保密义务的劳动者,用人单位可以在劳动合同或者保密协议中与劳动者约定竞业限制条款,并约定在解除或者终止劳动合同后,在竞业限制期限内按月给予劳动者经济补偿。劳动者违反竞业限制约定的,应当按照约定向用人单位支付违约金。因此,掌握用人单位商业秘密的员工在离职前后,不能外泄机密。如果外泄机密,则自酿苦果。

有些用人单位为防止不正当竞争,会在劳动合同中约定,当劳动者在终止或解除劳动合同后的一定期限内,负有保密义务。不能到生产同类产品或者经营同类业务,且与原单位有直接竞争关系的其他单位任职,这是劳动合同中的竞争避止条款。这一条款因为会限制劳动者的职业自由,直接影响劳动者离开用人单位后的职业发展和经济收入,所以用人单位应当向劳动者支付一定数额的补偿费,在竞争避止的年限内,其补偿额一般不低于避止人员原工资的50%,而且避止的年限应当适当。

《上海市劳动合同条例》第十五条规定,劳动合同当事人可以在劳动合同中约定保密条款或者单独签订保密协议。商业秘密进入公知状态后,保密条款、保密协议约定的内容自行失效。对负有保守用人单位商业秘密义务的劳动者,劳动合同当事人可以就劳动者要求解除劳动合同的提前通知期在劳动合同或者保密协议中作出约定,但提前通知期不得超过六个月。在此期间,用人单位可以采取相应的脱密措施。第十六条规定,对负有保守用人单位商业秘密义务的劳动者,劳动合同当事人可以在劳动合同或者保密协议中约定竞业限制条款,并约定在终止或者解除劳动合同后,给予劳动者经济补偿。竞业限制的范围仅限于劳动者在离开用人单位一定期限内不得自营或者为他人经营与原用人单位有竞争的业务。竞业限制的期限由劳动合同当事人约定,最长不得超过三年,但法律、行政法规另有规定的除外。劳动合同双方当事人约定竞业限制的,不得再约定解除劳动合同的提前通知期。竞业限制的约定不得违反法律、法规的规定。因此,在签订劳动合同时,劳动者对于涉及保密义务的条款细节应特别注意,如工资补偿、避止年限、避止范围等,一方面防止自己因为不慎陷入法律纠纷,另一方面能够进行有效的自我保护。

四、漠视档案,后悔莫及

案例 4-21 漠视档案,后果严重

已毕业三年的杨涛现在颇为苦恼:2020 年 6 月毕业时,他与一家国有企业签订了劳动合同,但有跳槽的想法,因此没有将档案交给单位,一直放在当地的人才中心。由于单位对新引进的大学生比较重视,杨涛感觉自己的发展空间很大,因此安心在这家单位工作。至于档案,由于单位一直没提起,他也没有上交。

2023 年 6 月,单位开始评职称,由于杨涛表现出色,单位领导希望给他晋级。然而,在进入评审程序时却发现杨涛的档案不在单位,杨涛赶回老家申请调档后错过了评审时间,只能等到明年评审。杨涛后悔不已,"原来就没拿档案当回事儿,结果耽误了自己评职称"。

许多大学毕业生对自己档案的重要性认识不足,甚至不清楚自己的档案所在位置。有些人出国留学时,甚至将档案留在家中保管。然而,这种做法既不符合政策规定也不安全。根据人社部发〔2014〕90 号文件《关于进一步加强流动人员人事档案管理服务工作的通知》,自费出国留学及其他因私

留学人员的档案均属于流动人员人事档案的范畴。流动人员人事档案管理实行集中统一、归口管理的体制,具体由县级及以上公共就业和人才服务机构以及经人力资源社会保障部门授权的单位负责管理。个人或其他未经授权的单位不得管理此类档案。

目前人事档案对于个人来说并非可有可无。人事档案全程是流动人员人事档案,是反映流动人员政治面貌、道德品行、学习工作经历、专业素养、工作实绩、遵纪守法以及家庭状况、社会关系等情况的历史记录材料,是国家档案和社会信用体系的重要组成部分,是流动人员参加机关公务员考录和国有企事业单位招聘、办理政审考查、申报职称评审和核定社保待遇等事项的重要依据。因此,一定要"善待"自己的档案。每个人都应该妥善管理和维护自己的档案,以免档案丢失,追悔莫及。

目前,高校毕业生离校时,由高校负责转递档案。毕业生在毕业时应按学校要求完成毕业生去向登记,之后学校会根据毕业生填写的信息按规定将档案转递到相应的机构。

第四节 谨慎落笔——就业协议与劳动合同

一、就业协议相关内容

《全国普通高等学校毕业生就业协议书》(简称"就业协议书"),是由毕业生与用人单位共同签署,并由学校作为见证方的一种协议。由于涉及三方主体,它也被称为"三方协议"。就业协议书是学校编制就业方案的重要依据,由学校发放,需经毕业生签字及用人单位盖章确认。毕业生保留一份原件,以便办理报到手续、接转行政和户口关系。

鉴于学生在校期间无法直接签订劳动合同,就业协议的作用在于确保毕业生毕业后能够顺利签订劳动合同,这对毕业生和用人单位双方都是一个保障。当然，这也意味着一定的约束，就业协议中通常包含违约条款，并以违约金的形式体现。

除了保护毕业生的就业权益外，就业协议的主要作用还在于规范毕业生的人事关系转移过程。简而言之，签订就业协议相当于为毕业生提供了一张"绿卡"，关乎其档案、户口等重要手续的办理。因此，毕业生应当高度重视就业协议的签订。

（一）就业协议签订的原则

1. 主体合法原则

签订就业协议的各方必须具备合法的主体资格。对于毕业生而言，意味着必须获得毕业资格；如果毕业生在派遣时未能取得毕业资格，用人单位有权不予接收，且无须承担法律责任。对用人单位来说，必须具备从事经营活动或管理工作的能力，并且应有明确的录用毕业生计划和录用自主权；否则，毕业生有权解除协议而不必承担违约责任。

2. 平等协商原则

在签订就业协议的过程中，毕业生、用人单位和学校三方的法律地位是平等的，任何一方不得将自己的意志强加给另一方。学校不得采用行政手段强制要求毕业生到指定单位就业（特殊情况除外），用人单位也不应在签订就业协议时要求毕业生缴纳过高数额的风险金或保证金。三方的权利义务应当对等一致。除协议书中规定的条款外，如三方另有其他约定事项，应在协议书的"备注"部分加以补充说明。

（二）就业协议签订的流程

毕业生签订就业协议可以选择线下的纸签，也可以选择线上的网签。

1. 线下的纸签流程

（1）毕业生和用人单位在供需见面、双向选择的基础上达成录用意向。

（2）毕业生到所在院系领取就业协议书，在协议书上填写本人的基本情况,以文字形式明确表达自己同意到用人单位应聘工作的意愿,并签名。就业协议书通常是一式三份,学校盖完章后,用人单位、毕业生、学校各执一份。

(3) 用人单位人事部门负责人代表单位在协议书上如实填写本单位的情况,签署同意接收该毕业生的文字意见,并签字盖章。

(4) 毕业生持就业协议书至学生就业指导中心盖章后,方可列入就业方案。

2. 线上的网签流程

(1) 用人单位注册登录网签平台,完成签约授权、电子印章申请等网签准备。

(2) 用人单位对意向毕业生进行邀约。

(3) 毕业生登录网上签约平台——国家大学生就业服务平台或学校所在省市的 24365 大学生就业服务平台(如上海 24365 大学生就业服务平台),对单位邀约作出签约回应。若同意签约,则点击"接受";若不同意签约,则点击"拒绝";若逾期未回应,则该签约邀请作废。

(4) 毕业生同意签约后,将进入学校(院系)审核阶段。若毕业生所在院校审核通过,则签约成功,毕业生可查看、下载电子就业协议书。

注意:就业协议书经各方当事人签订成立后,对各方当事人具有法律约束力,非依法律规定或者取得对方同意,不得擅自变更或解除。

(三) 无效协议

无效协议指的是由于缺乏就业协议的有效要件或者违反了就业协议订立的原则,从而不具备法律效力的协议。无效协议从订立之日起即无效。

1. 就业协议未经学校签字盖章视为无效

如果就业协议被学校审查后认为对毕业生明显不公平,或是违反了公平竞争、公平录用的原则,学校可以选择不予盖章确认。

2. 采取欺骗等违法手段签订的就业协议无效

若用人单位没有如实介绍本单位的情况,或者根本没有录用计划就与毕业生签订就业协议,则此类协议被视为无效。因无效协议产生的法律责任应由责任方承担。

(四)就业协议书的解除

就业协议书的解除,即解约,是指在就业协议期限届满之前,由毕业生和用人单位提前终止就业协议的法律效力,解除双方的权利义务关系的行为。就业协议的解除可以分为单方解除和三方解除。

1. 单方解除

单方解除包括单方擅自解除和单方依法或依协议解除。单方擅自解除协议属于违约行为,解约方需要对另一方承担违约责任。单方依法或依协议解除是指一方解除就业协议有法律或协议上的依据。例如,如果毕业生考取研究生,可以解除就业协议;根据协议规定,毕业生未通过用人单位组织的考试,用人单位有权解除协议。在这种情况下,解除方无须对另一方承担法律责任。

2. 三方解除

三方解除指的是毕业生、用人单位、学校三方协商一致,取消原订立的协议,使协议不发生法律效力。这种解除体现了三方当事人的真实意愿,因此三方均不承担法律责任。三方解除应在就业计划上报主管部门之前进行。如果就业派遣计划已经下达,那么三方解除还需得到主管部门的批准,并办理调整改派。

解除就业协议需要签署相关的解约文件。在解约、违约手续完备后,毕业生才能重新选择职业。当毕业生与新的用人单位达成就业意向后,可以凭借新用人单位的接收函及完备的解约手续材料,向学校就业工作管理部门申请领取新的就业协议书,然后按正常程序重新签订就业协议。

(五)签订就业协议时应注意的问题

签订就业协议是一项极其严肃的工作,每位毕业生都应当谨慎处理。在签订就业协议时,毕业生应注意以下几个方面。

1. 深入了解用人单位

签订就业协议前,毕业生要查明用人单位的主体资格,要了解用人单位对毕业生的基本要求,分析自己是否适合这份工作,以及这份工作是否有利于自身才能的充分发挥和发展,做到知己知彼。同时,还要了解用人单位的用工政策,以及自己将要从事的具体工作部门和岗位,并在就业协议书中明确写明,以避免用人单位所安排的工作让自己感到意外和不满,从而引发双方之间的矛盾。

2. 明确表达自己的应聘要求

就业协议书是毕业生在与用人单位达成一致意见的基础上签订的。因此,在签订就业协议之前,毕业生应当仔细阅读就业协议书中的相关条款,明确表达自己的应聘要求和意见。

3. 按规定的程序签订协议

毕业生凭学校发放的就业协议书,在与用人单位签约后交由学校就业工作部门盖章。这一程序由学校把关,更有利于保护学生的合法权益。有些毕业生为了图方便,可能在自己协议书上签字后,要求学校先盖章,然后再交给用人单位签字盖章。这样做会导致毕业生和学校无法控制用人单位可能添加的损害毕业生权益的条款。一旦用人单位在协议书上签字盖章,就业协议即已生效,这时毕业生就只能独自面对不利的后果。

4. 慎重对待用人单位的补充条款或协议

有些用人单位在招聘毕业生时,除了与毕业生签订就业协议书外,还会在备注栏中附加一些补充协议或者增加某些条款。这些补充协议或条款主要是用来进一步明确用人单位与毕业生双方之间有关权利和义务等具体问题。毕业生在签订这些补充协议或条款时,要注意其合法性和合理性,考虑自己是否能够接受。

5. 要注意就业协议与劳动合同的衔接

由于签订就业协议在先,为了避免日后订立劳动合同时发生纠纷,毕业生尽可能将劳动合同的主要内容体现在就业协议的约定条款中,做好就业协议与劳动合同的衔接。

6. 要明确违反协议的责任

毕业生在与用人单位签约前,除了遵守学校的规定外,还应与用人单位协商明确可能发生的违约责任,并对赔偿金额予以明确,以便一方违约时,可以有据可循。

> **链 接**
>
> **全国普通高等学校毕业生就业协议书样本**
>
> 封面:
>
> 编号:××××××××
>
> 全国普通高等学校毕业生就业协议书
>
> 毕 业 生＿＿＿＿＿＿＿＿＿＿＿＿＿＿＿＿
> 用人单位＿＿＿＿＿＿＿＿＿＿＿＿＿＿＿＿
> 学校名称＿＿＿＿＿＿＿＿＿＿＿＿＿＿＿＿
>
> 教育部高校学生司制表
>
> 内页一:
>
> 按《普通高等学校毕业生就业工作暂行规定》的要求,为维护国家就业计划的严肃性,明确毕业生、用人单位、学校三方在毕业生就业工作中的权利和义务,经协商,毕业生、用人单位、学校三方签订如下协议:
>
> 一、毕业生应按国家规定就业,向用人单位如实介绍自己的情况,了解单位的使用意图,表明自己的就业意愿,在规定的时间内到用人单位报到,若遇到特殊情况不能按时报到,需征得用人单位同意。

二、用人单位要如实介绍本单位的情况,明确对毕业生的要求及使用意图,做好各项接收工作。凡取得毕业资格的毕业生,用人单位不得以学习成绩为由提出违约,未取得毕业资格的结业生,本协议无效。

三、学校要如实向用人单位介绍毕业生的情况,做好推荐工作,用人单位同意录用后,经学校审核列入建议就业计划,报教育部批准,学校负责办理派遣手续。

四、学校应在学生毕业前安排体检,不合格者不派遣,本协议自行取消,由学校通知用人单位。如用人单位对毕业生身体条件有特殊要求,原则上应在签订协议前进行单独体检,否则,以学校体检为准。

五、毕业生、用人单位、学校三方如有其他约定,应在备注栏注明,并视为本协议的一部分。

六、本协议经各方签字、盖章后生效。三方都应严格履行本协议,若有一方提出变更协议,须征得另两方同意,由违约方承担违约责任。

七、本协议一式三份,毕业生、用人单位、学校各执一份,复印无效。

内页二:

毕业生情况及意见	姓名		性别		年龄		民族	
	政治面貌		培养方式		健康状况			
	专业						学历	
	家庭地址							
	应聘意见:							
	毕业生签名:				年	月	日	

续　表

用人单位情况及意见	单位名称			单位隶属	
	联系人		联系电话		邮政编码
	通信地址			所有制性质	全民、集体、合资、其他
	单位性质	党政机关、科研设计单位、学校、商贸公司、厂矿企业、部队、其他			
	档案转寄地址				
	用人单位意见： 　　　　　　签章 　　　　年　月　日			用人单位上级主管部门意见： 　　　　　　签章 　　　　年　月　日	
学校意见	学校联系人		联系电话		邮政编码
	学校通信地址				
	院(系、所)意见 　　　　　　签章 　　　　年　月　日			学校毕业生就业部门意见： 　　　　　　签章 　　　　年　月　日	

二、劳动合同相关内容

案例 4-22　签订劳动合同需注意

　　小张在南京找了一份工作，用人单位是一家医药公司。签约时他只是匆匆地看了一下合同，就签上了自己的名字。报到那天，他问有没有宿舍，单位说合同上写着"住宿自理"。小张回想起用人单位在招聘时声称公司有员工宿舍，现在却出尔反尔。小张的家境不富裕，然而单位在闹市区，如果租房子的话，单间每月 2 000 元，是他工资的一半。他只好在郊区租了一间几百块钱的房子，离单位有几十里地，上下班在路上要耽搁近 3 个小时。为此，小张后悔不已。

到用人单位报到后，毕业生和用人单位要签订劳动合同书，因此在签约前了解合同书的内容是十分必要的。

(一) 劳动合同的必备条款

1. 劳动合同期限

劳动合同期限是指劳动合同的有效时间，是双方当事人所订立的劳动合同起始和终止时间，也是劳动关系具有法律效力的时间。劳动合同期限分为三种。

(1) 固定期限，是指用人单位与劳动者约定合同终止时间，如一年期限、五年期限等；

(2) 无固定期限，是指用人单位与劳动者约定无确定终止时间；

(3) 以完成一定的工作为期限，是指用人单位与劳动者约定以某项工作的完成为合同期限。

大学毕业生遇到的劳动合同大多数是有固定期限的，因此在签订劳动合同时一定要注意合同中对期限的约定。

2. 工作内容

工作内容包括劳动者从事的劳动岗位、工作性质、工作范围以及在生产或工作上应当达到的数量和质量或应当完成的任务等。

3. 劳动保护和劳动条件

这是对用人单位设定的义务条款，目的是保障劳动者在工作过程中的健康和安全，包括但不限于工作时间、休息休假、劳动安全和卫生条件等。

4. 劳动报酬

劳动报酬是劳动者履行劳动义务后应当享有的回报，包括工资、津贴等。劳动合同中应明确规定工资的数额、支付方式（日期和地点）以及其他社会保险（如养老、失业、医疗、工伤、生育等）待遇。约定劳动报酬时，不得违反国家法律法规的规定，例如，工资不得低于当地政府规定的最低工资标准。

5. 劳动纪律

劳动纪律是指劳动者在生产（工作）过程中必须遵守的企业规章制度。这些规定是保证用人单位正常运行的关键因素，主要包括上下班纪律、保密规定、防火防盗措施以及其他安全措施。

6. 劳动合同终止条件

劳动合同终止条件是指导致劳动关系中断的特定情形。除了劳动合同期限届满或双方约定的工作任务完成之外，订立无固定期限劳动合同的双方还可以约定其他终止条件，如员工退休、应征入伍或出国、用人单位破产等。

7. 违反劳动合同时应当承担的责任

违反劳动合同的责任是指当劳动合同的一方或双方未能履行合同条款时，根据法律法规的规定以及合同的约定，应当承担的责任。这一条款的目的是确保双方都能严格遵守劳动合同中的各项条款，保护双方的合法权益。

除了以上七项法定条款外，《中华人民共和国劳动合同法》第十七条规定，劳动合同还应当具备以下条款：

（1）用人单位的名称、住所和法定代表人或者主要负责人；

（2）劳动者的姓名、住址和居民身份证或者其他有效身份证件号码；

（3）劳动合同期限；

（4）工作内容和工作地点；

（5）工作时间和休息休假；

（6）劳动报酬；

（7）社会保险；

（8）劳动保护、劳动条件和职业危害防护；

（9）法律/法规规定应当纳入劳动合同的其他事项。

(二) 就业协议书与劳动合同的异同

就业协议书和劳动合同都是应届毕业生与用人单位之间的重要法律文件,它们虽有共同点但也有明显的区别。这些区别体现在主体、内容、签订时间、目的及时效性等方面。

1. 主体不同

就业协议书涉及应届毕业生、用人单位和学校三方。学校在此过程中扮演见证方的角色,确保协议的有效性。该协议不限定用人单位的性质,适用于各类单位。劳动合同则是直接在劳动者与用人单位之间订立,明确双方的权利和义务。它与学校无关。

2. 内容不同

就业协议书的主要内容是毕业生表明愿意加入用人单位,用人单位表示愿意接纳毕业生,并且学校同意推荐毕业生并将其纳入就业计划。它并不涉及毕业生入职后具体的权利和义务。劳动合同则涵盖了更广泛的内容,包括但不限于劳动报酬、劳动保护、工作职责、劳动纪律等,从而更明确地界定了双方的劳动权利和义务。

3. 时间不同

一般而言,就业协议书是在毕业生就业之前签订的。而劳动合同通常是在毕业生正式到岗后签订的。

4. 目的不同

就业协议书是毕业生与用人单位对未来就业意向的初步确认,它概述了双方的基本条件以及未来劳动合同的部分基本内容,并经过用人单位的上级主管部门和高校就业部门的认可。就业协议书经毕业生、用人单位、高校及相关主管部门签字盖章后,便具有法律效力,是制订就业方案和后续签订劳动合同的基础。

5. 时效性不同

就业协议书的效力从签订之日起生效,直至毕业生正式到岗报到时终止。它的作用主要在于就业过程中的约定,一旦毕业生到岗,就业协议书的使命即告完成。因此,就业协议书不能替代劳动合同,不能作为确定劳动关系的依据。

> **链　接**
>
> **劳动合同样本**
>
> 劳动合同
>
> 甲方：×××公司　　　　　　乙方：×××
>
> 法定代表人：×××　　　　　身份证号：*************
>
> 　地址：××××××　　　　　地址：××××××
>
> 　电话：×××—×××××××　电话：×××—×××××××
>
> 签订日期：××××年××月××日
>
> 　　根据《中华人民共和国劳动法》及国家有关规定,甲乙双方经平等协商一致,自愿签订本合同,建立劳动关系,并共同遵守合同所列条款。
>
> 一、劳动合同期限
>
> 　　第一条　本合同期限类型为____年期限合同,有效期为____年。期限为____年____月____日至____年____月____日止。
>
> 　　第二条　试用期自____年____月____日起,至____年____月____日止。
>
> 二、工作内容
>
> 　　第三条　乙方同意甲方需要,在_____部门从事工作。甲方可以根据生产和工作需要以及乙方的能力和表现调整乙方的工作,乙方愿意服从甲方的管理和安排。乙方须按照甲方确定的岗位责任,按时、按量完成工作任务。
>
> 三、劳动保护和劳动条件
>
> 　　第四条　甲方实行每日工作时间不超过8小时,每周工作时间不超

过 40 小时的标准工时制,但因工作及职责需要,对部分职位实行不定工时制或综合计算工时制。乙方的职位实行标准工时制。

第五条　甲方根据工作需要,安排乙方加班、加点,须遵守国家有关规定;安排乙方的工作班次、休息日进行调整,但须保证乙方每周至少休息一天。向乙方按时提供国家及甲方规定的劳动保护用品和定期的身体健康状况检查。

第六条　乙方须严格遵守甲方制定的工作规范、操作规程、劳动安全卫生制度,自觉预防事故和职业病的发生。

第七条　甲方根据工作的要求,对乙方进行必要的业务、技能、技术培训和职业道德、劳动安全卫生等各项规章制度的教育。

四、劳动报酬

第八条　乙方执行标准工时制和综合计算工时制的,甲方向乙方支付试用期月工资＿＿＿元人民币,试用期满继续保持劳动合同的,乙方月工资为＿＿＿元人民币,并在每月的＿＿＿日发放。甲方支付乙方的工资为税前工资,乙方的个人所得税由甲方代扣。

第九条　甲方可根据其实际经营情况、规章制度、对乙方考核情况以及乙方的工作年限、奖惩记录、岗位变化等,调整乙方的工资水平,但不可低于国家规定的最低工资标准。

第十条　甲方依法安排乙方加班、加点时,须按《中华人民共和国劳动法》规定支付乙方加班、加点工资。

第十一条　乙方在法定节假日、年休假、探亲假、婚丧假期间,以及依法参加社会活动期间,甲方照常支付工资。

第十二条　由于甲方的原因,使乙方不能在法定工作时间内提供劳动的,甲方保证支付乙方的生活费不低于＿＿＿＿元。

五、保险与福利待遇

第十三条　甲乙双方应按国家和当地人民政府关于社会保障的有

关规定缴纳职工养老、失业和大病统筹及其他社会保险费用。甲方应为乙方填写《职工养老保险手册》。双方解除、终止劳动合同后，《职工养老保险手册》按有关规定转移。

第十四条　乙方患病或非因工负伤，其医疗期和医疗期满后关于本合同的办理，按照劳动部颁发的《企业职工患病或非因工负伤医疗期规定》执行。乙方患病或非因公负伤，其医疗和生活费用按照＿＿＿＿＿＿执行。

第十五条　甲方根据国家规定为乙方缴纳各项社会保险费用，乙方应缴纳部分由甲方从工资中代扣缴纳。乙方按规定享受各项社会保险待遇。

第十六条　乙方按照国家以及甲方规定享受休假、探亲假、婚丧假、法定节日休假，请休病假和事假。

六、劳 动 纪 律

第十七条　乙方愿意严格遵守国家的法律法规和社会公德，遵守甲方的各项规章制度，包括《员工手册》中的各项规定和要求。同时，爱护甲方的财物，维护甲方的利益。

第十八条　乙方承诺严格遵守甲方的保密制度，绝不将甲方的经营情况和业务情况向第三方泄露；不将业务档案、业务凭证等资料复制或转借第三方。

第十九条　在本合同履行过程中，甲方根据国家有关规定可以制定新的规章制度，也可以对公司制定的规章制度进行修订。若合同条款与国家新规定及甲方新规章制度相抵触，乙方同意服从国家新规定和甲方新规章制度。

第二十条　甲方对模范遵守劳动纪律、规章制度或违反劳动纪律、规章制度的乙方，可以进行奖励和处罚。

七、合同的变更、解除、续订和终止

第二十一条　在本合同执行期内，如有下列情况发生，甲乙双方同意变更本合同的相关内容。

1. 订立本合同所依据的国家法律法规等发生变化的;

2. 订立本合同所依据的客观情况发生重大变化,导致本合同无法继续执行的。

第二十二条　经甲乙双方协商一致,本合同可以解除。

第二十三条　在试用期内,乙方被证明不符合以下录用条件中任何一项的,甲方可以随时解除合同:

1. 乙方在应聘过程中向甲方提供的材料(如学历、个人简历、体检证明等)必须真实无误;

2. 乙方健康状况良好,无精神病、传染病以及其他影响工作的病症,能保证正常工作。

第二十四条　乙方有下列情形之一,甲方可以解除本合同:

1. 在试用期间,被证明不符合录用条件的;

2. 以欺诈手段订立本合同的;

3. 严重违反劳动纪律或甲方利益造成重大损害的;

4. 严重失职、营私舞弊,对甲方利益造成损失的;

5. 泄露甲方商业秘密,给甲方造成严重损失的;

6. 被依法追究刑事责任的;

7. 不能胜任劳动合同约定的工作,经过培训或调整工作岗位仍不能胜任工作的;

8. 乙方患病或非因工负伤、医疗期满后,不能从事原工作也不能从事甲方另行安排的工作的;

9. 劳动合同订立时依据的客观情况发生重大变化,致使劳动合同无法履行,经当事人协商不能就变更劳动合同达成协议的。

第二十五条　甲方按照第二十四条第7、8、9款的规定解除本合同时,应提前三十日以书面形式通知乙方。

第二十六条　乙方有下列情形之一,甲方不能依据本合同第二十四条第7、8、9款和第十四条终止、解除本合同:

1. 患职业病或者因工负伤,医疗终结,经市、区、县劳动鉴定委员会确认丧失或者部分丧失劳动能力的;

2. 患病或非因工负伤,在规定的医疗期的;

3. 女职工在孕期、产期、哺乳期的;

4. 距法定退休年龄十年以内的职工;

5. 复员退伍义务和建设征地农转工人中初次参加工作未满三年的;

6. 法律、行政法规规定的其他情形。

第二十七条　乙方欲解除劳动合同,应当提前三十日以书面形式通知甲方,甲方在乙方完成业务以及清理完所办理的债权债务的情况下,可解除劳动合同。

第二十八条　有下列情形之一,乙方可以随时通知甲方解除本合同。

1. 在试用期内的;

2. 甲方以侵害乙方合法人身权利手段强迫劳动的;

3. 甲方不能按照本合同规定支付劳动报酬或者提供劳动条件的;

4. 甲方违反国家有关规定,劳动安全卫生条件恶劣,严重危害乙方身体健康的;

5. 法律法规规定的其他情形。

第二十九条　本合同期限届满,劳动关系即终止。甲乙双方经协商同意,可以续订劳动合同。双方当事人应当在本合同期满前＿＿＿＿天向对方表示续订意向。

第三十条　订立无固定期限劳动合同的,乙方达到法定退休年龄或甲乙双方约定的其他终止条件出现,本合同终止。

八、违反劳动合同的责任

第三十一条　甲方根据本合同第二十条、二十二条第7、8、9款、第二十四条解除劳动合同,应按原劳动部制发的《违反和解除劳动合同的经济补偿办法》给乙方经济补偿。

第三十二条　有下列情形之一,并对乙方造成损害的,甲方应当承担赔偿责任,并按原劳动部《违反〈劳动法〉有关劳动合同规定的赔偿办法》执行：

1. 由于甲方原因订立无效劳动合同,包括劳动合同部分无效的；
2. 甲方故意拖延不订立劳动合同,即招用不按规定订立劳动合同以及劳动合同到期后十日内未办理续订劳动合同手续的；
3. 甲方违反《劳动法》的规定侵害女职工和未成年工合法权益的；
4. 违反《劳动法》的规定或本合同规定的条件解除劳动合同的。

第三十三条　甲方有下列情形之一,乙方除要求甲方补足工资报酬、经济补偿外,还可以按国家和当地政府有关规定,要求甲方支付赔偿金：

1. 克扣或者故意拖欠支付乙方工资的；
2. 拒不支付乙方延长工作时间工资报酬的；
3. 支付乙方报酬低于本地最低工资标准的；
4. 解除劳动合同后,未按本合同第三十条支付经济补偿的。

第三十四条　甲方依据本合同第二十二条第8款解除劳动合同,除给乙方经济补偿外,甲方应根据原劳动部制发的《违反和解除劳动合同的经济补偿办法》发给乙方医疗补助费。

第三十五条　乙方有第二十二条第3、4、5款情形的,甲方除解除本合同外,可保留依法索赔的权利。

第三十六条　乙方不得在掌握甲方商业秘密的保密期限内提出解除劳动合同或自动离职,经协商解除合同后,亦不得在期限内自行或在与甲方有竞争关系的单位从事和原在职时相同或有关的经营活动。

第三十七条　乙方违反本合同规定条件解除劳动合同或者违反本合同约定的保密事项,给甲方造成经济损失的,应按本合同约定或损失数额承担赔偿责任。

第三十八条　乙方违反本合同规定条件解除劳动合同的,应承担相应的经济赔偿。如果在公派境内外培训或出境实习后为甲方工作期限以内发生的,应赔偿甲方有关的费用。

九、当事人约定的其他内容

_____

_____

十、劳动争议处理

第三十九条　因履行本合同发生的劳动争议,当事人可以向本单位劳动争议调解委员会申请调解,调解不成,当事人一方要求仲裁的,应当自劳动争议发生之日起六十日内向____劳动争议仲裁委员会申请仲裁。当事人一方也可以直接向劳动争议仲裁委员会申请仲裁,对裁决不服的,可以向人民法院提起诉讼。

十一、其　他

第四十条　甲方以下规章制度_____对合同当事人双方具有约束力。

第四十一条　本合同未尽事宜,按国家、当地人民政府有关规定执行。

第四十二条　本合同一式两份,甲乙双方各执一份。合同自签订之日起生效,具有同等法律效力。

甲方(盖章)　　　　　乙方(盖章)
　法定代表人　　　　　　法定代表人

(签章)　　　　　　　(签章)
或委托代理人

　　　　　　　　　　　签订日期：　　年　　月　　日

鉴证机关(盖章)　　　鉴证员(盖章)

　　　　　　　　　　　鉴证时间：　　年　　月　　日

第五章

高手论道
——斩获心动 Offer 背后求职秘笈

对于不同毕业生,心动 Offer 的选择不同。如何斩获自己心目中最好的 Offer？针对毕业生心中独一无二的理想工作机会,本章将揭秘获取心仪 Offer 的秘笈,助你成功赢得梦寐以求的职业起点。

第一节　最好的 Offer——舍与得的博弈

在择业过程中,摆在每个大学毕业生面前的选择是多种多样的。如成为公务员、到企业去工作、到事业单位去工作、独自去创业、选择基层去就业等。毕业生在选择时不可能既要又要,而哪个 Offer 是最好的 Offer 呢？

一、有没有最好的 Offer

许多毕业生在就业时会经历一番选择上的心理冲突：有的热爱自己的专业,却不得不面对从事本专业工作可能带来的艰辛生活；有的向往大城市、大企业、丰厚的薪酬和较高的社会地位,却又担心激烈的竞争如同"千军万马过独木桥"；有的认识到基层和艰苦行业最能锻炼人,是施展才华的好地方,却又顾虑条件艰苦,担心自己的才能被埋没；还有的不顾自身专业特长,盲目攀比,追求高待遇、好福利,同时又渴望实现个人价值,在选择时显得犹豫不决。

于是,有些毕业生采取了"脚踏多条船"的策略,同时与多家用人单位保持联系。他们今天觉得这家单位待遇不错,符合自己的职业规划,明天又认为另一家单位更有助于个人发展,在多家单位间摇摆不定、难以抉择；有些毕业生直到临近毕业时才匆匆选定单位,入职不久便感到后悔,没过多久就选择了跳槽；有些毕业生即使与某个单位初次接触时双方都较为满意,却迟迟不愿签约,仍在寻找更好的机会,总希望有更好的 Offer 出现,结果因为拖延而错失良机……

二、什么是最好的 Offer

在每年的就业季,大学生之间经常会彼此交流应聘经验,讨论找工作的进展。当听说某个平时不太起眼的同学竟然收到了一个众人羡慕的大公司 Offer 时,或是得知一个大家认为必定会被知名企业录用的优秀学生选择了去一家不起眼的民营企业工作时,大家往往会感到惊讶,并好奇这些同学是否认为自己的选择是最好的 Offer。但如果我们真正进行一番调查,就会发现每个人对"最好的 Offer"都有自己独特的看法。

过去,人们普遍认为稳定性强的职业是好职业的重要标志。然而,随着现代社会民营企业的发展壮大,越来越多的大学生不再将公务员作为唯一的职业选择。他们开始倾向于收入较高的职业(如外资企业的高级职位)和具有较高社会声望的职业(如大学教师和科研人员)。因此,对好职业的理解已经变得越来越多元化,不再局限于传统的观念。

综合人们对好职业的标准,我们认为,能够给人带来"地位或财富"满足感的职业可被视为好职业。但实际上,并非这些职业都能直接带来地位或财富——很多公务员、大学教师和科研人员终其一生也只是普通的工薪阶层,尽管他们的收入较高,但远远谈不上富有。相比之下,有些人通过多年努力成为企业高管,或是在自己熟悉的领域创业成功,获得了真正意义上的"地位或财富"。这些人在社会上通常被认定为"成功者"。于是,许多人为了成为社会观念中的成功者而拼命工作。如果没有达到这个标准,或者没有在某个时间以前达到这个标准,便灰心地自认为是失败者。

事实上,以是否获得"地位或财富"来衡量一个人职业生涯的成功与否是一种偏见。职业成功的定义是多元化的。不同的人的职业需求和目标各不相同。因此,职业成功的标准也会有所不同。有人认为获得高社会地位和社会声望的职业是成功的象征;有人则认为拥有一份收入稳定、工作轻松的职业就已经很成功;有人通过积累财富找到了职业成功的满足感;还有人将勤奋工作、取得成绩视为成功;有人以事业上的辉煌成就和强烈的工作成就感作为成功的标志;也有人认为能够帮助他人、实现自我价值就是成功。

综合以上信息,我们发现,个人职业成功的情况大致可以归纳为以下几点:

(1) 个人的价值取向、能力和特质与其所选择的职业相匹配,并且在这个职业岗位上能够得心应手,取得一定的成就;

(2) 个人的职业目标得以实现,无论是初次就业就一直坚守在同一职业岗位上,还是经历了多次职业变动后最终达成既定的职业目标;

(3) 勇于创新并在某些领域取得成就,采用"非常规思路"或"另辟蹊径"的方式取得建树;

(4) 在所从事的职业中尽职尽责,取得显著成绩,并在行业内有一定的知名度,从而获得强烈的自我满意度和成就感。

由此,我们可以得出,最好的 Offer 是能够实现自己职业成功标准的 Offer。因此,毕业生选择职业要着重考虑自己最看重的因素,要根据自身情况选择有发展潜力的职业和单位,避免盲目追求完美、急功近利或好高骛远而会错失良机。

链 接

没有最好的 Offer,怎么办?

有些大学生一心想到大企业、大事业单位就业,结果这些单位的门槛太高,这些毕业生不符合招聘单位的条件,吃了"闭门羹",不但自身的知识、专长无法很快派上用场,日后的发展也会受到影响。如果很难一下子找到合适的理想工作,建议毕业生在就业问题上树立逐步到位的观念。毕业生在求职开始时,不要把目标定得太高,因为"曲高和寡"。如果一开始就把求职的目标定得太高,那么,失败的概率自然就大得多,而你若从山脚开始起步,反倒容易一步一个台阶地攀上理想的高峰。

现在越来越多的毕业生选择去基层实现自己的人生价值。比如,有大学生选择去当"村官",通过在基层的工作经历,他们能够更好地了解社会、了解民生,提高自己的综合能力,实现自己的人生价值。通过在基层工作这一过程,使自己的能力、水平、资历、处事技巧、人际关系都有了质的提高,实现较高的目标自然也就容易了。由此可知,毕业生在就业选择时,应该拓宽自己的就业视野,不要只盯着大城市、大企业,应该看到基层工作的重要性和价值,勇于去基层锻炼自己,提高自己的综合素质和能力。

在"粥少僧多"的就业形势下,了解其他求职者想到哪些单位就业,再调查特定单位的招聘情况,适当采取"人弃我取"的战术也不失为明智之举。

人生是一条单行线,刚刚过去的一秒再也无法找回,就像人们不回头地穿过一片麦地一样。在人生的前一段路上,大学生积累知识、增长才干、丰富智慧,注重各个方面的发展和各种能力的提高,后一段路就是大学生施展才华、发挥能力的征途。大学生们只要善于从失败中吸取教训、从成功中总结经验,就能获得自己心目中最好的 Offer。

在择业过程中,大学生很难做到把每个选择的因素都考虑得很周到,但只要用心去观察、甄别、思考,就有信心、有把握选择什么是最好的 Offer。即便暂时还没有拿到最好的 Offer,年轻的我们还可以调整自己、适应社会,利用能够利用的所有机会和条件实现自己的梦想。

第二节 热门的 Offer——争相做公务员

"千军万马过独木桥",原是形容高考的。但随着大学扩招,高考竞争的程度近年来已有所减弱,而另一场"拼杀"则显得更为激烈,这就是公务员考试。自 1994 年国家公务员录用考试制度正式实行以来,全国报考公务员的人数逐年激增。特别是近几年,公务员报考热呈现越演越烈之势。

一、理性决策该不该考公

(一)争相报考公务员的原因

近年来,公务员考试成了备受追捧的"金饭碗",其激烈的竞争和较高的门槛并未阻止报考人数逐年攀升的趋势。这一现象背后的原因主要包括追求体面的职业和社会地位、追求工作的稳定与安逸,以及追求良好的福利待遇。

1. 追求体面的职业和社会地位

"学而优则仕"的传统观念在当代社会依然盛行,特别是在就业压力日益增大和家长期望的双重影响下,越来越多的大学生选择报考公务员。党的二十大以来政府职能的进一步拓展,一系列政策措施的实施,如鼓励创新创业、推动技术创新和产业升级,以及加强社会保障体系建设等,不仅为人才提供了更广阔的发展平台,也显著提升了公务员职业的社会地位。许多人视公务员职位为实现个人价值、贡献社会的理想途径。

2. 追求工作的稳定和安逸

公务员的工作稳定性是其亮点之一。在这个充满不确定性的世界里,公务员岗位以其独特的稳定性成了许多人追求的避风港。不必担心因行业变动而被裁员的风险,让公务员能够安心工作,专注于提升自己的业务能力和综合素质。公务员的工作时间相对固定,朝九晚五、周末双休的工作制度让公务员拥有更多的自由支配时间。这种轻松、安逸的工作节奏是许多人选择报考公务员的原因之一。

链 接

《中华人民共和国公务员法》中对公务员辞职辞退的规定

公务员一大优点就是稳定,工作稳定和收入稳定,这是其他工作无法比拟的。而对于公务员具有高稳定性这一点,随着我国人事制度改革的力度的加大,过去"能进不能出"的局面已经改变。《中华人民共和国公务员法》中对公务员的辞职辞退作出了规定,如果干不好,照样面临被辞退的风险。《中华人民共和国公务员法》中第八十八条规定,公务员有下列情形之一的,予以辞退:

(1) 在年度考核中,连续两年被确定为不称职的;

(2) 不胜任现职工作,又不接受其他安排的;

(3) 因所在机关调整、撤销、合并或者缩减编制员额需要调整工作,本人拒绝合理安排的;

> (4) 不履行公务员义务,不遵守法律和公务员纪律,经教育仍无转变,不适合继续在机关工作,又不宜给予开除处分的;
>
> (5) 旷工或者因公外出、请假期满无正当理由逾期不归连续超过十五天,或者一年内累计超过三十天的。

3. 追求良好的福利待遇

自1989年以来,公务员薪资水平持续稳步提升,尽管增长幅度不大但频率较高,目前各地公务员薪酬在当地普遍处于较高水平。除了稳定的工资收入外,公务员还能享受到诸如带薪休假(根据工龄不同,从5至15天不等)、医疗和住房补贴、完善的社保体系等优厚福利。公务员医疗保险报销比例较高,多数享有补充医疗保险(即所谓的"六险一金")。此外,在"五险一金"的缴纳基数计算上,公务员通常采用的是较高的工资基数,确保了较高的福利水平。尽管公务员收入可能不及部分企业的高薪岗位,但在普通工薪阶层中仍属领先水平。在这样的情况下,公务员考试越来越热,即使几十个人抢一个岗位这样的高门槛,也没能拦住很多人的步伐。

(二) 明确是否报考公务员

积极报考公务员无疑是一种积极向上的表现,但面对激烈的竞争,许多大学生投入大量时间和精力,最终能够脱颖而出的寥寥无几。因此,在决定是否报考之前,大学生应当深入思考自己是否真正适合这个职业。盲目跟风可能导致错失更适合自己的发展道路。

到底要不要报考公务员,大学生应该从自身的特点考虑,分析自己是否真的适合从事公务员工作。盲目跟风,一味趋热,得到的并不一定是适合你的。当才华横溢的你从千军万马中胜出后,发现自己并不适应公务员工作,我们这个社会也许将少了一位好教授、好科学家、好工程师……俗话说,"三百六十行,行行出状元",事实上并非人人适合当公务员,只要选择的是合适自己的岗位，并且在岗位上倾注自己对工作的热情，同样能获得事业的成功。因此，在对这一职业趋之若鹜的同时，大学生应该冷静而又理性地思考公务员应该具备怎么样的素质，要履行怎样的职责以及自己是否适合。如果不合适，那就趁早退出。

我国《国家公务员行为规范》要求公务员政治坚定、忠于国家、勤政为民、依法行政、务实创新、清正廉洁、团结协作、品行端正。公务员的工作相对枯燥，对纪律性要求也高，还必须有责任心。对于富有激情，喜欢挑战，做事情不喜欢按部就班的人来说，是不适合当公务员的。而且，报考公务员需要满足一定的条件。一般来说，符合以下要求的人才可以报考：

（1）具有中华人民共和国国籍；

（2）年龄在18周岁以上、35周岁以下（具体要求不同省份可能有所不同）；

（3）具有相应学历或者技能水平（不同岗位对学历要求不同）；

（4）无违反国家法律法规记录，无不良信用记录；

（5）身体健康符合岗位要求。

有的地区招考职位明确要求有基层工作经历。以2024年国考要求为例：中央机关及其省级直属机构除部分特殊职位和专业性较强的职位外，主要招录具有2年以上基层工作经历的人员。这里提到的基层工作经历，是指在县（市、区、旗）、乡（镇、街道）党政机关，村（社区）党组织或者村（居）委会，以及各类企业、事业单位工作过（参照公务员法管理的事业单位不在此列）。在军队团和相当团以下单位工作的经历，退役士兵在军队服现役的经历、离校未就业高校毕业生到高校毕业生实习见习基地（该基地为基层单位）参加见习或者到企事业单位参与项目研究的经历，都可视为基层工作经历。报考中央机关的，曾在市（地、州、盟）直属机关工作的经历，也可视为基层工作经历。直辖市区（县）机关工作经历视同为基层工作经历。

每年的公务员招考都会有一些职位的专业要求是"不限"，这使得不少人跨专业报考。然而，这样做的结果可能是大学四年的专业知识最终没有用武之地。尽管有些学生仅仅将学历视为就业的敲门砖，但需要注意的是，如果选择了非专业领域的工作，可能逐渐失去与本专业的联系，专业能力的发展也会受到影响。总之，报考公务员之前务必三思而后行。每个人都可以选择适合自己的职业道路,不必拘泥于单一的选择。条条大路通罗马,重要的是找到那条最适合自己兴趣和发展方向的道路。

二、积累底蕴,有备而来

(一) 公务员考试要求

要在"千军万马过独木桥"的公务员考试中脱颖而出,绝非易事。很多同学常常会有疑问:"公务员考试到底有多难?"实际上,公务员考试的难度并不在于题目本身的深度,而在于要求考生在有限时间内迅速准确地作答,并展现出广泛的知识面。

公务员考试要求考生在规定时间内快速准确地给出答案,这是公务员日常工作所需的一项基本能力。例如,在感知速度与准确性测试中,考生需要在短短10分钟内完成60道题目。这些题目如果给足时间,即便是小学生也能答对,但考生只有10秒的时间来解答每一道题。在这种情况下,即便是经验丰富的考生也可能感到力不从心。"题目并不难,只要给我足够的时间",这是许多考生走出考场后的共同感受。此外,公务员考试还非常重视考查考生的知识面。比如,在国家公务员考试结束后,社交媒体平台上会出现考生询问诸如"以铜为镜、以史为镜、以人为镜"出自何处的问题。

由于公务员考试侧重于考查考生是否具备从事行政管理工作所需的素质和能力,因此习惯于死记硬背、高分低能的"书呆子"未必能取得优异的成绩。实际上,许多拥有高学历的考生在公务员考试中的成绩并不突出。这表明公务员考试非常看重考生的知识积累和综合能力。如果大学生有意在未来成为一名公务员,就应该充分利用在校时间拓宽自己的知识面,全面提升个人素质。正如罗马不是一天建成的,广泛的知识面也需要通过日积月累的学习来获得。大学生可以通过互联网、报纸等途径关注社会时事和热点问题,并在课余时间阅读涉及哲学、历史、科技文化等领域的书籍。此外,积极参与校园活动也有助于提升大学生的综合素质。

（二）公务员考试科目介绍

到了大四上学期，大学生就应该进行公务员考试的冲刺复习。目前，公务员考试主要以《行政职业能力测试》和《申论》作为考试科目。下面就简单介绍一下这两门科目。

1.《行政职业能力测试》

该考试主要评估考生是否具备从事行政管理工作的潜能。考试时间为两个小时，全部是客观性试题。考题覆盖范围广泛，涵盖了政治、经济、法律、逻辑、人文等多个领域的知识，题量大、时间紧。《行政职业能力测试》分为一卷和二卷，不同类型的职位对应不同的考试科目。

报考综合管理类职位的考生需参加一卷的《行政职业能力测试》，该科目重点考查考生的语言理解与表达、数量关系、判断推理、资料分析以及常识判断等方面的能力。一卷的考试内容全面，要求考生具备良好的综合素质和行政管理能力。报考行政执法类职位的考生需要参加二卷的《行政职业能力测试》，该卷侧重考查法律知识，包括法律常识、宪法、行政法、民法、刑法等内容。二卷考试更加强调对法律知识的掌握，要求考生具备坚实的法律基础和行政执法能力。

值得注意的是，不同地区的考试科目可能有差异，具体取决于当地的实际情况。此外，面试环节也会有所不同，各地或各机构都有自己的一套面试流程和要求。因此，考生需要详细了解并掌握不同职位的具体要求，并据此进行有针对性的学习和准备。

2.《申论》

"申论"一词源自《论语》中的"申而论之"，意在考查考生的说明、申述及分析论证的能力。这是一种模拟公务员日常工作能力的测试。考试中会提供一段大约1500字的材料，考生需要对其进行归纳、梳理、概括，并针对存在的问题提出解决方案并加以论证。

对于这两门科目的复习，大学生不必过于紧张，没有必要采取大量的题海战术。当然，购买一到两本公务员考试辅导书进行重点复习，考前进行一到两次真题模拟是必要的。

(三) 报考公务员的策略

下面,我们介绍一下报考公务员的策略。

第一步:明智选择岗位

报名参加公务员考试是非常关键的一步。考生应该根据自身的条件和充分的自我认知来选择报考的岗位。不同的岗位报考人数差异很大,有些岗位的竞争比例可能高达几百比一。为了提高录取率,考生应该根据自己的实际情况和职位特点,进行有针对性的选择。

第二步:提前准备与备考

公务员考试通常在每年的12月份举行。对于即将毕业的学生来说,需要提前准备和备考,以便能够在通过笔试和面试后实现毕业即就业的目标,从而减轻就业压力。备考过程中,考生应注意拓宽自己的知识领域,因为考试涉及的内容广泛。为了适应试题模式,考前完成2~3套模拟试题,积累答题经验。

第三步:掌握备考技巧

备考时,及时了解考试动态和相关信息非常重要。如果条件允许,可以报名参加优质的培训机构提供的课程,以更好地理解考试的重点和难点,并学会应对考试的思考方式和技巧。

第四步:重视基础知识

公务员考试中的各项考核,如知觉速度与准确性、语言理解与表达、数量关系、判断推理等,都不是短期内就能获得高分的项目。因此,基础知识非常重要,忽视这部分内容可能导致分数损失,甚至失去面试机会。确保在备考阶段全面巩固基础知识,为考试打下坚实的基础。

> **链 接**
>
> ### 公务员考试面试
>
> 公务员考试的成绩通常在考试结束后一个月左右公布,按照1∶3的比例确定进入面试的人选。面试题目可能是专业性的,也可能是综合

性的。这些问题通常与我们在大学接受的公共教育相关,与大学生的基本知识和文化素质紧密相连。以某国家机关的面试试题为例,其中就有全球化的影响、开放式办公的意义、国家政策的执行等方面的问题。这些问题往往与基本的政治理论有一定关联,因此面试内容不会超出考生的知识范围。面试还会出现情境模拟题和案例分析题,目的是考查面试者的综合素质。

面试是决定录用的关键因素。要取得面试的成功,考生需要深思熟虑、得体地回答问题,要具备良好的心理素质和真诚的态度。在校期间,大学生可以通过模拟练习来提升这些方面的能力,例如,向老师和同学准确表达自己的想法,真诚对待周围的询问等,这些都是很好的预演。

如果你通过了笔试和面试,成为一名公务员,而这只是一个开始,前方还有更高的挑战等着你去面对。如果你不幸落选,请相信这个过程本身也是一种宝贵的锻炼和成长。

三、公务员考试考生经验

自公务员考试作为一种制度被确定下来以后,每年的公务员考试都上演着"千军万马过独木桥"的情景,但报考人数与录取比例的悬殊差距,让那些年复一年坚守着考公务员阵地的考生们经历着酸甜苦辣的心路历程,成为艰苦的"考公一族"。

案例 5-1 公务员考试的酸、甜、苦、辣

酸:离梦想只有一步之遥

"成功和失败的差距只有 0.5 分,虽然心里早已做好了失败的准备,但知道成绩后的我还是感到一阵阵的心凉。"2020 年从某大学中文系毕业的小宋在××股份有限公司工作,对现在的工作不太满意的他在 2021 年 10 月份第一次报考了公务员。第一次报考的小宋在专业的选择上非常慎重,

经过认真的比较和考虑,他最终报考了只有十几个人报名的"区政府秘书"一职,因当时这一岗位的要求比较严格：本科、中文专业、男性……小宋说,越是要求严格的岗位竞争的压力就相对小一些,而那些条件要求宽松的岗位虽录取人数多,可报考人数的压力更大。

笔试如期举行,小宋最大的感受就是《行政职业能力测试》的题目与他平时所做的题型完全不一样,非常灵活,130道题在两个小时内完成,虽然也有些题目卡了壳,但他还是顺利地答完了这一科和《申论》。经过半个多月的焦急等待,小宋的两科成绩都是60多分,排名报考岗位的第一名！小宋感到自己离成功近了一大步。接下来是面试,抽签、候考,小宋抽中了第2名,除一个题目回答得不太理想外,小宋自我感觉发挥不错。果然不出所料,考官亮出了78分！可后来他还是以0.5分的微弱差距落选了。

经过一次失败后,小宋重新调整好心态,准备再战。2022年的招考职位中没有他心仪的岗位,所以放弃了报考。2023年小宋再次报考了公务员考试,他对记者说："这次考得还不错,不过我想我的心态更平和了,其实公务员考试只是人生道路上的一种选择而已,除此之外,还有许多选择等着你去努力和争取。"

甜：阳光总在风雨后

已经有3年工作经验的小江言谈之中透出一种成熟和独到的见解。他2020年从某大学法律专业毕业,考公务员之前曾参加过司法资格考试。2021年,小江看到公务员的招考信息中恰好有自己喜欢的岗位,于是报了名。当时他所报考的岗位约有120多人报名,录取比例为60∶1。在接下来1个月的复习时间里,小江集中做了一些试题,以提高答题速度,因心里做好了题量大的准备,所以笔试的时间掌握得比较好,用最快的速度想出答案后马上填涂答题卡。笔试考完后,小江的心里就有了底儿。果然,他以笔试第一的成绩顺利进入面试。有一定工作经验的小江在回答考官问题的时候,成熟稳重,信心十足,最终毫无悬念地考取了某法院。

谈到成功的经验,小江深有感触地说,公务员考试是考平时的各种知识积累,是考查考生自身的综合素质,这并不是一朝一夕能提高上来的。所以,考生不必拿出太多时间来复习和背诵常识,临时抱佛脚的作用不是很大。考生应该正确地看待自己,认为自己综合知识能力强一些的,可以报考相对好一些的职位,如果能力弱一些,可以报考相对冷门的职位。在考前的复习方面,可以从增加实战经验入手,提高做题速度和阅读速度等。

对于那些坚持不懈地想考取公务员岗位的考生,小江说,阳光总在风雨后,要从失败中不断总结经验,但也不能孤注一掷,正常的工作和学习不能丢。

苦:年复一年地复习"长跑"

"在报考的时候,我从来不选那些只招一个职位的单位或部门,我本身没有实力也没有精力去走独木桥……"小C是一名自考生,她学的是会计,闲置在家的她似乎更能集中精力复习看书,但背了不少常识的她,每次考试还是遇到"漏网之鱼"。她今年再次报考了工商部门,乐观地小C说,虽然她清楚地知道考上公务员的希望很渺茫,但她心里的那个梦想始终带给她无限的动力。

小田是千千万万个有着公务员梦想的考生中的一名。他2019年毕业,学的是会计专业。毕业后,他多次到人才市场找工作,可总没找到中意的。报考公务员成了小田最放不下的一个梦想,他边在家务农边复习,从2020年至今报考民警、报考工商部门等,小田已经参加了3次公务员考试了,最可惜的一次是,在招考民警笔试中,他笔试总分已经过了面试的分数线,可《行政职业能力测试》以0.8分之差没有达到省里划定的分数线。但执着的小田依然追寻着自己的梦想……

辣:工作与备考之间的日子

"我从2020年开始,参加了一次省级和两次中央级公务员的考试,虽然都说公务员考试不能靠临时抱佛脚,但两三年考下来,没有集中系统地复习,恐怕成绩也只能在原地踏步了。自从动了报考公务员的念头起,工作和学习的压力就一直伴随着我,这种日子不好过呀。"小宁一门心思想要考海关,在学校教书的他一边应付繁忙的工作,一边还要集中精力学习,常常开夜车。大一时学的法律常识,高中时学的历史、数学、文学知识还有政府制度常识,他都得补习一通,还要看书看报,写读书笔记。

很快就要参加中央级公务员考试的小宁又在开始新一轮的备考。他说,35岁之前,"生命不息,战斗不止",其中的苦辣滋味恐怕只有身在其中的人才能体会吧。

案例 5-2　心态决定成败

小朱是工商管理专业的应届毕业生,由于感到就业的压力较大,于是他选择了报考国家公务员并获得了成功,找到了一份比较理想的工作。他总结了一下,自己能顺利通过考试,主要是做到了以下几点。

第一,确定目标

有了目标才会有动力。像很多大学生一样,小朱在大学的前两年也没有太多地规划自己的未来,也没什么目标,只是完成自己的学业而已。他是在大三之后才开始考虑工作问题的。公务员的招考制度让他觉得自己的目标出现了,因为小朱从小就羡慕那些穿制服的人,希望自己有一天也能穿上制服。这样一种梦想和信念让他对公务员产生了无限的渴望,使他在为这个目标努力奋斗的时候充满了动力而没有任何的抱怨。可以说这个目标对小朱的促进作用是巨大的。

第二,充分准备

我们常说,机遇总青睐有准备的头脑。在做出要报考国家公务员的决定后,小朱去上海书城买了一系列关于考试和面试的参考资料,在课余时间利用这些资料为备考做准备。前前后后花了大概半年的时间,在这期间有选择地上了一些辅导班。由于在笔试之前所做的准备是很充分的,使他在考场上心里比较踏实。在考完笔试之后,小朱就把主要精力放在准备面试上,主要是集中在对于面试流程、面试题类型、面试的注意事项等方面的了解,做到心中有数。面试题中包括自我介绍和当场提问两部分。题目是之前准备好的三至五道,主要考查考生的语言表达能力、随机应变能力、组织计划能力以及人际关系处理能力等。小朱认为准备充分是他能顺利通过每一关的关键和保证。

第三,调整心态

心态出现问题往往导致面试的失败。小朱在公务员面试之前,得到过中国银行的面试资格,那次面试可以说是一次失败的经历。后来经过总结,小朱觉得是自己的心态出现了问题,在面试时被紧张的情绪所笼罩。由于公务员面试在后，他希望在中国银行证明自己，为后面的面试增添点信心，所以迫切地希望自己能表现出色。在这种压力之下，小朱忐忑不安地走进面试场，当他一眼看到七个面试官坐在对面时，心中的紧张情绪开始左右自己，导致面试失败。后来分析原因，小朱认为没有调整好心态，心理准备不足，太急于表现和证明自己反而适得其反。

在经历了一次失败的教训之后，公务员面试时他吸取了前一次的经验，不再急于求成。摆正自己的心态，沉着地应对。在回答问题的时候，先花一分钟左右的时间考虑一下，组织一下开头，再答题。遇到一些刁难人的题目时，不从正面回答，注意回答的技巧。尽量表现得大方和坦然，始终面带微笑。

除此之外，小朱注意了面试中细小的环节，这些也许是大家并不会注意到的小细节，如传接东西要双手奉送，这是考验应聘者的细节和素质，往往容易被人忽视。面试的过程中一定要冷静和仔细，要善于观察，做到先思考再行动。

第四，充满自信

自信在面试中是很重要的，因为自信表现的是应聘者对于自己能力的认可和信任。如果一个人连自己都不信任，怎么可以让上司、老板信任你，重用你。在面试的过程中，小朱对自己充满自信。他认为，不管对手如何强大，首先要过自己这一关，既然我来参加这场面试，就要抱着必胜的信念，但又不给自己太大的压力。

小朱总觉得这次的公务员考试过关存在运气的成分，但他认为也是经过努力才获得好成绩的。七分实力加三分运气让他成了一个公务员考试的幸运者。

无论大学生在公务员考试中取得的结果如何，我们相信，公务员考试将成为广大学生大学生活中的一个美好经历！

第三节 最多的 Offer——到企业去工作

当你在人才招聘会众多企业的摊位前徘徊不定时，或者在接到各类企业寄来的 Offer 犹豫不决时，你会如何选择？是选择外资企业、国有企业还是民营企业？

一、选择到外资企业工作

（一）什么是外资企业

外资企业是指依照中国法律在中国境内设立的，由中国投资者与外国投资者共同投资，或者由外国投资者单独投资的企业。外资企业实际上是将我国的人力资源与国外的资本相结合的一种企业形式。上海浦东开发区作为吸引外资企业的典范，其建设和快速发展吸引了大量外资企业的投资。外资企业在一定程度上为社会创造了大量就业岗位。近年来，外资企业在华雇佣的员工数量庞大。由于外资企业所在国家的文化背景以及从事行业的不同，中国人在这些企业中担任的不同职位和岗位，外资企业在劳动条件、薪酬待遇、福利保障等方面与国内企业存在较大差异。外资企业通常对从业人员的素质要求较高，员工流动性也相对较大。因此，想要进入外资企业工作的人员需要具备较强的竞争能力。

在毕业生心目中，外资企业依然是体面工作、高薪职位的代名词，是许多毕业生向往的工作单位之一。外资企业到底有什么吸引力？到外资企业工作需要什么条件？怎样才能进入外资企业工作？在外资企业工作又需要注意哪些问题？

（二）外资企业吸引毕业生的优势

许多曾在外资企业工作过的员工认为，进入外资企业的最大好处不仅是能学到比较规范的管理，还能为自己的职业生涯镀金。有过在外资企业的经验，再到同行业其他外资企业就更为容易。

外资企业之所以非常吸引毕业生，其优势不完全体现在工资上，主要还是外资企业管理规范，福利待遇、人事管理、职业培训都非常完善。在外资企业工作除了收入丰厚外，还能得到许多培训机会，一些外资企业每年会选送员工,到国外进行技术培训。此外,大多数来中国设立分支机构的外资企业都是在其本国市场表现优秀、生存能力较强的公司,这也是外资企业普遍具有的一个优点。

案例 5-3　顺势而行

小张是英语专业 2023 届毕业生,在校期间学习努力,多次荣获奖学金,还是班级干部,性格开朗,工作能力和人际交往能力都比较强,是一个在各方面都表现突出的优秀大学生。但她的脾气属于慢性子,有时候别人认为很着急的事她照样做起来慢条斯理。在大学的前三年,小张未对毕业后到底找什么样的工作多加考虑,认为车到山前必有路,过早打算不一定真的有用。

转眼到了大四,周围的同学开始为求职而忙碌。近年来英语专业就业情况一直比较好,就业去向以外企为主,不过小张并不很想去外企,因为她觉得自己的性格可能不适合外企工作的快节奏。依照她的想法,外企的工资待遇虽然比较高,但一份真正适合自己的工作还有很多因素。其中很重要的一点是看企业的工作强度。例如,是不是要求员工经常加班,自己的身体状况能否适应?为什么要工作?工作是为了让自己的生活过得更好,但如果因为工作缺少了自由,影响了健康,这样的工作给多少钱都不予考虑。她认为机关和事业单位是比较好的选择,于是和很多同学一起参加公务员考试。但她并没有孤注一掷,在复习的同时有选择地向一些企业投了简历,有面试的机会也不错过,就当是给自己增加一点面试经验。

随着复习的深入和求职经验的积累,小张的想法慢慢地有了转变。公务员考试竞争太激烈,即使分数过线了,复试、面试还有很多不确定的因素。社会团体等事业单位除了学校之外公开招聘的也很少,而且小张对于自己的专业方向还是很喜欢的,她不愿意做一个纯粹教英语的中学或者小学教师。几次面试下来,有几家公司对小张的印象不错,向她提出了聘用意向,这极大地增强了小张的自信心。同时小张的父母也不时提醒她:现在就业形势严峻,而且不少用人单位有性别歧视现象,如果有适合的单位就不要再犹豫了。

2023年3月初,小张与一家知名外企的上海分公司签订了协议,是同一个班级中最早落实工作的。这份工作与她当初的想法恰好相反:待遇高但相当忙碌。好在小张吸收新知识的能力较强又善于与同事交流协作,除了忙碌之外没有碰到很大的困难。加班时小张偶尔也会抱怨,但她认为自己的选择还是对的,工作日渐熟悉,她也学到了很多东西。外企并没有自己想象的那么可怕,小张准备等工作稳定之后再进一步充电,以便能胜任更有挑战性的职位。

由于小张在选择职业时听取了家长的建议,及时发现了自己的职业优势,没有按照原先的想法刻意朝公务员或者事业单位方向改变,在工作中充分展现了自己专业上和能力上的优势,使她在工作中找到了适合自己的岗位。

(三) 外资企业的招聘标准

外资企业的招聘标准大致可以归纳为以下几种类型:

1. 能力和经验型

能力与相关经验是外资企业在招聘人才时最看重的因素。相比毕业院校和学历高低,外资企业更重视应聘者的能力和相关工作经验。因此,想要进入外资企业并在其中站稳脚跟,首先需要具备实际的工作能力和相关经验。

2. 专长与复合型

想要在外资企业工作,不仅要精通一门外语,还需要拥有一项专业特长。持有多种技能资格证书的复合型人才特别受外资企业的欢迎。

3. 创新与国际型

在这个快速变化的时代,作为跨国公司的员工,具备创新意识、持续学习的态度以及全球化视野是基本的内在素质要求。缺乏创新精神和学习动力的人不仅无法推动企业发展,也无法实现个人的成功。

> **链　接**
>
> **创新型人才的人格特征**
>
> 创新型人才的人格特征如下：
> (1) 保持对新事物的好奇心，积极主动地获取新知识，并持续学习。
> (2) 能够提出独特的、非传统的解决方案，从不同角度看待问题，并具备跨学科思维能力。
> (3) 你能够客观地评估和分析问题，并挑战既定观念和做法。
> (4) 敢于尝试和接受失败，并从失败中汲取经验教训。
> 大学生如何培养自己成为创新型人才？
> (1) 广泛涉猎不同领域的知识，拓宽视野，培养跨学科思维能力。
> (2) 积极参与学校或社会实践项目，通过实际操作提升解决问题的能力。
> (3) 参与学校的创客团队、科研团队等，与不同背景的同学合作，锻炼团队合作和创新能力。
> (4) 保持对新技术、新观念的好奇心，不断进行探索和学习。
> (5) 敢于尝试新事物，接受挑战，并从中获得经验和成长。

4. 诚信与耐劳型

在外资企业的招聘过程中，诚信是最被看重的品质。一旦发现应聘者存在欺诈行为，将立刻取消其应聘资格。此外，愿意从基层做起、不畏艰辛、不贪图虚名，也是许多外资企业对员工的重要要求。外资企业的工作压力较大，劳动强度较高，这是不容忽视的事实。因此，希望加入外资企业的年轻人需要做好充分的心理准备。

(四) 去外资企业需要注意的问题

1. 在外资企业工作的人最需要具备的素质

在外资企业工作的人最需要具备的素质——自信。无论是在应聘还是工作中，自信的人往往更容易取得成功。在外资企业工作，你必须从一开始就具有承担工作任务的能力，因为外资企业通常不会像学校那样从基础知识开始对你进行全面培训。如果你不具备基本技能，很可能在起步阶段就被淘汰。相反，你所具备的能力越多，就越容易获得重用。因此，如果你计划加入外资企业，最好在学校期间就打好各种基础，尽可能多地学习新知识。

2. 应聘外资企业时，简历上应注意的事项

递交给外资企业的简历与投给其他单位的不同。由于外资企业事务繁多且追求高效的工作效率，因此，你的简历应当简洁明了，最好不要超过两页。使用标准英语撰写，只保留最关键的信息。只需列出你所学的专业、相关的社会经验（尤其是与目标公司相关的工作经历）、基本技能（如英语和计算机能力）以及求职意向，并简要提及在校期间获得的各种奖项。最后，附上一份清晰干练的中文简历。另外，外资企业对从业资格证书的要求比较严格，因此可以在简历中突出显示这些证书和资格，以彰显你的专业能力和竞争力。

3. 到外资企业应聘面试时，应注意的事项

面试前要充分准备并熟悉公司的背景资料，准备好可能被问到的问题以及你打算提出的问题。面试中应保持从容自信的态度，并适时展现自己的个性特点，着装应体现职业感；面试后，不论结果如何，都应该写一封书面感谢信来表达你的感受和期望。

4. 在外资企业工作时，需要注意的事项

由于外资企业由外国投资者运营，在公司文化上必然带有不同国家的特点。你需要了解本国与工作所在国家之间的文化差异，克服语言、习惯、文化、心理等方面的障碍。此外，在工作中需要展现出良好的气质和教养，懂得各种社交礼仪。不同的外资企业可能有不同的企业文化和规定，因此你需要提前了解并适应这些差异。例如，在日本企业中，通常要求员工遵守严格的纪律和规范，注重细节和执行力。

5. 在外资企业工作中最大的困难和障碍

外资企业对员工的要求非常高，需要具备终身学习的能力，不断提升自

己的专业素养。如果不能持续学习和适应变化,可能面临被淘汰的风险。在工作中还需注意一些事项,比如不得询问同事的薪酬情况,如何有效与领导沟通等。同时,同事间的竞争意识较强,你必须学会既保护自己又与他人合作,绝不能相互拆台。

> **链 接**
>
> **外资企业招聘人员爱问的八个问题**
>
> 1. 请介绍一下你自己
>
> 这个问题有两个目的:一是让面试者有机会介绍自己的兴趣爱好、性格特点和经验;二是让面试官更好地了解面试者。回答这个问题时,需要注意以下几点:
>
> (1) 尽量从自己的性格特点、兴趣爱好和经验等方面回答,让面试官更全面地了解你。
>
> (2) 可以结合自己的职业规划和发展方向来回答,展示自己的潜力和职业规划。
>
> (3) 注意表达清晰、准确、流畅,展现良好的语言表达能力。
>
> 2. 你最喜欢的工作是什么,为什么
>
> 这个问题是了解面试者的工作兴趣和价值观。回答这个问题时,需要注意以下几点:
>
> (1) 选择一份自己最喜欢的工作,并说明自己对这份工作的热爱之处。
>
> (2) 结合自己的职业规划和目标来回答,展示出自己对该工作的认可和追求。
>
> (3) 表达出自己的工作态度和价值观,展示出自己的专业素养。
>
> 3. 你最大的成就是什么,为什么
>
> 这个问题是了解面试者的自我认知和成就意识。回答这个问题时,需要注意以下几点:
>
> (1) 选择自己取得的一项重要成就,并说明自己在其中发挥的作用和贡献。

（2）结合自己的经验和能力来解释自己取得这项成就的原因和过程。

4. 为什么你想到我们公司来工作

这个问题是了解面试者对公司和职位的了解程度和兴趣。回答这个问题时，需要注意以下几点：

（1）表现出对公司的了解和兴趣，包括公司的文化、产品、价值观等。

（2）说明自己对该职位的理解和兴趣，以及自己的能力和经验如何与该职位相匹配。

（3）表达出自己的职业规划和目标，展示出在该公司能够实现自己的职业发展。

5. 你的家庭情况是怎样的

这个问题是了解面试者的家庭背景和家庭成员。回答这个问题时，需要注意以下几点：

（1）简要介绍家庭背景，例如，家庭的经济状况、父母的职业等。

（2）介绍一些家庭成员的情况，例如，他们的职业、教育背景等。

（3）在介绍家庭情况时，要保持真诚和客观的态度，不要夸大或虚构家庭情况。

6. 你最近读过什么书，请谈谈你的看法

这个问题是了解面试者的学习能力和思维方式。回答这个问题时，需要注意以下几点：

（1）选择一本自己最近读过的书，最好是与自己申请的职位相关的书籍。

（2）结合自己的理解和体验来谈论对这本书的看法。

（3）表达出自己的学习能力和思维能力，展示出自己的综合素质。

7. 你的优点是什么

这个问题是了解面试者的自我认知和自信心。回答这个问题时，需要注意以下几点：

(1) 列举自己的优点时,要结合自己的经历和成就来展示。

(2) 不要过于夸大自己的优点,保持真实和客观。

(3) 说明自己如何利用这些优点来为企业和团队带来价值。

8. 你的缺点是什么

这个问题是了解面试者的自我认知和自我改进意识。回答这个问题时,需要注意以下几点:

(1) 不要把一些无足轻重的缺点当作回答的重点。

(2) 可以选择一些与工作相关的缺点来回答,并说明自己正在采取措施改进。

(3) 表达出自己的自知之明和自我改进意识,展示出自己的成长潜力。

二、选择到国有企业工作

国有企业是指国务院和地方人民政府分别代表国家履行出资人职责的国有独资企业、国有独资公司以及国有资本控股公司,包括中央和地方国有资产监督管理机构和其他部门所监管的企业本级及其逐级投资形成的企业。

(一) 国有企业的魅力

案例 5-4 选择职业的"潜力股"

小顾是国际金融专业的学生。在校期间,他就对自己的未来有所考虑,特别注重在课程学习、知识运用、能力培养等方面的提高。作为班级的团支部书记,小顾在工作上认真踏实,受到老师和同学的一致好评。

毕业前,小顾与其他毕业生一样,忙着参加各类招聘会。在学校组织的供需见面会上,小顾所在专业的学生都云集在某著名银行的摊位前,而另一个大型国企的摊位前则明显比较冷清。显然,该企业虽然也招聘财会专业的学生,但同学们都毫不犹豫地往银行摊位前挤。小顾冷静地分析了一下,认为到银行工作虽然比较体面,上班地点、工作环境等相对较好,但应聘者如云,且还有研究生等高学历者竞争,自己即使有幸被录用,安排到重要岗位的可能性也不大;企业财务的名望虽然不如银行,工作也比较辛苦,单凭自己的实力,将来可能有比较好的发展机会。小顾从职业发展的远景考虑,选择了这家大型国企。

小顾的预想没有错。在该企业工作最初的两年中,小顾成了财务部门的得力"干"将。除了完成自己的职务工作外,还帮主管在每月最忙的业务报表汇总分析方面加班加点地工作,有时要骑着助动车到公司下面的子公司指导工作、更新调试电脑系统等。一年多下来,小顾熟悉了财务部门的全部工作。

在小顾工作的单位里,有些大学生耐不住国企单位的低工资和论资排辈的工作氛围,在工作一两年后纷纷跳槽。而小顾非常安心,工作上虚心主动、勤奋踏实,受到公司的器重,不久就提拔为财务部门经理。他在这个岗位上除了努力工作外,还学习了金融投资方面的新知识,希望自己不但成为企业财务把关的能手,更要掌握有效的理财方法,为企业增效发挥自己的作用。在工作四年后,公司成立了一个新的机构——投资管理公司,小顾成为最合适的人选,被任命为该公司的经理。

目前,小顾正在某高校进行英语强化培训,不久就要被公司派往英国学习。他的事业发展如日中天,远远走在了一些同学的前面。

一些大学毕业生在确定择业目标时,倾向于优先选择国有企业。这是因为国有企业不仅对人才的需求量大,而且通常能够提供较好的成长环境,具备高水平的管理团队和技术人才,有着"传帮带"的传统,为员工提供学习深造的机会。总体而言,国有企业的优势主要体现在以下几个方面。

1. 工作较为稳定

虽然过去常称国有企业为"铁饭碗",但在推行现代企业制度改革的背景下,这一说法不再完全适用。不过,由于许多国有企业规模庞大且有国家的强大支持,员工通常不必过分担忧失业风险。相比于外资企业和民营企业,国有企业更倾向于保留现有员工。

2. 工作压力相对较小

大多数国有企业遵循一套标准化的工作流程,使得日常工作更有规律性。员工通常实行"朝九晚五"的工作制,加班和非正常假期的情况较少见。这种稳定的工作环境尤其适合有进一步学习计划的毕业生。

3. 福利待遇较好

国有企业通常提供丰富的福利待遇,包括节日礼品、日常的生活必需品发放(如卫生用品、水果、饮料等)。对于从事特殊岗位的员工(如燃气、电力抢修等),还会有相应的补贴政策。

4. 户口问题较易解决

对于想要在北京、上海等一线城市工作的毕业生而言,户口问题至关重要。大多数国有企业都具有解决户口的能力,这极大地吸引了求职者。尽管在北京、上海等地落户难度较大,但通过选择合适的国有企业,毕业生可以更为轻松地解决这一难题。

(二) 国有企业的招聘条件

有些毕业生担心国有企业人才济济,竞争激烈,难以在其中取得显著的成绩。实际上,这种担忧大可不必。只要事先深入了解单位的人才结构、发展前景和用人意向,再多几分自信,就一定能在这些企业中找到自己的位置。一些毕业生担心自己心仪的企业难以进入,但实际上,国有企业对人才的需求量大,用人政策相对灵活,只要具备诚意和实力,并付出积极的努力,成功的机会往往很大。以下是国有企业常见的招聘条件。

1. 学历要求

一般来说,国有企业招聘的职位通常要求应聘者具备本科及以上学历。对于某些特定岗位,则可能需要硕士研究生及以上学历。

2. 专业要求

招聘职位会根据所需人才的专业背景和技能要求来确定。通常,管理类、财务类、市场营销类和技术研发类等领域的职位需求较多。

3. 工作经验要求

国有企业招聘的职位一般要求应聘者具备相关领域的工作经验。对于某些职位，还可能特别要求具备一定年限的管理经验或项目管理经验。

4. 技能要求

不同的职位需要不同的技能，例如，良好的沟通能力、团队合作能力、解决问题的能力以及创新能力等。对于技术类职位，还需要具备相应的专业技术技能。

5. 其他要求

除了上述基本条件外，国有企业招聘的职位还可能有其他要求，例如，政治面貌、身体健康状况、语言能力等。

总之，选择到国有企业工作，既符合时代发展的潮流，也能更好地服务社会主义现代化建设，同时实现个人价值。作为国民经济的支柱，国有企业值得广大毕业生给予更多的关注和支持。

案例5-5　选择哪个单位合适？

小杨是理工科专业的学生，由于小学时做白内障手术导致视力严重受损，平时必须戴着特制的如同放大镜般的眼镜才能应付日常生活，其目光反应灵敏程度明显不及他人，大学期间的专业学习和实验要求对他的眼睛提出了严峻的挑战。出于对学业能否完成的考虑，大二时他在父母的陪同下曾提出转系申请，后又觉得自己对所学的专业有兴趣，放弃已有一定基础的专业很可惜，从而打消了转系的念头。后来，他经过加倍的努力终于顺利毕业。

由于小杨眼睛深度近视，完成学业与别人相比有一定困难，四年中他把时间和精力都放在学习上，取得的成绩也一般，与其他同学相比缺乏明显的就业竞争优势。因此在毕业前的就业联系阶段，个人应聘面试的机会很少。后来经过学院推荐，一家民营企业同意接受他去实习并做考察，同时他的父亲通过关系也为他联系了一家国企。

小杨本人很希望去那家民营企业工作,因为工作地点距市中心比较近,交通也方便,但对于该企业能否录用他则无法确定。而那家国企远在市郊,交通不便,虽然因为有可靠的关系能保证签约,他内心却总是不愿意去国企工作。由于父母担心他拖延签约错失机会而找不到工作,所以催得很紧,而小杨则因为自己不愿意去国企工作一直犹豫不决。

在咨询了就业指导老师后,小杨对自己有了比较清晰的认识,特别是在民营企业通过一个月的实习,深切感受到在民营企业工作,效率和效益是老板最关心的。虽然不会搞论资排辈,谁有本事谁受重用,但员工的压力比较大,工资报酬也不一定很高,对于那些有实力的人来说,有利于工作能力的全面提高和人才的脱颖而出;相比之下,国企工资收入虽然不是很高,但国企比较注重对员工的培养,单位的福利条件、对员工的关心程度比较高,工作压力相对较小,比较适合一些求稳定、想积累经验的求职者。虽然小杨的目标是希望自己能进入像"华为"那样的大企业,但自身条件的限制使他不得不作出理性的选择——进入国有企业。

毕业后,小杨在那家国有企业的技术部门工作,为企业开发新项目做一些前期调研工作。由于工作不是很忙,他边工作边取得了工程硕士学位。现在,他觉得自己当初的决定还是对的。如果那时他选择了去民营企业工作,加班加点忙起来连睡觉都不一定能保证,哪还有时间去进修?在国企工作一段时间,一方面完成了工程硕士的学习,一方面积累了工作经验,使自己能站在更高的起点上寻找发展机会,是比较符合他个人情况的一个选择方案。

三、选择到民营企业工作

民营企业,是指所有的非公有制企业。在我国法律体系中并没有民营企业的概念,民营企业是在中国经济体制改革过程中产生的概念。民营企业运营模式灵活,能够迅速响应市场需求变化进行生产经营。目前,我国的民营企业广泛存在于城乡的各种生产和流通领域,为社会提供了大量的就业岗位。

(一) 民营企业吸引人才的优势和劣势

如果毕业生考虑加入民营企业，了解其在吸引人才方面的优势和劣势是很有必要的。

1. 优势

民营企业具有对市场反应迅速、发展潜力大的优点。在这样的环境中，人才更容易发挥个人专长，展现自己的能力。随着发展的规范化，民营企业加大了对人才吸引的投入，管理也变得更加系统化。许多民营企业为了吸引人才，推出了内部福利措施，如职业培训、住房奖励、股权激励等。此外，民营企业通常拥有与中国国情相符的企业文化，员工间的人际关系较为和谐，加之科学的人力资源管理，使得民营企业对人才极具吸引力。总体来说，民营企业为大学生提供了广阔的职业发展空间。

2. 劣势

（1）稳定性较差

不论内部还是外部环境的变化，对民营企业的影响往往大于对国有企业的影响。因此，对人才而言，在民营企业发展的不确定性较高。

（2）行业分布广，但地域性强

民营企业遍布各个行业，从传统手工艺加工到高新技术产业，对人才的需求呈现出多样性和复杂性的特点。然而，一些中小型民营企业活动范围有限，地域性强，人员构成具有明显的地域特征，有时容易形成排外的企业氛围，不利于人才的引进。部分企业位于偏远地区或小城镇，很难吸引到优秀人才。

（3）个体对企业影响较大

无论是经营者还是每一位员工，对企业的稳定运营都至关重要。大型企业通过完善的制度保障正常运转，而小型企业则更依赖于每个个体的力量。这意味着，在中小型民营企业中，企业的发展很大程度上取决于每个人的积极性和贡献。

(4) 企业文化差异明显

一些民营企业存在裙带关系严重的问题,处理事务不够公正,忽视企业文化建设,导致员工缺乏共同的价值观,对企业的归属感不强。个人价值观与企业理念的不匹配,使得人才难以得到充分的关注和发展,进而影响人才的留存。

(二) 选择大企业还是小企业

对于即将步入职场的毕业生而言,选择大企业还是小企业始终是一个重要的决策。两者各有优劣,理解这些差异有助于毕业生做出更加符合自己职业规划和个人目标的选择。

1. 大企业的优势与挑战

(1) 大企业的优势

大企业通常提供更为稳定的薪酬和福利保障。对于寻求职业安全感的毕业生来说,这是一个重要的考量因素。

(2) 大企业的挑战

尽管大企业声称提供了众多发展机会,但由于竞争激烈且层级分明,个人要想脱颖而出并非易事。除非表现特别突出,否则很容易在众多优秀同事中被忽视。

2. 小企业的潜力与自由

(1) 小企业的潜力

小企业,特别是那些处于快速增长阶段的高新技术企业,虽然规模不大,但其知识密集程度和增长速度远超大多数企业。这类企业通常具有自主融资、快速成长等特点。

(2) 小企业的自由度

在小企业工作意味着可以获得更大的发展空间。技术人才尤其有机会快速成为核心团队的一员,并承担重要项目,从而快速提升个人能力和影响力。

3. 乡镇企业的机遇与挑战

毕业生除了大企业和小企业作为就业的选择外,还可以考虑到乡镇企业去就业。

(1) 乡镇企业就业机遇

随着经济环境的日益复杂和市场竞争的加剧,乡镇企业面临着转型升级的压力,也迫切需要引进高校毕业生来优化现有人才队伍,提高技术水平。对于毕业生而言,在乡镇企业中也可能获得较大的个人发展空间。

(2) 乡镇企业就业挑战

在乡镇企业中就业,虽然面临就业机遇,但也面临较大的风险。乡镇企业在抗风险能力方面相对较弱。此外,业余文化生活相对单调,以及可能存在的劳动保护不足等问题也需要考虑。

(三) 就业前先侦查

对于即将步入职场的大学毕业生而言,无论是选择大企业、小企业还是乡镇企业,事先对企业进行全面考察至关重要。如何确保所选企业能够提供一个良好的工作和发展平台呢?以下几点建议或许能为你提供参考。

1. 探行情

实习是了解企业内部运作的绝佳途径。此外,参加各类招聘会也是一个不错的选择。在招聘会现场,仔细观察招聘人员的回答是否清晰明确。如果他们对于基本问题的回答显得含糊不清,这样的企业就需要慎重考虑了。

2. 看主管

招聘主管往往代表着企业的形象。有实力且正规的企业通常会派遣经验丰富的招聘人员来筛选合适的人才。相反,一些企业不够重视招聘流程,要么临时委派人员,要么直接由老板亲自面试。在这种情况下,即使候选人的条件相当,也可能仅仅因为主观喜好而决定录用与否。因此,建议毕业生优先选择那些招聘过程严谨、招聘主管态度认真的企业。

3. 问薪情

在双方达成初步意向后,正规的企业往往会主动询问求职者对薪酬的期望值,甚至公开表明薪资范围。相比之下,一些企业在这个问题上含糊其词,给出的薪资标准与实际支付之间存在较大差距。更有甚者,会根据现场求职者的数量调整底薪标准,人多时降低底薪。遇到这种情况,求职者应当格外小心。

第四节 受青睐 Offer——事业单位就业

在当前就业形势严峻的背景下,越来越多的毕业生难以找到理想中的稳定工作。此时,加入事业单位成为一个不错的选择,不仅能获得一份稳定的工作,还能为国家编制岗位的发展贡献力量。

一、步入事业单位队伍

(一) 什么是事业单位

我国对事业单位的定义主要来源于两个法律文件:一是 1998 年国务院发布的《事业单位登记管理暂行条例》(2004 年修订),其中定义事业单位为"国家为了社会公益目的,由国家机关举办或其他组织利用国有资产举办的,从事教育、科技、文化、卫生等活动的社会服务组织"。二是 1999 年全国人大常委会通过的《中华人民共和国公益事业捐赠法》,定义事业单位为"依法成立的,从事公益事业的不以营利为目的的教育机构、科学研究机构、医疗卫生机构、社会公共文化机构、社会公共体育机构和社会福利机构等"。

事业单位是由政府领导的非营利组织,其运行经费主要由财政拨款提供,不实行独立核算。如图书馆、科研机构等。事业单位负责执行政府委托的科学、教育、卫生、体育、文化等社会公共服务任务,且政府为其提供必要的资金支持。事业单位通常以"中心""会""所""站""大队"等字眼作为名称的一部分,例如,会计核算中心、卫生监督所、司法所、银保监会、质监站、安全生产监察大队等,二级局也属于事业单位范畴。

事业单位大致可分为两类:参照公务员管理的事业单位(简称"参公事业单位")和普通事业单位。普通事业单位又细分为全额拨款事业单位、差额拨款事业单位和自收自支事业单位。参公事业单位的工作人员通常通过省级公务员招考录用,而普通事业单位则通过专门的事业单位招考选拔人才。

(二)"铁饭碗"的变迁

在人们的印象中,事业单位一般具有较好的职业声望和社会地位,职业较稳定,是"铁饭碗"。事业单位真的是"铁饭碗"吗？

1. 上海的改革先声

1988年上海市人民政府发布了《上海市专业技术人员聘用合同制暂行办法》(沪府发〔1988〕65号),规定事业单位招聘的专业技术人员采用聘用合同制。这是事业单位打破传统"铁饭碗"的第一步。1995年底,根据国家人事部的指导精神,上海市人事局下发了《上海市事业单位实行聘用合同制暂行办法》(沪人〔1995〕165号),启动了事业单位全面实施聘用合同制的改革试点。此次改革涵盖了专业技术人员、管理人员以及工勤人员等各类员工,无论原有固定编制还是新入职员工,均实行聘用合同制。这标志着事业单位改革进入了新的阶段。

2. 全面推进改革

2000年后,随着中央深化干部人事制度改革的推进,上海加快了事业单位人事制度改革的步伐。2001年,市人事局下发《关于完善事业单位岗位(项目)聘用制度加强聘用合同管理的若干意见》(沪人〔2001〕29号),要求所有地方事业单位全面实行聘用合同制。至2003年年底,上海市事业单位实行聘用制度的比例已高达90%。这意味着传统的"铁饭碗"已被打破,事业单位逐渐转变为普通的劳动就业岗位。

3. 当前政策背景

2023年2月1日,中央组织部、人力资源和社会保障部联合发布了《事业单位工作人员考核规定》。该规定明确指出,事业单位工作人员的考核应以岗位职责和工作任务为基础,全面评估其德、能、勤、绩、廉等方面的表现,尤其注重道德品质和工作业绩。考核结果将作为选拔任用、培养教育、管理监督、激励约束、问责追责等决策的重要依据,同时也将直接影响到岗位调整、职务晋升、工资待遇、职称评定、奖励发放,以及聘用合同的签订、续签、变更或终止等事宜。

随着聘用合同制的推广和考核规定的出台,事业单位的传统形象正逐步发生转变。这一系列改革措施不仅打破了传统的"铁饭碗"观念,还促进了事业单位向着更加高效、透明的方向发展。

(三) 事业单位招聘考试

2021年,上海市事业单位招聘考试包括《职业能力倾向测验》和《综合应用能力》两门科目,均为闭卷考试形式。其中,《职业能力倾向测验》为客观题型,满分100分,主要考查应试人员从事管理工作所需的基本素质和能力,如常识应用、言语理解、数理能力、逻辑推理和资料分析等。《综合应用能力》为主观题型,同样满分100分,重点考查应试人员运用相关知识和技能解决实际问题的能力,包括但不限于管理角色意识、分析判断能力、计划与控制能力、沟通协调能力和文字表达能力等。

考生可通过报名系统查询自己的笔试成绩及面试分数线。招聘单位会对应通过面试分数线的考生进行资格审核。只有资格审核通过的考生才能参加面试。面试合格后,招聘单位还将统一组织体检,并对候选人的政治思想、道德品质、成绩表现和任职资格等进行全方位的考查,最终决定是否录用。

二、事业单位中的甘苦

能够到事业单位工作,是很多人梦寐以求的事情。然而当他们走进事业单位后才发现,这里的工作并不像他们想象中的那么绚丽夺目。

(一) 事业单位"其甘有之"

在事业单位工作的优点可以归结为以下几个方面。
1. 工作稳定与职业安全感
事业单位工作相对稳定,一般不容易下岗失业,也不会被开除或辞退,除非犯了严重错误。这为求职者提供了一定的职业安全感。同时，工作时间固定，享有国家规定的法定节假日，自由时间较多，可以在闲暇时间发展一下自身的兴趣爱好，提升自身能力。

2. 优厚的福利待遇

事业单位通常能提供全面的福利待遇，如五险一金、带薪休假和住房补贴等，保障员工的生活质量。相较于企业，事业单位的工作压力较小，竞争环境更为宽松，员工在事业单位的压力要比在企业中小得多。

3. 较高的社会地位

在事业单位工作，因其体制内的特性，通常享有较高的社会地位，这对于社交活动和个人形象都有积极影响。这种职业身份往往能得到家人和社会的认可，尤其是在父母一代眼中，事业单位的工作被视为体面和值得尊敬的职业。

4. 丰富的个人发展机会

事业单位鼓励和支持员工参加各种培训和进修项目，促进个人专业技能的提升。且员工有机会接触到多元化的项目和挑战，获得宝贵的经验积累。同时，还能结识众多志同道合的朋友和同事，为未来的职业生涯铺平道路。

（二）事业单位"其苦亦有之"

在事业单位工作，其甘有之，其苦亦有之。在事业单位工作也存在一些劣势。

1. 缺乏竞争激励

事业单位通常缺乏明显的竞争机制和激励措施，员工可能缺乏动力和积极性，工作效率和创造力有时会受到一定程度的影响。

2. 管理体制相对官僚

事业单位通常具有较为官僚化的管理体制，决策流程较为缓慢，难以灵活应对外部变化和市场需求，导致效率偏低。

3. 晋升机会相对有限

事业单位中的晋升机会通常是基于资历和工龄，而非绩效和能力，这可能导致优秀人才难以得到应有的认可和晋升机会。

4. 工作内容单一

在事业单位工作可能面临工作内容相对单一、重复性较强的问题,缺乏挑战和成就感,对于追求个人发展和成长的员工来说可能感到不满。

5. 创新空间受限

事业单位通常受到较为保守的管理思维和体制约束,创新空间受到一定限制,难以充分释放个人创造力和想象力。

案例 5-6　在家人强烈建议下考事业单位,几个月后"真香"

刚毕业就进入事业单位工作,几年下来是一种什么体验?

小方毕业时在家人强烈建议下考事业单位。小方虽然当时没有更好的就业机会,进入事业单位后感到非常满意。首先,她的薪资非常稳定,一个月薪水 5 000 多元,足够她的日常花销。相比上学期间一个月 1 500 元的生活费,如今小方的生活质量有了很大的提高。而且,事业单位不会出现克扣工资或拖延发放工资的情况,让她感到非常安心。

除了薪资稳定,小方还有更多的时间来安排自己的生活。在私企或国企上班的朋友可能经常加班,但在事业单位这种情况基本上消失了。偶尔会加班,但大家都会抢着加,因为加班后可以获得调休和补助。

小方感到在事业单位工作实现了自己的价值。在私企实习时,她每天都要接触不同的家长和领导,完成各种烦琐的任务。每天被家长挑剔或被领导批评,让她感到自己一事无成,而在事业单位工作她经常感到满足和快乐。

朝九晚五的工作时间让小方能够自由安排自己的业余时间。她可以下班后去上舞蹈课,或者约上好友聚会,让身体和心情都变得更加美好。小方对自己目前的工作和生活非常满意:"每天按质按量完成工作,还有时间和精力兼顾自己的爱好,我已经非常满足了。"

友情提醒:

很多毕业生在毕业前对自己的职业生涯规划很不明确,只是简单以职业稳定和收入保障为由而轻易做决定,但真正进入职场后面对平淡的工作却表现出很强的不适应性,继而出现消极面对或盲目跳槽的现象。在就业之前要充分考虑职业状况和个人兴趣爱好,要正确树立自己的择业观。

随着我国高等教育从精英化教育向大众化教育转移,大学生已不再是"天之骄子",大学生就业应尽快由"精英就业观"转向"大众化就业观"。比较客观的态度是勇敢面对当前的就业形势,找一份工作,一边积累社会经验和工作经验,一边根据现实状况和兴趣特长,一步一个脚印地走好自己的路。在就业观念上要实现四个转变:由大城市延伸至中小城市(城镇),由机关和事业单位转向基层、企业及其他社会组织,由大公司、大企业扩展至各种类型的中小企业,由单一应聘就业拓展出自我创业等。

第五节 挑战型 Offer——开启创业征途

高校毕业生在拥有自主择业的权利,能在某一特定领域里主动地、全方位地探寻自己感兴趣的工作岗位的同时也要面对竞争上岗、择优录用的压力。如果你有心仪的理想职业,但没有单位愿意聘用你,怎么办？如果你讨厌朝九晚五的上班生活,但又不得不为了生存而起早摸黑,怎么办？如果你喜欢按自己的方法工作而又不得不听命于领导的指令与安排时,怎么办……自己当老板——自主创业,可能是解决这些烦恼的一种方法。创业,也是一条充满希望和挑战的征途。

一、自主创业概述

案例 5-7 "上理工"一学生休学两年创业研发墨水,销售额已破千万

休学两年创业,先后研发出上百种色彩各异的墨水,拥有 22 项国家级专利,销售额累计达 1 000 多万元——上海理工大学中英国际学院大四生小余最近带着这张亮眼的"创业成绩单"回到了校园,继续学业。

很多人好奇,键盘和触屏如今正逐渐替代手写,似乎已经"过气"的普通墨水为何被这位"95后"大学生"逆袭",吸引了50多万"00后"粉丝?

小余的回答很简单:刮起"中国风"的文创墨水,带来了与众不同的书写体验。他研发的彩色墨水不仅颜值高,而且每一种墨水都有"故事":指代一个独特意象,或"复刻"古诗词,或来自历史长河中某个特定的场景。充满创意的墨水,让更多人在写字的时候放松心情、释放压力,收获书写带来的乐趣和"治愈感"。

彩墨内有乾坤:不仅"高颜值",还可以喝

"浮光跃金,静影沉璧",《岳阳楼记》里如此描绘波光月影。而在小余研发的彩色墨水中,就有一款墨水名为"沉璧",能让书写者在白纸上写(画)出青蓝渐变的夜色,且不时泛起波光粼粼。

以主打"中国风"而一炮而红,彩墨不仅色彩丰富、书写顺滑,带来视觉享受,更有趣的是,彩墨闻起来芳香馥郁,甚至可以喝。在2020年的进博会上,小余研发的"六色诗词香水"墨水就赢得了众多文创企业的青睐。

总计拥有22项国家级专利,看似普通的墨水实则内有乾坤,"高颜值"来自扎实的技术创新。

乍一看,明明是一种颜色的墨水,落于纸面时却能一笔写出两种色彩。谈及彩墨的精妙,小余告诉记者,要令墨水具有色彩渐变、金属光泽以及良好的水溶性,不仅要钻研墨水制作工艺,还要自主研发彩墨专用的书写纸制备工艺、方便吸墨的滴瓶,包括能将彩墨的性能发挥到最佳状态的钢笔也是专用的。这些都依靠自主设计、研发。

"我从小就很喜欢化学,家里是开工厂的,也懂一点生产。"2015年小余考入上海理工大学,依然保持着自己对于墨水的小爱好,创立了"星墨"社团。从最初在寝室里自己"折腾",到后来寻找化学系老师合作,小余一直专注于用技术创新升级墨水以及配合书写的纸笔等工具,由此为墨水附加金属光泽、层析、浓淡渐变、氧化渐变、闪粉与香气六种不同的"属性",赋予书写全新的乐趣。

目前,小余已和上海理工大学化学系理科实验中心签订了研发协议,还与哈尔滨工业大学、中科院化学所等实验室合作,先后研制出几千种配方。

"除了创造彩墨独有的视觉、嗅觉和书写的体验,我希望用新兴的技术,持续开发新的产品。"小余接受采访时透露,最近研发了多款拥有汽水、奶茶、咖啡等香气和质地的墨水,他和团队开始开发"千色计划",即研制1 000种不同颜色、气味和质感的墨水,并为每个客户提供专属定制款。

"95后"团队,想做最懂"00后"的文创

好看又好闻的彩墨,消费主力军是"00后"!可以说,正是"手账"文化在这代人中的流行,为小小的墨水打开了一个全新的市场。

所谓"手账",即在记事本上用文字、贴纸、手绘等形式记录心情。在小余看来,正是"手账"文化助燃了一波传统文具的创新,也帮助他研发的彩墨迅速赢得了市场。

"我们的客户集中在'00后'这个群体。作为同龄人,我基于对他们喜好的了解,从中国传统文化中获得了很多关于彩墨的研发灵感。"小余最早推出的彩墨产品"沉璧",就来自中学时代抄写古诗词的经历,一经推出就大获好评。

这支"95后"团队,想做最懂"00后"的文创。从走红的国风墨水中获得启迪,小余觉得,品牌未来发展的路径十分清晰:提取中国传统文化元素,建立人与自然间的情感连接,得到更多"玩家"的认可。

之所以把消费者定位为"玩家",小余自有道理:书写不仅是一种表达,而且可以很好玩。他发现:不少没有接受过绘画训练、零基础起步的年轻人,非常渴望在自己的手账本上配上精美的插图,玩出新花样。因此,他新近研发了一种印刷覆盖工艺,让无绘画基础的消费者也可在卡片纸上轻松创作精美的水彩图案。

抓住流行文化和传统文化的交叉点,创业项目备受关注

"从年轻人的视角出发,发掘同龄人的兴趣和需求,一举抓住流行文化和传统文化的交叉点,确实非常有吸引力。"上海理工大学中英国际学院副院长徐琳从一开始就很看好小余的创业想法。在她看来,这个创业项目之所以成功,是因为抓住了两个关键点:

其一,流淌在这一代年轻人身上的文化自信,使得他们发自内心地喜爱、推崇中国传统文化。

其二，手写的文字比千篇一律的印刷品更有生命力，在记录和传承的过程中，文化的魅力更加彰显。

正是在她的帮助下，小余在创业初期就得到了学校场地、资金以及创业政策指导等一系列支持。

2015年入学的小余，一度休学两年专心创业，今年才毕业。"挖掘每个学生的闪光点，每发现一个有想法、想创新的学生，我们都会鼓励他们多尝试，给予他们自由生长的土壤。"徐琳告诉记者，像小余这样大学在读期间就萌发创业想法并付诸行动的学生每年都会冒出一些。由此谈及高校创业教育，她说："目标并不是让每个学生都去创业，而是重在培养创新意识和能力。从创业生态看，多样的学科设置和多元的成才模式，每年不断革新的各项扶持政策，都有助于创意点子落地、生根发芽。"

创业是一种挑战，需要勇气、决心和创造力。小余的故事是一个鼓舞人心的例子，展示了年轻人在创业过程中所展现出的毅力和智慧。他的经历告诉我们，创业并不是遥不可及的事情，只要我们勇于尝试，持续努力，就能实现自己的梦想。小余的创业经历提醒我们，成功需要时间和耐心，需要我们不断地学习和创新，才能在这个竞争激烈的世界中立足。

资料来源：上海理工大学：文汇：飘着奶茶、汽水、咖啡味的墨水，主打"00后"市场！上理工一学生休学两年创业，销售额已破千万.https://www.usst.edu.cn/2021/0519/c58a42037/page.htm。

(一) 什么是自主创业

自主创业是当今校园内的热门话题，但对于自主创业，不少大学生还存在一些模糊认识。比如，有的大学生对成功的创业者羡慕不已，渴望追随他们的脚步，在商海中大展宏图，却忽略了自身实际情况而跃跃欲试；有的大学生将自主创业视为找不到好工作时的无奈之选，轻视和看不起自主创业；有些具备创业条件的大学生受不了创业的艰辛和风险，转而追求舒适、稳定的职业……这些都是对于自主创业缺乏理解的错误认识。

大学生自主创业意味着改变传统的就业观念，利用自身的知识、才能和技术,以自筹资金、技术入股或寻求合作等形式创立新的就业岗位,为社会创造更多的就业机会。自主创业既不同于普通的就业,也不是让你盲目的投身商海,而是在发现市场机遇的基础上,抓住时机创办自己的企业。自主创业让大学生从知识的拥有者转变为能够直接为社会创造价值和社会贡献的企业家。

(二)自主创业的形式

自主创业的形式有商业创业和科技创业。商业创业是指大学生创办自己的经济实体,运用自己的管理知识、商业知识从事商业经营获得利润的行为。但由于从事商业经营需要众多的社会关系、需要长期的信誉积累,大学生从事商业经营创业,并不一定能发挥大学生的优势和特长,因此在商海中受骗、失败的教训也不在少数。科技创业是指大学生运用所学到的专业知识,根据市场需要研制出较为成熟的科技成果或产品,创办自己的经济实体,将成果和产品转化为经济价值的行为。科技创业正逐渐成为大学生自主创业的主流。

二、自主创业素质

大学生要想取得自主创业的成功,需要具备以下几种素质。

(一)合理的知识结构

创业之路布满挑战,从行业选择、项目确立到人才招募、市场拓展,再到财务管理、法律咨询以及资产评估等,每一步都考验着创业者的智慧与见识。缺乏充足的知识储备和健全的知识体系,将难以应对层出不穷的问题。因此,对于有意创业的大学生而言,深厚的学科背景不仅是助其在所涉领域抢占先机的"雷达",也是推动产品不断创新、技术领先的"利器";良好的管理知识则是确保企业高效运转、合理分工、有效理财的关键;系统的商业知识有助于塑造独特的经营策略，使企业在激烈的市场竞争中持续领先；而基本的法律知识则能在复杂多变的市场环境中为创业者保驾护航，避免潜在的法律风险。

(二) 必备的心理素质

创业是一场持久战，需要创业者做好长期面对艰难困苦的准备，承受来自四面八方的压力，并始终保持情绪稳定，不畏艰难险阻，坚韧不拔。正如俗语所说，"吃得苦中苦，方为人上人"。创业者应当能够承受生活的艰辛与精神的压力，保持平和的心态。创业意味着放弃稳定的工作、固定的收入和自由的时间，当遇到困境时，难免会产生怀疑和动摇。因此，强大的心理承受能力是创业成功的基石。

(三) 奋发的创业精神

大学生创业不仅要有明确的目标和坚定的信念，还需要具备敏锐的洞察力和敢于突破常规的勇气。创业精神体现了时代的要求，它要求当代大学生自信、自主、自立、自强。这是创业精神的核心，也是实践创业梦想的支柱。

1. 自信

自信是积极向上的人生态度和进取精神的源泉。自信应贯穿创业始终，即使遭遇失败也不失为重新出发的动力。

2. 自主

自主意味着拥有独立的人格，能够在不受传统观念和外界舆论影响的情况下做出独立的选择并采取行动。

3. 自立

自立强调依靠个人的努力与奋斗，创造财富，奠定事业与生活的基础。

4. 自强

自强代表勇于挑战、不懈追求。通过创业实践不断提升个人能力，锤炼意志品质，塑造坚强的形象。

(四) 广泛的网络关系

初创企业的发展离不开外部资源的支持。天时、地利、人和是成功的关键。因此,创业者需学会利用各种有利因素,与不同的群体建立联系,包括投资者、客户、战略伙伴、分销商、政府机构、媒体等,从而构建起强大的社交网络。与社会上的创业者相比,大学生在这方面存在明显劣势,尤其是在资金筹集、产品推广等方面。

同学关系是大学生最宝贵的人脉资源之一,同乡关系同样重要,广泛的朋友圈也能提供更多发展的可能性。此外,教师的指导尤为重要。老师们拥有丰富的经验和专业知识,能够为创业者提供宝贵的指导和支持。主动寻求师长的帮助,建立良好的师生关系,可以获得更多的帮助和建议。

三、自主创业步骤

(一) 产生创意

创业的第一步是找到一个既能够发挥自身优势又能顺应市场发展趋势的项目。对于刚毕业的大学生而言,寻找创业项目的途径主要包括:

1. 高校与科研机构的成果

大学和科研机构是新技术诞生的摇篮,它们孕育了许多具有市场潜力的科技成果。选择这些成果作为创业项目,不仅能够促进科技成果转化,还能为社会创造就业机会,推动社会进步。

2. 大学生创业计划大赛

参加这类比赛不仅可以获得宝贵的创业构思,还能直接促成创业团队的组建。不少大学生团队在毕业后便根据比赛中的创意开始了创业之路。

3. 观察与创新

创意源自对现实世界的观察和创新思维。善于从小事中发现商机,将日常生活中的不便转化为创新点,进而形成可行的商业概念。例如,哈尔滨工程大学的杜鹏基于对现有软件局限性的观察,开发了一款智能仿真软件平台,解决了实际问题,并获得了显著成就。

(二) 分析市场

在众多潜在项目中挑选最有前景的一个,需要通过市场调研来进行。了解消费者对产品或服务的需求程度、接受的价格范围、是否存在替代品或互补品,以及市场上同类产品的认知情况。创业者需要通过市场预测确定合适的经营策略,并进行投资估算、财务预测和风险评估,为后续的团队组建和资金筹措提供依据。

(三) 组建团队

自主创业往往涉及大量的工作,单枪匹马很难应对。组建一支具备技术、管理、营销等多方面能力的团队,能够更好地应对创业过程中的各种挑战。寻找志同道合的合作伙伴,共同打造一个精诚团结、优势互补的团队,对于创业成功至关重要。

(四) 产品研发

确定了创业概念之后,接下来便是将概念转化为实际产品。这一阶段往往需要投入大量时间和精力,甚至在实验室夜以继日地工作。

(五) 制订计划

撰写创业计划书是证明项目可行性、吸引投资者的关键。一份详尽的创业计划书通常包括项目概述、产品介绍、市场分析、营销策略、进度安排、风险管理、团队构成、资金运营和盈利预测等内容。参加相关培训有助于掌握撰写技巧,提高计划书的质量。

(六) 筹集资金

创业需要一定的启动资金。常见的资金来源包括：
(1) 自筹资金。使用个人储蓄或向亲友借款。
(2) 合伙筹资。共同创业的伙伴可以共同承担资金筹集。
(3) 银行贷款。虽然传统，但对于初创企业来说可能较难获得。
(4) 风险投资。虽然风险较高，但一旦成功回报也很可观。
(5) 政策支持。如国家、地方、高校提供的创业补贴。

(七) 成立企业

成立企业需要完成一系列法律手续，包括工商登记、银行开户、税务登记、取得企业代码证等。了解与中小企业相关的法律法规非常重要，例如：
(1) 公司成立之初，了解《中华人民共和国公司法》《中华人民共和国公司登记管理条例》等。
(2) 公司运营期间，了解《中华人民共和国民法典》《中华人民共和国劳动法》《中华人民共和国会计法》等。
(3) 公司终止时，了解《中华人民共和国公司法》关于清算的规定，《中华人民共和国企业破产法》等。

公司从成立到运营直至解散或破产，每个环节都需要遵守相应的法律法规。掌握这些法律知识，有助于创业者合法合规地开展业务，规避风险。

四、创业前的点拨

(一) 自我测试：我适合创业吗

请依次回答下列问题，并根据你的答复为自己评分。如果回答是"始终如此"，加 5 分；若回答"不确定"或"偶尔"，加 3 分；若回答"从不"，加 1 分。

(1) 我通常不会受到他人评价或观点的影响。

(2) 我对自己感到满意。

(3) 我能够自主安排生活，而不是依赖他人的指示。

(4) 我致力于追求自己的梦想。

(5) 我投入时间认真思考自己想要成为的人。

(6) 我意识到自己拥有巨大的潜力，并且对自己充满信心。

(7) 面对挫折，我能够迅速恢复并继续前进。

(8) 无论年龄大小，我都相信自己总有新的机会。

(9) 我经常通过阅读书籍来学习新的知识和技能。

(10) 我能够轻松地与他人合作。

(11) 我愿意倾听不同的观点，并认真考虑它们。

(12) 即使在不利的情况下，我也能保持冷静和清晰的思维。

(13) 我能迅速做出决策。

(14) 我不容易放弃。

(15) 在压力之下，我依然对自己有信心。

(16) 我设定目标，并全力以赴地去实现它们。

(17) 我的生活井然有序。

(18) 我真诚且谦逊。

(19) 我做事脚踏实地，不抱有不切实际的幻想。

(20) 我对家人和朋友非常忠诚，并努力维护与他们的良好关系。

根据你的得分，参照以下标准来判断你是否适合创业。

80分以上：恭喜，你很自信，非常适合创业，并有很大机会成功。但请记住，即使是最自信和聪明的人也可能犯错，因此在自信的同时，也要注意潜在的风险。

60～80分：你有很大的提升空间，创业可以帮助你进一步提升自我。

40～60分：你的自信心有待加强，增强自信心将为你的创业之路提供更多内在优势。

40分以下：目前你可能不太适合创业，建议先积累更多知识和提升自己，当你的信心水平提高后，再考虑创业会更加顺利。

(二) 像一个真正的老板

当你成为一个创业者时,为了创业的成功,你必须像一个真正的老板那样办事,你要注意以下七个不要。

1. 不要自称为自由职业者

自由职业者往往收费较低,若你期望能获得更高的盈利,就应以公司老板的身份关注客户需求,展现你的专业价值。

2. 不要急于询问客户预算

在讨论价格之前,先了解客户的详细需求,然后根据你的服务价值和客户预算,制定一个合理的价格策略。

3. 不要没有协议就动手干活

在开始任何新项目之前,确保有一份书面的服务协议,并由法律顾问审核,以确保协议的合法性和可靠性。

4. 不要向客户抱怨

不要把困难推给客户。自己在经营上遇到的麻烦和困难不要向顾客抱怨。

5. 不要优柔寡断

在作出决定之前,要进行多方调研,综合考量,行事果断。犹豫不决只会错失机会,让竞争对手占据优势。

6. 不要停止对自身的创业培训

市场随时在变化,紧跟市场走向才能立于不败之地。比如学习人力资源相关知识,对于创业公司的老板来说,很可能自身就是人力资源的负责人;学习如何有效管理和激励下属;了解招聘、培训、绩效评估等人力资源管理方面的技巧等,这些可以帮助你建立一个高效的团队,提升员工的工作动力和满意度。

7. 不要停止完善公司制度

当公司逐渐发展壮大后,建立完善的公司制度变得至关重要。逐步建立规范的流程和明确的责任分工,有助于提高工作效率和组织运作的稳定性。同时,健全的制度也能够吸引和留住人才。

第六节 价值型 Offer——选择基层就业

当前高校毕业生就业难的问题,已引起了党和国家的高度重视,并已摆上了重要的议程。2005 年 6 月 29 日中共中央办公厅、国务院办公厅印发的《关于引导和鼓励高校毕业生面向基层就业的意见》,具有里程碑意义,对于解决大学生就业难的问题产生了深远的影响。2023 年 12 月 2 日,教育部发布的《教育部关于做好 2024 届全国普通高校毕业生就业创业工作的通知》也体现了国家对高校毕业生就业工作的关注。广大高校毕业生要积极投身到基层就业,到艰苦的地方就业,到最需要的地方就业,为加速中国的现代化建设事业贡献青春才华。

一、急需人才的基层

(一)哪些地方是基层

基层通常指组织、社会或政府体系中最基础的部分。在社会或政府体系中,基层指的是地方一级的行政单位或社区组织,如乡镇、街道办事处等。基层政权负责管理特定地域内的居民事务,并协助上级政府实施政策和法规。基层在社会和政府中扮演着承上启下的关键角色,是构建整个组织或体系的基石,对于维护社会稳定和提供基本服务至关重要。

(二)基层是最急需人才的地方

由于长期存在的城乡差异、区域差异和分配制度的影响,我国的人才分布极不平衡,尤其是在基层地区。广大的基层地区,尤其是西部和艰苦边远地区,迫切需要大量优秀人才来服务和发展。然而,这些地区在吸引人才方面面临着物质条件不足的挑战,导致人才更多地流向经济发达地区,形成了"孔雀东南飞"的现象。如果不加以解决,将会加剧基层、西部和艰苦边远地区人才结构不合理的问题,严重制约这些地区的经济社会发展,进而影响我国全面、协调和可持续发展。当前,基层就业面临的挑战主要表现为:

1. 薪资待遇

基层就业岗位的薪资待遇普遍较低,可能影响大学生投身基层的积极性。

2. 工作环境

基层工作通常位于偏远、贫困或落后的地区,工作环境较为艰苦,可能存在资源短缺等问题。

3. 职业发展

基层单位规模较小,晋升空间有限,可能难以提供明确的职业发展路径。

4. 人才流失

一些年轻人或有潜力的人才会选择离开基层,寻求更好的发展机会,导致基层单位人才流失严重。

5. 缺乏培训机会

基层单位可能无法提供足够的培训和发展机会,影响大学生在基层就业后的技能提升和职业成长。

6. 社会认可度

相比于高薪职位,基层就业的社会认可度较低,可能影响大学生对基层就业的态度和选择。

近年来,为了鼓励大学毕业生投身基层,各级党委政府高度重视,并出台了一系列措施,如"三支一扶计划"(支教、支农、支医和扶贫)、农村义务教育阶段学校教师特设岗位计划、选聘高校毕业生到村任职工作、农业技术推广服务特设岗位计划等。这些措施在后续的服务管理、工资医疗待遇等方面给予了倾斜和支持。事实证明,这些举措培养和造就了大批优秀人才,产生了积极的社会效应。

(三)基层有就业的广阔空间

基层是一个广阔的天地,为当代大学生提供了建功立业的机会。随着高等教育的普及,高校毕业生已成为社会新增劳动力的重要组成部分,而基层则是吸纳这些毕业生就业的主要场所。因为基层是生产劳动最为直接的领域,也是社会实践最为丰富的场所,能够最真实地反映中国的国情。只有深入基层,与广大群众相结合,与社会实践相结合,高校毕业生才能更充分地了解国情和民情,建立起与广大人民群众的深厚情感纽带,并将自己的个人价值与国家需求紧密结合,更好地服务于祖国和人民。基层不仅代表着国情,还蕴含着深厚的情感,更是能力培养和意识提升的重要场所。

(四) 基层是实现人生价值的地方

案例 5-8 不走的大学生村官

3 192 平方米的农产品电商物流中心投入使用;3 000 平方米的鲜切花育苗中心初具规模;5 000 立方米的冷库投入运营;人均年收入由 2016 年的不足 9 000 元增加至 2019 年的 21 000 元,贫困户和村集体"双脱贫"……眼下,曾经闭塞、贫穷的江苏省东海县三铺村正在焕发生机,发生着脱胎换骨的变化。

这些显著变化源于该村有一位致富带头人——扎根农村的大学生村官、村党总支书记郝大宝。在日前揭晓的 2019 年度全国脱贫攻坚奖奋进奖名单中,小郝名列其中。

2011 年 8 月大学毕业的小郝选择成为一名大学生村官,来到了江苏省东海县双店镇北沟村任村委会主任助理。

究竟应该怎样带领村民发家致富?这是小郝首先考虑的问题。在挨家挨户的走访中,他发现北沟村的农户有 70% 种植鲜切花,但大家的种植技术落后,市场销路单一。

小郝看在眼里急在心头,决定到当地一家省级龙头花卉企业去学习花卉种植和管理技术。

为了将学到的技术更好地应用于实践,小郝建了 30 亩花卉大棚,引进试种高端百合新品种 160 多个,摸索出"百合种球冷冻催芽生根技术",解决了花球成活率和开花率低的问题。紧接着,他把在花卉企业学到的技术和自己实践探索的经验汇编成《百合种植指南》,指导当地花农迅速提高种植技能,户均增收五六万元。

随着花卉种植面积的增加,拓展销路成了当务之急。为此,小郝多次到外地调研先进的销售经验,瞄准市场需求调整营销策略,打通了线上线下销售渠道。

带领北沟村村民发展花卉产业致富的事迹,让小郝得到了当地干部群众的一致认可。2017年6月,双店镇党委决定派小郝到江苏省定经济薄弱村三铺村担任村党总支书记,带领三铺村村民脱贫致富。哪里需要就去哪里,接到任务的小郝没有任何迟疑:"服从组织决定是我的本分,我坚决完成带领三铺村脱贫致富的任务!"

初到三铺村时,村里有贫困户163户共536人,村集体经济负债近百万元,支部凝聚力不强,村里道路泥泞、环境脏乱。

"不管有多大的困难,我都要克服。"带着这样的信念,小郝走访了三铺村的1000多户村民,一边走访一边解决实际困难。看到患有心脏病的贫困户李小广房屋漏雨,小郝带人对房屋进行全面修缮;看到李合法、李合理两兄弟多年不相往来,他苦口婆心劝说了数十次,终于让二人冰释前嫌;看到正在念高中的贫困生李希望缺衣少食,他积极协调东海水晶城党支部进行点对点帮扶。

半年下来,小郝的5本笔记本密密麻麻记满了党员群众的意愿和诉求。

"要让村民过上好日子,关键还需要产业带动。"小郝把帮助贫困户脱贫作为最紧迫的任务。

得益于之前在北沟村带领村民种植花卉的经验,小郝决定通过发展鲜切花种植带动村民致富。

万事开头难。发展鲜切花种植,必须有整片的土地建大棚,而三铺村不少村民固守着"一季小麦、一季花生"的传统耕作模式,不愿意流转土地。

"一栋温室大棚能顶几十亩粮田种植的效益,我种过好几年,技术上没有问题……"党群会上,小郝耐心地给干部群众讲政策、摆实例、算细账。在他的动员下,流转土地工作得到了多数村民的支持,唯有老李家不愿意流转土地。

小郝到老李家做工作,老李不但不领情,还当场撕毁了《土地流转合同》,并把他赶了出来。

虽然遭遇挫折,小郝也没放弃,愣是在老李家门口等了三个小时。待老李出来喂牛发现他还站在家门口时,被小郝感动了:"郝书记啊,您一个外村人能把工作做到这份上,我服了。我同意流转土地,支持您的工作!"

2017年年底,三铺村流转土地800多亩,小郝为村民协调各类惠农贷款资金1000多万元,按期建起300栋花卉大棚。

2018年年底,三铺村的163户贫困户全部脱贫,三铺村也一举摘掉"江苏省定经济薄弱村"的帽子。

现在三铺村已流转土地2000亩,发展花卉大棚800余栋,以"支部+合作社+农户"的模式,把村民紧紧地联系在一起,解决了农户的资金、技术、种苗等难题。

为了拓宽销路,小郝牵头开发了"花直达"网上销售APP,实现了农户与客户直接交易。同时,他还协调260万元项目资金,新建了三铺村电商物流中心,让三铺村花卉能够快速直运市场。经过两年多的时间,小郝带领农户年均增收5万~7万元,村集体收入过百万元。

在三铺村发展鲜切花带动致富的基础上,小郝又争取资金新建2400平方米的居家养老服务中心,解决了村民的养老问题;组建乡村文化宣传队,积极开展文艺演出和政策宣讲,为三铺村后续发展提供思想动力;定期组织开展"优秀党员""五好家庭""好婆婆""好媳妇"评选表彰活动,宣传好人好事,弘扬时代新风。近年来,三铺村先后被评为江苏省一村一品一店示范村、江苏省文明村、江苏省民主法治示范村、连云港市电子商务示范村。

现代农村是一片充满希望的田野,更需要花一样的生活。小郝说:"我要继续通过增加土地附加值来增加村民收入,用实际行动让每一个村民都能闻得见花香,过上花一样的幸福生活。"

资料来源:新华社客户端:特写丨不走的大学生村官.https://baijiahao.baidu.com/s?id=1669524538847701436。

2016年4月26日,习近平总书记在知识分子、劳动模范、青年代表座谈会上强调:"实现中华民族伟大复兴的中国梦,需要一代又一代有志青年接续奋斗。青年人朝气蓬勃,是全社会最富有活力、最具创造性的群体。党和人民对广大青年寄予厚望。"

实践出真知,基层锻炼人,这既是历史经验,也是人才培养的规律。无数的事实证明,那些在各个岗位上取得成就的领导者、骨干和精英们,大多有着基层锻炼的经历。

今天,中华民族伟大复兴需要大学生到基层去,到一线去,到祖国和人民最需要的地方去。这是当代青年运动的正确方向,也是有志青年成长成才的必经之路。

回顾历史,放眼当今,在基层历练并从基层起步的成功人士不胜枚举。虽然有志者都想成为将军,但真正的将军都是从士兵做起,基层的成长路径不可或缺。只有深入了解基层社会,熟悉国情实际,接触普通民众,培养深厚的群众情感,磨砺坚强的意志,经历重大考验,才能成为国家的栋梁之材。在基层的历练,是人生中难得的宝贵财富,对个人的长远发展以及民族和国家的繁荣昌盛都有巨大的益处。大学生应自觉到基层去,在基层实现自己的人生价值。

二、基层的就业待遇

目前,国家已出台各项优惠政策保障基层就业人员的待遇,如职务晋升、工资发放、福利待遇、保险缴纳、档案和户口的管理等,以解决大学生的后顾之忧。

(一)西部志愿者的待遇(以新疆维吾尔自治区为例)

2022年新疆维吾尔自治区西部计划招募对象可享受到的政策保障包括:
1. 工作生活补贴
基本工作生活补贴:1 000元/人/月;

艰苦边远地区补助：按服务的艰苦类别320～3 120元/人/月不等；

地方生活补贴：南疆四地州志愿者660元/人/月；

服务单位补贴：不低于1 000元/人/月；

交通补贴：新疆籍志愿者1 500元/人/年，非新疆籍志愿者2 500元/人/年。

2. 享受政策

考研：服务2年以上且考核合格的，服务期满后3年内报考硕士研究生的，初试总分加10分，同等条件下优先录取。

工龄：服务期满考核合格的，依实际服务年限计算服务期及工龄。

学费代偿：服务期满考核合格、符合相应条件的，可按规定享受相应的学费补偿和助学贷款代偿政策。

3. 公务员及事业编制考录

参加西部计划项目前无工作经历的志愿者服务期满且考核合格后2年内(研究生支教团志愿者自研究生毕业时开始计算)，在参加机关事业单位考录(招聘)、各类企业吸纳就业、自主创业、落户、升学等方面可同等享受应届高校毕业生的相关政策。

服务期满且考核合格，可以报考定向基层招录岗位。在报考事业编制时，享受加分政策，目前，服务期满的西部计划志愿者，在报考自治区级事业单位招考时，笔试成绩加5分。

(二) 基层就业项目服务期满后的优势政策

1. 公务员招录优惠

每年拿出公务员考录计划的一定比例，专门用于定向招录服务期满且考核称职(合格)的服务基层项目人员。服务基层项目人员也可报考其他职位。

2. 事业单位招聘优惠

鼓励在项目结束后留在当地就业，参加各基层就业项目相对应的自然减员空岗，全部聘用服务期满的高校毕业生。从2009年起，到乡镇事业单位服务的高校毕业生服务满1年后，在现岗位空缺情况下，经考核合格，即可与所在单位签订不少于3年的聘用合同。同时,各省(区、市)县及县以上相关的事业单位公开招聘工作人员,应拿出不低于40%的比例,聘用各专门项目服务期满考核合格的高校毕业生。

3. 考学升学优惠

服务期满后三年内报考硕士研究生初试总分加10分;同等条件下优先录取;高职(高专)学生可免试入读成人本科。

4. 国家补偿学费和代偿助学贷款政策

参加各基层就业项目的毕业生,符合规定条件的,可享受相应的学费补偿和助学贷款代偿政策。

5. 可享受的优惠政策

服务期满自主创业的,可享受税收优惠、行政事业性收费减免、小额贷款担保和贴息等有关政策。

6. 其他

各基层就业项目服务年限计算工龄。服务期满到企业就业的,按照规定转接社会保险关系。

(三) 西部计划志愿者招募选拔标准

报名条件可能根据具体招募要求而有所不同,建议具体了解当年招募公告中的报名条件。这里以上海理工大学2022年、2023年对于西部计划志愿者招募的选拔标准为例进行介绍。

(1) 2023年普通高等学校应届毕业生或在读研究生,到岗服务前本科应届毕业生须同时获得毕业证书及学位证书,在读研究生须办理休学一年。

(2) 在校期间未受违纪处分,未有违法乱纪行为发生。

(3) 候选人需要身心健康,符合《大学生志愿服务西部计划体检标准》相关要求,且无其他影响志愿服务活动开展的既往病史。

(4) 候选人需要具备志愿奉献精神,有志愿服务经历者优先。

(5) 在校期间未受违纪处分,未有违法乱纪行为发生。

(6) 具备相应的专业背景和相关经历优先(如教师资格证等)。

(7) 学分总绩点(或学业成绩)排名在本学院(部)同年级学生总数前50%之内。

(8) 西部急需的农、林、水、医、师、金融、法学类专业者优先。

(9) 同等条件下,中共党员、学生干部,获市级、校级以上荣誉的学生优先。

三、在基层奋斗终生

案例 5-9　扎根基层,诠释自强精神

每个平凡的基层岗位上都有来自高校的大学生,尤其是在最需要年轻人的中西部偏远地区。他们在奉献中闪光,青春在平凡中绽放。某高校环境与建筑学院2019级硕士研究生小李是其中的一员。作为"大学生志愿服务西部计划"志愿者,他用实际行动践行着自己的信仰。

2019年,刚被大学录取的小李做出了一个惊人的决定:保留学籍,参加西部计划。他只身来到红色之城遵义凤冈,成为易地扶贫搬迁安置点凤翔社区的一名志愿者。

初至凤翔社区,持有教师资格证的小李选择从学生群体着手。为了助力当地孩子成长成才,作为社区团支部副书记,他摸索运营"四点半课堂",统计学生信息,编排课程内容,指导孩子背单词、写作文……他还独立组建了凤翔社区大学生支教团,从招募大学生志愿者到面试支教老师,他一件件仔细把关,为社区的孩子带去舞蹈、美术、历史等课程,将"四点半课堂"运行得有声有色。"新市民·追梦桥"工程开展以来,他先后负责成立凤翔社区少工委,开展一年级入队仪式、"微心愿"等活动,同时运营凤翔社区微信公众平台。

作为凤翔社区的工作人员,基层工作是小李每天的重头戏。在凤翔社区一年里,他先后负责更新凤翔社区全员信息、办理居民养老保险业务、协助网格管理员负责辖区的各类事务。在2019年的"不忘初心、牢记使命"主题教育中,他担任社区党建业务员,进行党建活动的拍摄、撰稿等宣传报道

工作。每当居民来到大厅,他都会主动询问并热心帮忙解答。在社区开群众会的时候,他会参与其中,耐心地向居民介绍最新的脱贫政策。当地居民直言:"如果要给你们打分,那一定是满分!"

在凤翔社区的这个舞台上,小李先后接待了多位省市领导,并向他们介绍了社区的先进经验。短短一年时间,他先后获得龙泉镇优秀党员、贵州省西部计划优秀志愿者、全国西部计划优秀志愿者等荣誉,所在团支部获"贵州省五四红旗团支部"称号。

结束西部计划的工作后,小李便来到了学校。"一年的西部计划志愿服务结束了,但助力脱贫攻坚的初心不会改,我将牢记'奉献、友爱、互助、进步'的志愿服务精神,将青春写在祖国大地上,用实际行动书写青年人的责任与担当。"小李说。他作为志愿者,参加学院迎新活动;作为班长,搭建学院老师和同学们之间的桥梁;作为助力脱贫攻坚队伍中的一员,他还先后在2020年上海市西部计划志愿者出征仪式、环境与建筑学院开学典礼、研团委新生见面会上,与同龄人交流参加西部计划的经历,开展公益讲座,吸引了万余人观看,引发大学生们对脱贫攻坚的关注。

习近平总书记强调,心有所信,方能行远。面对未来,小李表示,三年的研究生生涯还有很多需要提高的地方,他将在自强不息的道路上坚守自己的初心,与时代同步伐、与民族共命运,努力为实现中华民族伟大复兴的中国梦奉献青春力量。

资料来源:上海杨浦:2020上海大学生年度人物揭晓.http://www.the paper.cn/news Detail-forward-12523206。

(一) 好儿女志在四方

面向基层,建功立业,是当代青年应有的志向与抱负。党和国家引导和鼓励高校毕业生投身基层工作,既着眼于充分发挥他们在现代化建设中的作用,也着眼于促进当代大学生的健康成长。高校毕业生思想敏锐、充满活力,具备丰富的知识与文化,正处于创业的最佳时期。广大的基层为他们提供了服务人民、报效祖国、施展才华的广阔舞台。实践证明,只有将个人理想与国家、社会和人民的需求紧密结合，才能更好地实现人生的价值。青春将在为祖国和人民的奉献中绽放光彩，人生也将因融入国家和民族的伟大事业而熠熠生辉。

(二) 从基层工作做起

高校毕业生怀抱远大的理想，渴望通过实现事业来展现自己的人生价值。然而，青年人应该明白，做任何事业都需要从最基本的基础性工作做起，需要脚踏实地、勤勉务实的态度。到基层工作，要坚信"只有沉得下去，才能浮得上来"的道理。只有深入基层，才能看到更为真实的生活场景，培养出克服任何困难的信心和勇气。事实证明，到基层锻炼和工作可以让曾经的象牙塔学子迅速成长，用较短的时间完成过渡期，全方位地得到锻炼，从而更快地进入工作状态，练就独立开展工作的能力。

(三) 带着理想和信念

"七一勋章"获得者张桂梅校长的理想与信念是让山区的女孩们成长为对社会有价值的人，通过教育为国家培养社会主义事业的接班人。她数十年如一日的坚守，展现了共产党人的坚定信仰和为党育人、为国育才的责任感。她就像暗夜中的灯塔，照亮了山区贫困学子的未来，用知识改变了她们的命运，赋予她们与命运抗争的力量，向世界证明只要有信仰和力量，"让梦想飞越大山"终将成为现实。

如果我们带着理想与信念，无论在何种艰苦的环境中都能实现人生价值。越是艰苦的地方，往往蕴藏着更多的成功机会，越是艰苦的地方，越有可能承担重任。在校期间，大学生应积极参加各种社会实践，更多地了解基层情况，努力培养竞争意识、就业能力和职业素养，以尽快适应市场经济的就业环境。要发扬艰苦奋斗的精神，乐于奉献，将自己的价值追求与党和人民的事业紧密结合，通过报效祖国和服务社会的过程实现人生的最大价值。

(四)树立正确的世界观、人生观和价值观

正确认识就业形势,更新就业观念,树立"行行立功,处处立业"的择业观,踊跃投身基层锻炼成长,将基层经历视为人生的重要历程和终身宝贵的财富。大学生要勇于前往基层,前往西部,前往祖国最需要的地方,勤于学习、勇于实践、磨炼意志、增长才干,将自己的青春与智慧奉献给全面建成小康社会的伟大事业。

后　记

《礼记·中庸》曰:"凡事预则立,不预则废。"科学做好职业发展规划,是大学生走进校园的人生必修课,也是高校做好人才培养工作的重要一环。自我国2007年明确将高校就业工作列为"一把手"工程,将就业指导课程纳入教学计划以来,各地高校因地制宜在"大学生生涯发展与就业指导"课程建设方面进行积极探索,不断提升学生的职业素养、实践能力和社会适应性,为促进大学生创业就业奠定基础。作为高等教育工作人员,我们觉得这些年来高校大学生职业发展教育工作成效显著,但还有其局限性和不足,需进一步与时俱进、更新教育理念,努力跳出教育看职业发展教育、立足人才培养抓职业发展教育、放眼长远创新职业发展教育。

值得欣喜的是,教育主管部门和高校在这方面非常重视,并在实践上做出了有益尝试。比如,为进一步做好大学生职业发展教育,教育部于2023年9月创新启动首届全国大学生职业规划大赛,并于2024年5月在上海举办全国总决赛,吸引了全国952万名大学生、3 707名就业指导教师参与。我们作为决赛承办方之一——上海理工大学的工作人员,深度参与了赛事的组织。让我们印象深刻的是,这次活动强调"以赛促学、以赛促教、以赛促就",邀请了企业单位参与,将职场对于人才素质能力的需求引入比赛现场,很好地促进了人才供需双方的对话与合作。我们相信,在产教融合的背景下,校企通过课程共开、实习实训基地共建、创新创业项目共创等形式,共同打造职业发展规划大课堂、人才供需零距离对接大平台,必将有效激发大学生职业意识,引导他们更科学地做好职业发展规划。我们认为,对象全覆盖、内容精准化、形式特色化,校内人才培养全链条贯穿、校外产教深度融合,是持续提升大学生职业教育成效的重要方向。

  本书是编著者在高校一线从事高等教育工作近 20 年工作经验的梳理和总结。我们十分注重理论与实践相结合,根据大学生开启大学生活的不同成长阶段、学习生活场景等特点,选取了一些有针对性的典型案例,尽力让实践案例"讲活",让大学生感同身受、产生共鸣;同时,在实践基础上有意识地进行理论分析,力图将实践背后的道理"讲透",让大学生更好地领悟人生哲理。

  在编写过程中,我们参考了国内外相关领域专家、学者的有关研究成果,得到了上海财经大学出版社的大力支持。在与国内各兄弟高校、上海理工大学学生工作战线同仁进行交流中,让我们受益匪浅,在此一并表示感谢!

  我们对本书的编写倾注了大量心血,但宥于水平有限,书中难免存在一些不足甚至错误,恳请广大同行、专家学者和大学生读者批评指正。

编著者

2024 年 9 月